高职教育专业群建设理论与实践

GAOZHI JIAOYU
ZHUANYEQUN JIANSHE LILUN YU SHIJIAN

孙　蕾　唐小艳 / 著

湖南省教育科学“十二五”规划重点资助课题：
生态文明视野下对接节能环保
产业的专业建设研究
课题编号:XJK014AZY007

西南财经大学出版社
中国·成都

图书在版编目(CIP)数据

高职教育专业群建设理论与实践/孙蕾,唐小艳著.—成都:西南财经大学出版社,2021.3

ISBN 978-7-5504-4086-9

Ⅰ.①高…　Ⅱ.①孙…②唐…　Ⅲ.①高等职业教育—教学研究
Ⅳ.①G718.5

中国版本图书馆 CIP 数据核字(2019)第 172793 号

高职教育专业群建设理论与实践

孙蕾　唐小艳 著

策划编辑:刘治强
责任编辑:李琼
封面设计:张姗姗
责任印制:朱曼丽

出版发行	西南财经大学出版社(四川省成都市光华村街 55 号)
网　　址	http://www.bookcj.com
电子邮件	bookcj@swufe.edu.cn
邮政编码	610074
电　　话	028-87353785
照　　排	四川胜翔数码印务设计有限公司
印　　刷	郫县犀浦印刷厂
成品尺寸	170mm×240mm
印　　张	13.25
字　　数	245 千字
版　　次	2021 年 3 月第 1 版
印　　次	2021 年 3 月第 1 次印刷
书　　号	ISBN 978-7-5504-4086-9
定　　价	78.00 元

前　言

截至2017年年底，全国共有普通高等学校2 631所，在学总规模3 779万人，其中高职（专科）院校1 388所，在学总规模924.69万人，在学总规模占比24.47%。普通高等学校校均规模10 430人，其中，本科学校14 639人，高职（专科）院校6 662人。伴随着高等教育大众化进程的推进，我国高等职业教育发展迅速且极具活力。高职院校数量不断增长，招生规模不断扩大，实现了跨越式发展。在高职院校内涵建设关键期，提升专业内涵、提高人才培养质量是高职院校发展的重点。

高等职业教育规模迅速扩大，但能否持续健康发展，是否具备高质量和特色是关键。在影响高等职业教育质量和特色的诸因素中，专业建设是起关键作用的因素，也是技术应用型高等学校与研究型高等学校相比较，最能凸显特色的因素。高职院校的专业建设是高职院校人才培养模式的具体路径，也是进行人才培养模式改革的主要内容。一所优质的高职院校要有特色鲜明的优质专业（群），专业建设问题是高职院校办出质量和特色的核心问题，也是其立足和发展的关键。

然而，高职院校的专业建设是一项复杂的系统工程，涉及高职院校人才培养的方方面面，包括专业定位、人才培养目标定位、专业建设模式、课程体系建设、实训体系建设、信息化教学资源建设、教学团队建设、校企合作、专业群管理体制与运行机制建设等。本书是关于高职教育专业建设探索与实践的理论思考和实践总结，是湖南省教育科学“十二五”规划重点资助课题“生态文明视野下对接节能环保产业的专业建设研究”（项目批准号DJA150246）研究成果之一。

经历了我国高职教育外延扩充与内涵发展两个重要历史阶段，面对我国高职教育的结构改革以及与此同时暴露出的一些与社会需求不适应的现象，特别是人才培养模式还存在着诸多缺陷的现状，高职教育要提高吸引力，打造影响力，就要深化人才培养模式改革，打造具有特色的品牌专业。笔者写作本书，正是基于对高职教育教学管理与研究多年的感悟和热爱，努力探索高职教育专业建设的科学、可行的实践之路。全书共分八章，内容包括绪论、专业建设相关理论、专业调整机制、高职院校的核心竞争力、专业建设研究、专业群建设研究、课程开发、新型工业化背景下环境保护产业人才需求结构与培养模式案例研究。绪论主要分析了研究的缘起，并重点厘清专业建设若干概念的内涵及其关系；第二章对专业建设与专业群建设相关理论和研究现状进行了梳理与述评；第三章就专业调整机制中政府调控的作用与问题、专业设置与调整原则、适应经济发展的专业设置动态调整机制的构建进行了较为深入的探讨；第四章从构建院校核心竞争力角度谈专业建设在其中的作用；第五章就专业建设构成要素即专业人才培养目标、专业建设的支持环境、专业师资队伍建设等方面进行分析阐述；第六章从专业群建设意义、组群逻辑、专业群建设的核心要素及支撑要素、专业群构建路径等方面论述专业群建设问题；第七章借鉴高林教授基于工作过程系统化设计的课程教学模式以案例法解析了职业能力分析和工作过程导向的课程体系设计；第八章就新型工业化背景下环境保护产业人才需求结构与培养模式进行了实践研究。这些内容可以多层面、多角度供高职（专科）院校以及相关研究人员借鉴和参考。

本书的撰写历时两年多，其间笔者多次参加全国和湖南省关于专业建设和课程开发以及师资队伍建设的研讨会，并得到有关领导和专家的指导，这些经历让我受益匪浅，书中许多观点源于他们的思想，在此，表示最真诚的感谢！西南财经大学出版社的领导和编辑为本书的出版给予了大力支持，在此表示真诚的谢意！

由于水平有限、时间仓促，不足之处请各位读者批评指正。

孙蕾

2021 年 1 月 25 日于长沙

目　录

第一章　绪论

第一节　研究背景

高等职业教育是我国教育业中发展迅速且极具活力的领域，正处在蓬勃发展、欣欣向荣的阶段。《2017 年全国教育事业发展统计公报》显示，全国各类高等教育在学总规模达到 3 779 万人，高等教育毛入学率达到 45.7%。全国共有普通高等学校 2 631 所（含独立学院 265 所），其中，本科院校 1 243 所，在学总规模 1 817.63 万人；高职（专科）院校 1 388 所，在学总规模 924.69 万人。普通高等学校校均规模 10 430 人，其中，本科学校 14 639 人，高职（专科）院校 6 662 人。由此可见，伴随着高等教育大众化进程的推进，我国高等职业教育实现了跨越式发展，高职院校的专业数量不断增加，招生人数直线上升。目前，我国高职院校已步入内涵建设时期，提升专业内涵、提高人才培养质量成为高职院校发展的重点。然而高职院校的专业建设是一项复杂的系统性工程，涉及高职院校人才培养的方方面面。高等职业教育规模迅速扩大，但能否持续健康发展，是否具备高质量和特色是关键。在影响高等职业教育质量和特色的诸因素中，专业建设是起关键作用的因素，也是技术应用型高等学校与研究型高等学校相比较，最能凸显特色的因素。高职院校的专业建设，是高职院校人才培养模式特色的具体体现，也是进行人才培养模式改革的主要内容。办好一所高职院校，关键是要办好一批定位准确、特色明显、人才培养质量适应职业能力要求的专业。

一、高职教育专业建设是新时代赋予高职教育的历史使命

高职院校专业结构主要是指高职院校专业的构成比例和组合方式。专业结构在本质上是由一定的社会经济和科技发展水平、社会分工、产业结构以及劳

动力结构决定的，集中反映了经济与社会发展对专门人才的种类、规格、知识能力与素质的根本要求。

专业建设问题是高校的立身之本，直接关系到高校人才培养目标和整个高等教育与社会的和谐发展。它不仅是一个复杂的学术问题，也是一个具体的办学实践问题。2019 年 2 月《国家职业教育改革实施方案》（国发〔2019〕4 号）明确提出“要以习近平新时代中国特色社会主义思想为指导，把职业教育摆在教育改革创新和经济社会发展中更加突出的位置。牢固树立新发展理念，服务建设现代化经济体系和实现更高质量更充分就业需要，对接科技发展趋势和市场需求，完善职业教育和培训体系，优化学校、专业布局，深化办学体制改革和育人机制改革，以促进就业和适应产业发展需求为导向，鼓励和支持社会各界特别是企业积极支持职业教育，着力培养高素质劳动者和技术技能人才。”“经过 5~10 年左右时间，职业教育基本完成由政府举办为主向政府统筹管理、社会多元办学的格局转变，由追求规模扩张向提高质量转变，由参照普通教育办学模式向企业社会参与、专业特色鲜明的类型教育转变，大幅提升新时代职业教育现代化水平，为促进经济社会发展和提高国家竞争力提供优质人才资源支撑。”“发挥标准在职业教育质量提升中的基础性作用。按照专业设置与产业需求对接、课程内容与职业标准对接、教学过程与生产过程对接的要求，完善中等、高等职业学校设置标准，规范职业院校设置；实施教师和校长专业标准，提升职业院校教学管理和教学实践能力。持续更新并推进专业目录、专业教学标准、课程标准、顶岗实习标准、实训条件建设标准（仪器设备配备规范）建设和在职业院校落地实施。巩固和发展国务院教育行政部门联合行业制定国家教学标准、职业院校依据标准自主制订人才培养方案的工作格局。”教育部、财政部《关于实施中国特色高水平高职学校和专业建设计划的意见》（教职成〔2019〕5 号）提出要打造高水平专业群“面向区域或行业重点产业，依托优势特色专业，健全对接产业、动态调整、自我完善的专业群建设发展机制，促进专业资源整合和结构优化，发挥专业群的集聚效应和服务功能，实现人才培养供给侧和产业需求侧结构要素全方位融合”。国家出台的一系列政策表明高职院校专业建设面临着重大的机遇和挑战，同时又面临着若干新的课题。

二、调整高职教育专业结构是高职教育适应产业转型发展的必然要求

高等职业教育培养目标的核心是为经济建设第一线培养具备综合职业能力或技术应用能力和基本素质的高素质技术技能人才，是一种以能力为中心的教

育。近年来，我国高等职业教育事业蓬勃发展，为现代化建设培养了大量高素质技能型专门人才，丰富了高等教育体系结构。当前，我国经济正处于转型发展的关键时期，产业结构不断调整升级，产业的高附加值化和知识密集化改变了技术结构与就业结构，不断对高等教育提出人才培养方面的高要求。高等教育如何适应这种变化，如何使专业结构的调整与产业结构的升级有机地结合起来，有效利用教育资源，提高办学的社会效益，是高校人才培养战略的重要组成部分。

三、我国高职教育专业建设存在的问题是制约高职教育发展的重要方面

我国高等职业教育专业建设经多轮调控，取得了长足发展，但在发展初期和中期，“生源为王”“生存优先”思想盛行，职业教育办学存在布局较乱、专业重复、贪大求全、质量较低等乱象。一些地方职业院校的设置缺乏科学布局，没有整体规划，一方面，不符合整体规划的学校撤不掉，已经走向衰败的学校又转不了；另一方面，办学不规范、条件不具备、目标不明确的民办职校和培训机构却野蛮生长、唯利是图。混乱的学校布局，直接带来专业设置的随性而为。高职院校普遍按照“大学”的模式进行高标准建设，热衷于追求“航空母舰”式的超规模办学，专业设置越来越全，而行业特色却越来越弱，与企业、行业渐行渐远。我国高职教育专业建设主要存在以下问题：

1. 专业人才培养目标定位不明确

目前在高职院校设置的专业中，虽然有一些具有高职特色的专业，如数控加工技术、汽车维修技术等专业，但有相当一部分专业人才培养目标定位不准确。专业定位不准确主要表现在高职特征不明显，在专业名称和人才培养规格上，与研究型高等学校的专业设置或与中等职业学校的专业设置没有多大差别。毕业生就业缺乏竞争力，论学历比本科生低，论动手能力比中职生差。高职专业毕业生还没有完全找到自己独有的位置，即学术型的人干不了，中职生又不能干的位置。

2. 对岗位或岗位群的职业能力分析不够

一些专业虽然在定位上找到了相应的岗位或岗位群，但对岗位或岗位群的职业能力分析做得不够。学校设置专业大多只注重对人才需求情况的调查，而对与之相对应的岗位或岗位群的职业能力的要求，没有进行科学的调查与分析。培养目标大多是由学校单方面确定的，体现的只是学校单方面的价值观，其人才培养规格往往不适应现实岗位或岗位群的要求，毕业生并不受用人单位的欢迎。

3. 教学体系的构建具有一定的盲目性

教学体系是实现人才培养目标的重要基础。由于没有做好岗位职业能力的分析和相关能力要素的分解，教学体系的构建缺乏针对性，缺乏对相关课程的有机整合，无法满足人才培养规格的要求。在一批高职专业中，理论课程体系一般都是“移植”过来的，要么是对普通本科院校的课程体系进行“压缩”，要么是将原有的中职专业课程体系进行“改良”，课程设置缺乏科学依据，具有一定的盲目性。同时，教学计划往往缺乏配套实践教学体系，对专业实践能力的培养没有科学和系统的方案，相当一部分专业只是从学校已有的条件出发设置一些实践教学环节。实践教学缺乏系统性，与岗位职业能力的要求脱节。

4. 人才培养模式陈旧，企业没有深度参与人才培养

一些学校的专业从可行性论证到人才培养的全过程，企业或相关用人单位没有参与或参与的程度不深。人才培养没有从“用户”的需要出发，没有实现企业或用人单位价值观的机会和途径。办学处于封闭式状态，人才培养模式陈旧，无法与企业的需求紧密接轨，导致一些专业培养的人才用人单位并不满意。

5. 条件建设缺乏科学指导

良好的师资、实训资源和环境是办好学校的重要条件。高职院校往往师资队伍素质不高、实训条件落后、实训环境缺乏，严重影响了办学水平的提高。高职院校设置的专业大多对师资和教学设备没有科学的规划和系统的要求。进行这两大条件的建设时一般没有科学的依据，比如需要配备什么样的教师，添置什么样的设备，都只能粗略估计，与人才培养的需要难以吻合，往往导致师资和设备的紧缺或闲置。

6. 专业对接产业、专业群对接产业链的专业建设框架和机制尚未形成

大部分高职院校主要是面向某个行（产）业办学的，而学校的办学特色也正是基于特定的行（产）业形成的差异化竞争优势。我国经济当前正处于“调结构、转方式、促升级”的重要时期，高职教育实施专业集群化发展既是对接产业转型升级发展、推进产教融合的外部要求，也是集成各类资源、提升办学核心竞争力和办学效益的内生需求。学校在进行专业布局时，首先，要考虑学校重点服务于产业链的哪些技术（服务）领域、面向哪些职业岗位（群）；其次，要考虑学校现有基础及发展方向，进而明确需要设置哪些专业群；最后，要考虑各专业群之间有什么联系，专业群由哪些专业组成，核心专业如何确定，以保证预期目标的实现。而我国高职院校在对接产业链和岗位群及其核心技能方面却缺少科学、系统、专业的分析和实践，专业群结构与产业

发展契合度不高，专业群设置学科化、同质化，群间缺乏联系、群内组合松散、核心专业引领作用不强，专业群资源合力不强。从目前专业群建设情况看，要素的配置还没有突破传统专业建设模式的桎梏，教育资源按照专业配置、管理条块分割等状况没有得到根本改变，主要体现为专业群资源配置与建设分散、共享度和利用率不高。

7. 缺乏以职业能力为标准的专业教学质量评价体系

目前，对高职院校专业教学质量的评价，大多关注专业教学体系的设计是否科学、教学过程是否规范，而在学生质量方面，一般是以就业率或者获取某个证书作为衡量标准。这样评价专业教学质量缺乏全面性和科学性。因为人的培养与产品生产有本质的区别，产品质量可以通过产品设计和生产过程控制来保障，而人是有个体差异的，科学的人才培养方案和规范的教学过程只是保障人才培养质量的基础或前提，人的职业能力培养不是靠“标准化生产”就能保障的。衡量高职院校提高专业教学质量的重要依据是学生的职业能力，这才是高职院校提高专业教学质量应追求的目标。因此，专业能力考试理论与实际体系的建设是需要研究解决的重要问题。

第二节　概念界定

一、高等职业教育

高等职业教育简称“高职教育”，是 20 世纪 80 年代初随着短期职业大学的兴起而产生的。国际上较少使用这一名词，且对概念内涵的理解也有差异。例如俄罗斯的“职业教育”指除基础教育外的一切专业教育，“高等职业教育”包括所有的高等教育，而非我们所说的高等教育中的一种特殊类型。许多国家将“职业教育”的外延定义得较为狭窄，专指专门培养技术工人的教育，包括培训，但并未将其纳入高等教育领域。2000 年后，我国高职教育进入快速发展时期，从其发展之初，高职教育就被定位为高等教育的一种类型，是职业教育的高级阶段。《教育大辞典》将高等职业教育界定为“第三级教育层次”，与“高等教育”基本同义。1976 年联合国教科文组织（UNESCO）制定的《国际教育标准分类法》（international standard classifi cation of education, ISCED）有助于按照国际商定的共同定义和概念对各类教育统计提供标准报告的框架，并在国际上得到了普遍认可。联合国教科文组织在 1997 年对其进行修订，将属于高等教育第五层次的课程划分为 A、B 两类：5A 是“理论型的为研究做准备的课程”；5B 是“实用的、技术的、具体职业的课程”，大体相当于我国目前的高等职业技术教育，学制一般为二到三年。

《国际教育标准分类》（2011 年版）的职业教育理念：一是构建完整的职业教育体系，将教育类型划分为普通/学术教育和职业/专业教育两类。学术教育是普通教育的延伸，专业教育是延伸后的职业教育。二是完整的职业教育体系是上下贯通的。从 2 级初等开始到 3 级中等，到 4 级中等后非高等，再到 5 级短期高等（专科）职业教育，一直可以向上延续至 6 级本科（学士）、7 级硕士、8 级博士专业教育。三是高等教育具有多元性、多样性。5 级的短期高等（专科）职业教育以后的课程定向中都加入了“定向未定”，这就是说在《国际教育标准分类》（2011 年版）中所指的高等教育除了包含“学术教育”和“专业教育”，还增设了“教育定向不确定”这一类型。四是整个教育系统是开放的、终身的。《国际教育标准分类》（2011 年版）中的每一级课程的完成情况都划分为 4 种路径，每一种路径都可以在继续学习的基础上实现上一级目标，各级课程都有正规课程和非正规课程，整个教育系统不但对在校生开放，而且对社会人员开放。同时，普通教育和职业教育在高等教育阶段实现了融会贯通，完成 5 级教育课程后可以转向更高级的专业教育课程，也可以转向更高级的学术教育课程。

本书所指高等职业教育是指我国专科层次的高等职业教育（相当于 2011 年新版的《国际教育标准分类》中的“555”），包括独立设置的高职学院和高等专科学校、普通高校所办的二级职业技术学院和民办职业技术学院等普通高等职业教育办学机构。招生对象为高中毕业生、各类中等职业学校毕业生和高中同等学力者，学制 3 年，以培养服务区域发展的技术技能人才为目标，相当于西方的“高等专业技术教育”即技术员层次的职业人才教育。

二、专业群建设

本书研究的专业群建设包括三个层面：一是宏观层面，是指产业背景下专业的总体布局，与产业集群相衔接的专业群构建，主要目的是使高职教育成为产业发展的基础支撑，形成其发展的动力机制；二是中观层面，是指院校内部专业设置及其结构形态，即专业体系构建以及核心、优势专业群建设，主要目的是实现资源优化配置，最大限度地在提高办学质量的同时提高办学效益；三是微观层面，是指以此为基础的支撑专业人才培养目标的课程体系构建和课程群开发等，主要目的是提高教学质量。

第三节　专业建设若干问题辨析

一、专业与专业建设

专业是针对社会就业方向而言的，是关于人才培养规格的专门规定。专业是人们对社会需要进行深入分析后的综合与概括，也可以说是对社会需要的专门人才的知识结构和能力结构的一种设计。

潘懋元等（1995）认为专业是课程的一种组织形式。冯向东（2002）认为专业处在学科体系与社会职业需求的交叉点上。

专业是高职院校服务经济的重要载体，是学院核心竞争力的一项关键性要素，又是高职院校人才培养模式的落脚点，是高职院校最基本的微观单位，是其存在、生存、发展的基石。

关于专业建设，在学术界，系统研究高职院校专业建设的理论专著较少。姜大源（2007）提出：专业建设是指职业院校依据教育主管部门和行业主管部门所提供目录进行专业开设与调整的过程。另外，以贝朗塔菲（1987）为代表的学者提出“目标-方式说”和“构成因素说”，把专业建设理解成专业内相关因素的组合，认为课程建设是专业建设的核心、师资队伍建设是专业建设的关键、实习实训基地建设是专业建设的保障。陈英杰（2007）认为专业建设包括专业布局规划、专业设置、培养目标定位、培养模式革新以及作为其后续工作的一系列评估、验收等多方面内容。

目前，教育部对大学内部设置的管辖对象是专业。从专业规模效益视角看，专业招生规模过小会导致生均办学成本过高。研究表明，专业规模扩大后，内部资源的使用效率会有显著提高。专业的规模效益问题，完全产生于专业的实体观念。

二、专业设置

专业设置是专业建设的起点，涉及专业建设问题的论文比较多，一般是从专业设置的某些方面进行论述的。如姜大源主编的《职业学校专业设置的理论、策略与方法》（全国教育科规划“九五”重点课题——“面向21世纪的职业学校专业设置”的总结），强调专业设置要适应区域经济，突出行业特色；论述了专业与职业的关系，提出了职业教育的专业观，给出了专业设置的供给驱动与需求驱动的模式，并指出专业的职业性原则是对专业与职业这种密不可分关系的高度概括，是专业教育基础理论研究的重要领域。专业的职业属性正是专业教育作为一种主流教育生存与发展的最本质的基础，是职业教育不同于其他教育最本质的特征。同时，姜大源提出“顺应趋势、准确定位、科学组合”的专业设置策略，认为专业发展趋势表现为目标的多极、内涵的更新、结构的复合、类型的创新。李彬（2005）认为：随着我国社会经济的持续高速发展，经济结构、产业结构调整即将完成，新的行业、企业和就业岗位随之诞生，对人才产生了新的需求，对高等教育提出了新的专业要求。

邹晓宏等（2010）对美国、英国、德国等国家的高职教育进行全面分析后指出：发达国家在高等职业教育专业设置方面具有主动适应变化调整专业、专业设置超前、注重与中等职业教育的衔接、企业行业深度参与等共同特征，并提出对我国高职院校专业设置的几点启示，如以产业为依托，市场为导向，保持一定的前瞻性，注重“校企联合”，中高职专业有机结合，等等。国内学者夏子贵等（1997）认为高等教育要全面适应经济和社会发展的需要，就必须不断调整专业的设置。林蕙青（2006）认为高等教育学校的专业变革是一个渐进的过程，必须处理好外部社会需要与高等教育自身发展规律之间、专业的变动性与相对稳定性之间的关系。

三、专业与学科

学科（discipline）是科学的分支，是科学领域的划分制度。学科作为一个学术概念，与知识紧密相连。学科的内涵可分为两类：一是对学术的分类，即一定的科学领域或是学术的一个分支，如科学按照基础与标准的不同分为不同的类别，一般分为自然科学、社会科学和人文科学三大类，每类下面再分为若干类别。二是指高等学校中教学、科研等的功能单位。在学科建设中“学科”的含义倾向于后一种。每个国家划分学科的标准不同导致了学科的数量、口径和范围都存在着差异。美国的“杜威十进分类法”将学科划分为 10 大类，在每大类下又细分 10 类，接着再分 10 类。我国的图书分为 11 个门类，79 个一级学科。中国普通高等学校中本科和研究生教育设置的学科门类大体一致。一般按“学科门类”“学科大类（一级学科）”“专业（二级学科）”三个层级设置。我国本科、研究生学科专业最早在 20 世纪 90 年代设置，分为哲学、经济学、法学、教育学、文学、历史学、理学、工学、农学、医学、军事学和管理学 12 大学科门类，2011 年 8 月，艺术学独立成为一个学科门类，首次从文学门类中分离出来，学科门类也由原来的 12 个类变为 13 个。

专业与学科两者都要遵循科研和教育的规律，学科侧重前者，而专业更侧重后者。学科属于学术、科学的范畴，更关注未知世界，寻求世界发展变化的内在规律，并不断积累成理论体系。专业属于教育的范畴。教育作为一项培养人才的活动，有其自身的特点和规律，一是反映社会发展与教育之间的相互关系，二是反映人的发展与教育的相互关系。另外，学科的目标是出成果，以成果的形式向社会提供产品，主要包含科学研究型成果和技术型成果。专业的目标是培养人才，因此专业是以社会需求为导向的。专业处在学科体系与社会职业需求的交叉点上。学科的划分要遵循知识体系的逻辑性，而专业设置则是根据社会不同领域和岗位所需人才的知识、能力结构等组织课程体系以满足其知识结构的需要。学科是专业的基础，专业的设置与划分既要考虑社会需求，也要结合学科发展的规律。专业知识的完整性是建立在学科知识基础上的，学科的发展也需要相应的专业教育为其培养和提供后备人才，因此，专业又是学科发展的保证。

一般来讲，专业的层次越高，其学科性质就越明显。但对于应用性的专业，如高等职业教育的专业，由于它的产生和发展主要是社会分工的结果，而不是依据学科进行分化，因此，这类专业在专业设置时应考虑社会分工的需要。

四、高职教育专业与本科专业内涵的区别

本科教育专业以 11 个学科门类为基础划分为 249 种专业，高职教育专业是教育部门依据劳动力市场对各职业的劳动者和专门人才的需要以及学校教育可能提供的培养类型来设置的。

教育部《普通高等学校本科教育专业目录（2012 年）》是迄今为止最新的高等教育本科专业目录和学科划分，共设 12 个学科门类，专业类由修订前的 73 个增加到 92 个，专业由修订前的 635 种调减到 506 种。新目录分为基本专业（349 种）和特设专业（157 种），并确定 62 种专业为国家控制布点专业。特设专业和国家控制布点专业分别在专业代码后加“T”和“K”，以示区分。高等职业教育的专业设置与普通高等教育有着根本的不同，它面向不同的职业分工来设置专业。正是这一重大区别，使高等职业教育的专业设置具有明显的规律。2015 年教育部参考《国民经济行业分类（2011）》《三次产业划分规定（2012）》《中华人民共和国职业分类大典（2015 版）》《中等职业学校专业目录（2010 年修订）》《普通高等学校本科专业目录（2012 年）》等，以产业、行业分类为主要依据，兼顾学科分类进行专业划分和调整，原则上专业大类对应产业，专业类对应行业，专业对应职业岗位群或技术领域等，

修订了《普通高等学校高等职业教育（专科）专业目录（2015年）》。修订后的目录在体系结构上做了较大调整，设置了“专业方向举例”“主要对应职业类别”“衔接中职专业举例”“接续本科专业举例”等四项内容。专业大类维持原来的19个不变，排序和划分有所调整；专业类由原来的78个增加到99个；专业由原来的1 170个调减到748个；列举专业方向746个、主要对应职业类别291个、衔接中职专业306个、接续本科专业343个。调整的目的在于通过推动专业设置与产业需求对接、课程内容与职业标准对接、教学过程与生产过程对接、毕业证书与职业资格证书对接、职业教育与终身学习对接，促进高等职业教育更好地服务经济社会发展和人的全面发展。

五、专业与职业

专业和职业都是社会分工的结果。社会分工在教育领域体现为“专业”，在社会、经济领域体现为“职业”。专业和职业的发展都取决于社会分工的发展和变化。社会分工越细化，职业类型也越多，专业化的职业同样会越来越多。在各类职业中，专业化的职业需要专业人员完成，其职业能力由知识体系和能力体系构成，知识体系由“专业理论知识+专业技术知识+职业岗位技能”组成。“专业理论知识”是系统化的、以学科的形态存在的一系列概念、原理等。“专业技术知识”是指在专业实践中应用的具有操作性的知识。“职业岗位技能”则是通过职业技能知识培训和技能操作训练，即理实一体化、项目化教学、工作过程教学方法培养的学生的综合职业素养和能力。英国学者波兰尼把专业技术知识分为言述知识（articulatable knowledge）和默会知识（tacit knowledge）。前者为显性知识，后者为隐性知识。言述知识是可以编码的知识，其中一部分以学科知识的形式存在或者被整合到理论学科中去，一部分技术知识以物化工具、设备以及说明书、手册等形式存在，还有一部分以工作经验的形式存在。默会知识是指只可意会不可言传的知识，难以编码和普遍化，存在于个人的经验中，可以通过行动示范证明它的存在。由于专业发展成熟度的差异，专业理论知识和专业技术知识在各专业知识体系中所占的比例各不相同。这些都是在对充分成熟的专业进行历史研究和比较研究的基础上得出来的结论。

专业指的是学业门类，职业指的是工作门类。专业更倾向于教育学中的一个概念，职业一般对应的是具体的职业岗位。从专业现状看，专业和职业在数量上并非一致，一般职业的数量要远远多于专业。加拿大有关部门统计，从全世界范围看，世界上相对成熟的职业有近三万种，在这些职业中并非每一种职业都需要接受过高等教育的人来承担，但其中大部分是需要接受过高等教育的人来承担的。即使这样，也不可能设置同等数量的专业去对应相应的职业岗位，因此专业要有覆盖面，每一个专业可以指向多个职业。王生洪在其主编的《高等教育为地方经济服务》一书中指出，专业对应学科在种类上以 10^3 为数量级，职业对应着具体从事的工作（岗位），在种类数量上以 10^4 为数量级，专业的具体数量与职业的具体数量的比例至少为 1∶10，而每一种职业又有多种不同的工作岗位，因此，要全面考虑专业和职业之间的针对性与适应性。在美国，可选择的职业多达 2 万余种，美国人在职业生涯中一般会更换 5 次职业。这也说明一个专业可以对应多种职业。我国的高等教育分为普通高等教育和高等职业教育两类，专业的具体内涵因为不同类型的高等教育的人才培养目标和规格的不同而存在差异。在普通高等教育中专业的设置虽然也是依据知识分类、社会发展和工作领域划分的，但主要侧重于知识的分类，这种学科性专业更趋向于帮助学生拓宽专业面，使其向综合方向发展。在高等职业教育中，专业主要根据劳动分工和职业岗位（群）对各类不同层次人才所需的知识、技能的要求设置，不像学科专业那样强调专业知识的完整性、系统性，侧重强调学生职业性、技术性方面能力的培养，同时也注重知识的基础性和就业岗位的应用性。

高等学校专业与职业之间的联系通常有两种模式，一是“职业—专业—课程”模式；二是“职业—课程—专业”模式。“职业—专业—课程”模式是指当经济社会发展需要某种职业时，就先设置专业，然后对课程体系进行整体设计；“职业—课程—专业”模式是指有新的职业需求时，首先不是以专业形式出现，而是以课程形式出现，学校会首先开设能满足新职业需求的一门或几门选修课。当新的职业发展到一定程度时，对人才的需求有了适当的规模，并且学校在师资、课程、实验实训设备软硬件等方面具备了配套的条件，才正式设置专业。当前，高职院校内涵建设的一项重要内容就是根据社会经济发展和产业结构调整需求增设新的专业、撤销过时专业。专业变化虽然很大，专业调整也从未中断过，但相对职业的变化还是稳定的，也必须相对稳定的，因为专业的变化永远不可能跟上职业的变化。社会经济发展、产业结构调整变动使得职业的变化一日千里，这是高职院校专业调整和变革的主要动力。新的职业和工种不一定要求高职院校设置完全相对应的专业，但高职院校要高度敏锐，要及时关注职业发展的变化及其要求，并将其要求先反映在课程内，增加专业方向，再根据发展情况，等条件成熟时再确定是否增加新专业。因此，职业教育的“专业”与“职业”之间有着极为紧密的关系。①从类别看，职业种类决定专业种类。专业划分的基础通常为一组相关职业在职业能力上拥有的共性。专业能够为一类职业提供其所需要的相应技术、技能型人才，它包括和职业相关的知识、技能、素养等方面所具有的共性。②从结构看，专业结构取决于职业结构。在现代化过程中社会结构有两个重要标志：一个是社会产业结构的转变，另一个是社会职业结构的变迁。这两个标志之间相互联系，社会产业结构的发展和转变带来社会职业结构的转变，也就势必要求专业结构进行及时调整和改善。③从目标看，专业的人才培养目标取决于职业岗位对人才知识、技能和素质的要求。④从层次看，专业层次的高低取决于职业岗位的层次高低。专业的人才培养目标不同，也说明了职业的岗位要求是具有层次性的，是有不同要求的。从而，相应专业的学制要求是有所不同的，学制过长或过短都达不到职业岗位对所需人才的要求。⑤从职业地位决定专业的价值认同看，职业地位是指某一职业在社会中的综合排名，主要体现在政治地位、经济地位、职业声望三个方面。职业地位越高，与之相关的专业价值就越大，学生选择这个专业的意愿就越强，学校的吸引力就越大，学校的生源就越充足。与此同时，该专业的生源素质就会提高，就会促进学校为该职业岗位培养出高质量的人才，提高学校的社会声望，也提高该职业的社会声望，为学校和社会带来巨大的效益。

上述分析说明，专业是高职教育与社会经济联系的桥梁，结合研究需要，本书中的专业是从狭义或特指的专业的角度来理解的。专业是高等学校既要依据社会专业分工的需要，又要遵循学科体系的内在逻辑而划分的一种学业门类，是学生当下的学习范围和今后的工作领域。专业背后既有一个强有力的实体组织，又有一个特色鲜明的课程体系。

六、专业结构

专业结构就是专业的各要素之间的关系。因此，要理解专业结构，必须从两部分入手：一是要素，二是要素之间的关系。专业发展内涵、口径与质量等是专业的要素；专业数量、规模、布局、衔接关系等是专业关系，它是指在一定专业内涵的基础上专业间的构成状态。高职教育专业结构是指专业的归属或等级关系，这是从专业结构所覆盖的知识、技能和素质范围上来说的。高职教育专业结构一般分为“专业大类、专业类、专业”三个级别，专业大类对应的是产业；专业类对应的是行业；专业一般对应职业岗位群或技术领域，突出职业性和高等教育属性。从专业的规模和数量上看，高职教育专业结构是指专业的个数、专业规模总量、专业布局、专业之间规模比例等。专业的个数是指一个国家或地区高等职业教育所设置的不重复计算的专业总数量。专业规模总量是指一个国家或地区高等职业教育所有的专业总量，包括某一专业在全国或某一地区设置的数量。专业布局是指专业总量及其某一相同专业数量在整个国家或地区高等职业院校间的分布。专业之间规模比例是指不同专业设置的数量、布局情况、招生规模和在校生规模比例等。从专业结构的层次角度划分，高职教育专业结构可分为宏观结构、中观结构与微观结构三个层面。宏观结构是指一个国家或地区的高职教育专业总体结构，即一个国家或地区的国民经济与社会发展的职业岗位需求及其所能够提供的条件，形成的高等职业教育专业的总体布局。中观结构是指某一区域的高等职业教育专业结构的总体布局形态。微观结构具体是指某所高职院校内部的专业设置情况及其整体的结构形态。本书所提到的高职教育专业结构，同时包含这三个层面，前两个层面关注布局的合理性，微观层面主要是考虑专业设计的科学性。

七、专业群与产业链

专业群即是围绕某一行业设置形成的一类专业。各专业具有相同的工程对象和相近的技术领域，反映在教学上就是各专业可以在一个体系中完成实训任务。实验实训设施、设备很大一部分是共用的，有相当一部分实验实训项目也是共同的。高职院校面向行业是专业群建设的基础和依托，专业群中的龙头专业应紧密对接产业，应具有强大的实力和实质性的校企合作，能够为专业群的集聚提供共享条件和建设经验。

立足学院优势专业，围绕专业对接的产业链，剖析产业链上各岗位知识能力结构，构建若干个工程对象相同、技术领域相近或专业学科基础相近的相关专业组成一个集合专业群。这种观点强调组群专业的相近性、共享性。依托学科基础、依据产业链建设高职专业群可以充分发挥专业聚集成群后的规模效益，已成为高职院校内涵建设的重要举措和服务经济社会发展的现实载体。专业群通常对应于特定的产业或产业链，专业之间具有资源要素共享的内在要求，可以使高职院校的人才培养工作紧扣产业的人才需求变化，凸显高职教育服务产业、服务区域经济的特色。

产业链是围绕某类产品或服务，以各种产业联系为基础而形成的涉及多个产业环节的链式结构。产业链是产业层次的表达，又是产业关联程度的表达。

第四节　文献综述

一、国外研究现状

西方国家的高等学校是直接面向社会和市场办学的，因此对学校开办什么课程，政府不干涉。各高校所开设的课程的名称，没有统一的国家规范，只有在某些情况下，国家或社会组织（基金会、行业学会、协会、非政府机构等）才会对高等学校的课程计划或主修进行统计，以利于掌握其基本信息，为学生就业、高校办学提供咨询与指导。国外对有关专业的管理主要体现在专业评估和认证方面，政府教育主管部门通过专业评估和认证对高校进行管理和宏观调控，高等教育专业的调整基本上是为满足社会需求。梁绿琦等（2001）针对日本、韩国、瑞典等国家高职院校专业设置情况进行分析指出：学校的课程按国家规定的专业分别设置，各门课程重新排列组合，并设选修与必修课程，这样既有利于学生的自由发展又能为学生继续深造打好基础，整个教育体系力图克服专业口径过窄的弊端，使学生自由地发展（自由地转变学习方向和职业）。

二、国内研究现状

彭世华独著的《职业教育发展学》中，对职业教育的专业结构及其意义，以及专业结构的制约因素和现有结构状况、专业结构的选择等进行了阐述。姜蕙、杨敖的论文《试论高职教育的专业现代化建设》，主要针对专业现代化建设的内容、重点、物质基础和关键要素等方面进行了论述。张新民的论文《论高等职业教育的专业开发》主要提出了高职专业的宽窄并举、求新求变，以及保证重点、突出特色的论点。李建求《论高等职业技术院校专业建设中的几个问题》就专业设置的原则、人才培养目标、专业的布点、专业建设的稳定性与灵活性及特色专业的建设进行了论述。孙中范在《关于高等职业教育专业教学改革若干问题的思考》一文中，主要就转变教学观念、准确定位培养目标、探索多样化的人才培养模式以及课程体系和教学内容改革等方面进行了论述。张海峰在《论高职专业开发的目标、原则与机制》一文中，主要就专业开发的目标定位、基本原则、机制建设三方面做了阐述。姜大源的专著《职业教育学研究新论》中有专门的“职业教育的专业论”章节，但只提到了职业教育专业建设的影响因素、理论模式和方法策略等，主要是理论层面的论述。石伟平、徐国庆的专著《职业教育课程开发技术》主要是对职业教育课程开发技术、课程组织实施及评价等方面进行了阐述，既不是针对高等职业院校的，也没有全部包括专业建设各环节各方面。姜大源主编的《当代德国职业教育主流教学思想研究》主要阐述了德国职业教育能力开发的教育思想理念以及行动导向课程开发理论等，但德国职业教育的这些思想并不是来源于高层次的职业教育，对我国的中等职业教育的指导性较弱；等等。上述的专著或论文多数还停留在理论探讨层面或对某些方面的论述，并没有特别关注高等职业教育的专业建设问题，对高职院校专业建设的指导缺乏系统性和实践针对性。

姜大源的《职业教育学研究新论》中提出职业教育的专业观，从专业科学角度看，专业有着与其他专业不同的学科知识结构，而从职业科学角度看，一个职业之所以成为一个职业，是因为这个职业与其他职业有着不同的工作过程，包括工作的方式、内容、方法、组织以及工具的历史发展诸方面。专业的职业性原则是对专业与职业之间密不可分的关系的高度概括，是专业教育基础理论研究的重要领域。专业的职业属性，正是专业教育作为一种主流教育生存与发展的最本质的基础，是职业教育不同于其他教育的最本质的特征。

《职业教育学研究新论》中基于工作过程的课程观提出，职业教育改革止步不前的原因在于课程微观内容的设计与编排远未跳出学科体系的藩篱，在这一传统观念束缚下，编写的教材不能适应职业因素的需要，课程内容的固化已成为制约职业教育课程改革的关键因素。

教育部副部长杜玉波在《全面推动高等教育内涵式发展》的报告中指出，“人才培养质量与经济社会发展的要求有差距；学科专业结构与区域发展和产业转型升级的要求有差距；自主创新能力与国际竞争的要求有差距”“结构决定着高等教育的宏观质量。要调整专业布局结构，主动适应国家战略需求和地方经济社会发展需要，超前部署国家战略性新兴产业所需专业设置和人才培养工作，建立学科专业动态调整机制，进一步落实高校设置专业自主权，形成专业设置宏观监管的新机制”。

第五节　研究意义

1. 专业的设置和调整，对实现我国高等职业教育人才培养结构与经济社会人才需求结构的平衡具有重要意义。深入研究这一问题，分析专业结构及其调整中的规律，既有助于丰富相关理论，对我国的高等教育改革也具有重要的实践意义。

2. 探讨适应社会发展模式和经济结构转型对人才需求动态变化的专业建设模式对我国相关政策的制定，以及高职院校的专业建设具有积极的现实意义和推广价值。

3. 以高职院校环境保护职业教育案例切入，对培养具有环境伦理和人文精神的新型环保人才，推动我国环境伦理教育和环境理念的宣传，提高全民环境意识，推动环境伦理道德构建，具有显著的社会意义。

第六节 研究价值

1. 本书从生态文明视域探讨对接新兴产业的专业建设，将环境伦理、创新精神和创新方法的培育贯穿在专业建设的全过程，这是时代的需要，也是落实科学发展观、构建和谐社会对高等教育的要求，具有较高的理论价值和社会价值。

2. 设计适应产业结构转型升级的高职专业课程体系和动态管理系统，创新适应产业发展的专业建设模式，有利于丰富高职专业建设和高等教育相关理论，对推动我国高职专业发展具有重要的现实价值。

3. 高职教育适应环保产业发展的专业建设模式理论和实践应用研究探索，对我国环境类专业教学改革和内涵建设、提高我国高职院校环境类专业人才培养水平具有极其重要的价值。

第二章　专业建设相关理论

第一节　专业建设基础理论依据

一、组织转型发展理论

大学作为社会组织中的一个类型，有其目标、原则、规章（制度）、工作（任务）、活动等，其运作模式符合普通社会组织的运行规律。过去大学的职能主要包括教学、科研、服务社会等，但随着时代的发展，大学的职能逐渐向创业职能转变，在此过程中其目标、原则、规章、工作和活动等也必然会发生相应变化，进而带动大学这一社会组织的变化。20世纪80年代以来组织学中逐渐形成的转型理论，可成为本科高校转型的基本理论依据。组织转型理论（organization transformation，OT）出现于20世纪80年代，由组织发展理论（organizational development，OD）逐渐演变而来，该理论是现代组织学的一个新的研究领域。该研究领域较具代表性的专家有贝克哈德（R. Beckhard）、利维（Levy）、默瑞（Merry）、巴克利（K. W. Buckley），他们关于组织转型的研究主要基于全球化背景下的企业发展环境。他们认为全球化背景下，各种因素变化频繁，导致企业之间竞争日趋激烈，要想在竞争中处于优势地位，企业就应当有转型意识，适时做好转型准备。他们提出组织转型主要是企业自我认知方式的转变，即企业管理理念、组织架构、经营战略、运行机制等方面的彻底转变，而不仅是范式上的转换。因此，组织转型是组织在特定背景下寻求新的发展路径的一种行为方式，转型的成功对部分组织来说是一次重生，将使组织朝着更好的轨道发展下去。组织转型理论对大学转型主要有以下几方面的启示：

（1）大学作为一种特殊的社会组织，其有自身的发展目标、原则、形式和制度，在全球化背景下，大学的转型将会成为一种必然趋势，其原先的构建和发展模式将会被代替；

（2）大学组织转型涉及学校办学理念、价值取向和思维方式等的彻底变革，不是也不应该是一般意义上的简单改造；

（3）转型意味着从原型变革到新型，必然经历一个过程，涉及高校办学的方方面面，因此大学的转型不只是形式的转变，也不可能在短期内完成。

二、高等教育分类理论

高等教育分类理论产生于20世纪70年代，是一种主要研究高等教育类型划分的理论。我国对高等教育分类的研究在高等教育进入大众化阶段后逐渐兴起，在21世纪初形成了研究热潮。该理论虽然起步较晚，但一直是国内外学者较为关注的热点。

国外高等教育分类理论较具代表性的主要有两种：一是伯顿·克拉克的“院校分工理论”；二是马丁·特罗的“高等教育分层理论”。而国内关于高等教育分类理论研究较成熟的有潘懋元的“培养类型和层次分类法”、陈厚丰的“高校综合分类法”、武书连的“大学分类法”。目前国际上较具影响力的分类法有以下两种：一是联合国教科文组织“国际教育标准分类法”的分类。联合国教科文组织制定并颁布了《国际教育标准分类》。第一版于1975年出版，第二版（修订版）于1997年出版，第三版于2011年在联合国教科文组织大会第36届会议上通过。二是美国卡内基的“高等教育机构分类”。美国卡内基教学促进会（CFAT）的“高等教育机构分类”是当前世界上最早也是最受公众认可的关于高等院校的分类方法。高等教育分类理论是我国地方本科高校转型发展的重要理论依据。国内外的高等教育分类理论和分类方法可以为我国地方本科高校转型发展为应用技术大学提供理论依据和实践指导。美国著名学者马丁·特罗（Martin A. Trow）教授从社会学的角度研究了高等教育分层现象及其相关问题。他认为，每个国家都客观存在高等教育分层的状况，“大学和学院的地位千差万别，有的世界闻名，而有的则鲜为人知。这些高等院校等级体系的形状各不相同。一种比较典型的形状是日本的金字塔形，其塔顶是东京大学，稍低一些是京都大学、名古屋大学、一些老牌的私立大学和其余的国立大学，再下面的是大量的地方公立院校和一般的私立院校”。我国高校也存在类似的分层情况。在实际办学过程中，影响一所高校的地位的因素分为外部因素和内部因素两种。外部因素包括教育经费来源、图书馆与实验室、历史名望与地理位置等；内部因素包括院校的专业课程设置、教师水平、学生质量等。

高等教育系统的分层与社会经济发展有密切联系，高等院校的数量不是一成不变的，而是随着社会发展的需要而增加或减少。我国当前高等教育分层结构呈现的是一种两头小、中间大的橄榄形。传统大学毕业的学生处于一种高不成低不就的尴尬地位，既不能做高端的科学研究，也不能适应市场对技术型人才的需求，导致了资源、人才的浪费。可见，促使高等教育可持续发展的当务之急是构建合理的高等教育分层结构。教育部已开始启动院校转型改革，我国将有600多所院校转型为职业教育院校来培养高级技工、高素质劳动者，以缓解大学生就业困难、技术型人才匮乏的局面。高等院校应根据自己的实际情况，改变盲目升格的观念，合理配置教育资源，构建合理的高等教育分层结构。

三、高等教育专业理论

专业是根据学科发展和职业分工而形成的人才培养方案或培养计划的基本单位，处于学科体系与社会职业需求的交叉点上。这决定了专业具有以下几方面基本特征：

（1）专业的课程教学计划往往是三类课程的有机组合，即思想道德与人文知识课程、学科基础知识课程、专业性知识与技能训练课程的有机组合。第一类课程主要培养学生的思想道德和综合素质，后两类课程则主要培养学生的专业知识和技术技能。无论专业人才培养方案做何调整，这三类课程课时比例如何分配，各个学校的专业课程教学计划均未突破该种组合模式。

2. 学科是专业的基础，围绕某一学科可开设若干专业，由于这些专业的专业基础课大致一样，因此被称为“相近专业”。某一专业可能涵盖若干不同的学科，并且这些学科还可能分属不同的学科大类，这类专业通常被称为“跨学科专业”或者培养“复合型”人才的专业。这说明与学科按自身知识系统逻辑来划分的方法不同，专业主要按社会对不同领域与岗位的专门人才的需求来划分。不同领域专门人才在实际工作中需要哪方面知识，专业就通过组合相关学科课程来满足该需求。因此，专业以学科为依托。

（3）高校专业结构会根据社会对人才需求的变化 和产业结构调整而变化。主要表现为新专业的不断设置、落后专业的淘汰等。专业作为学科培养人才的基础平台和载体，在整合相关学科理论知识的基础上，还应不断加强自身的建设，如确定专业设置口径、进行专业定位、开发专业人才培养方案、明确专业培养目标与规格等，从而更好地发挥高校人才培养的功能。

四、院校分工理论

美国著名的高等教育专家伯顿·克拉克曾对院校分工问题进行了详尽的探

讨，并在《高等教育系统——学术组织的跨国研究》一书中指出各个国家的高等教育系统都是围绕知识特性展开劳动分工的。在高等教育机构内部，伯顿·克拉克将教育机构分为“部类”（sections）和“层次”（tiers）。部类是从横向结合上来讲的，包括学部（faculty）、专业学院（school）和普通学院（college）；在纵向联系上，他将高等教育机构划分为本科教育和研究生教育两个不同的层次。同样地，在高等教育机构之间的分工也包含横向和纵向上的两种分类。在横向上，主要分为四种形式：一是单一公立系统、单一部门；二是单一公立系统、多部门；三是多重公立系统、多重部门；四是私立、公立系统和多重部门。高等教育机构之间在纵向上也呈现出不同的等级。第一种等级类型的划分是以任务层次为基础的，例如美国的高等院校可以分为社区学院、州立学院、州立大学，这是一种由低到高的等级划分。第二种是基于“声望”的分类。其又可细分为三种类型：一是以日本的东京大学、京都大学与其他学院为代表的“金字塔型”。二是如英国的牛津大学、剑桥大学，法国的大学校、美国的“常青藤大学”等的“大梯度型”。三是以意大利高等教育系统为代表的“无分等式”。院校分工理论表明，高等教育作为一个整体，任何院校都是这个整体当中的一部分。每个高等院校，无论怎样进行分工，都有其独特的地位，也都能够发挥他们的作用，同时也应当得到应有的资源。

五、共生理论

“共生”的概念最早由德国真菌学家德贝里（Anton Debary）于1897年提出。共生关系是指本是不同种属的事物，但由于生活在一起而形成的一种相互依存的互利关系。在他的理论基础之上，布克纳又提出了“内共生”的概念，科瑞勒·刘威斯提出“寄生、互惠共生、同住现象”。1998年，我国学者袁纯清构建了“共生理论”，并以此来研究小型经济，之后这一理论开始运用于社会科学的其他研究领域。运用到社会科学领域后，共生理论发生了一些变化，主要指异质对象结成友好、合作、相互促进的社会形态。按照共生理论的一般观点，共生是人类社会和自然界中的普遍规律和现象，所谓“共生”也就是共同生存和发展，共生关系的实质是这些不同种属的事物相互之间进行合作，在相互之间共同促进、共同发展的内在动力之下，实现人类社会和自然界之间的协同，进而实现共生。互利互惠、共同生存发展是人类社会共生现象发展的必然趋势。共生现象具有普遍性，是人类社会和自然界中普遍存在的客观规律，如果以共生理论的普遍性来对人类社会中的经济、文化、政治和教育等进行观察和分析，那么，也就可以更加深刻地理解和把握相关问题的客观性，有利于实现人类社会的可持续发展、科学发展、和谐发展。地方经济发展与区域内高等教育的发展同样可以用共生理论进行解释。一方面，地方经济的发展需要高等教育为它提供人才和智力支撑；另一方面，高等教育的发展又需要由地方经济提供物质基础。只有加强合作与协商，二者才能共同促进、共同发展，从而实现互利互惠、共同生存发展。地方普通本科院校实行应用技术转型，就是要通过与区域经济协同合作，共同促进、共同发展。应用技术大学与区域经济发展存在着互利互惠和共赢共生关系。在知识经济时代，大学“从社会的边缘走向中心”，对社会所承担的义务也随之增加，对经济增长和社会进步的作用也进一步增强。

六、专业生命周期理论

生命周期理论是指自然界的人与物都要经历从出生、成长、成熟、衰退到死亡的全部过程，而每个阶段和整个周期都有其自身的特点和规律。生命周期理论可应用到政治、经济、教育等多个领域。高职专业也有自己的生命周期。高职院校专业生命周期是指学校的专业从专业设置到专业完全退出学校教育活动所经历的过程。此过程可分为四个阶段，即初创阶段、成长阶段、成熟阶段和衰退阶段。

高职院校专业建设要遵循专业的生命周期规律，且兼顾专业不同生命周期的特点。高职院校专业生命周期各阶段的特点如下：

（1）初创阶段

专业初创阶段是专业由潜在需求转化为现实需求的过程，主要有教学基础设施投入大，师资队伍不成熟，实习、实训基地建设不完善，社会影响力小，办学效益低等特点。

（2）成长阶段

专业成长阶段是专业快速发展的时期，在此阶段专业的发展速度远远超过了整个专业的平均发展速度，市场需求明显扩大，主要特点是教学投入继续增加，有一定的社会影响力，主动适应社会对人才需求的变化等。

（3）成熟阶段

专业成熟阶段是专业发展到较正常水平、相对稳定成熟的时期，主要具有教学条件基本完善，新的教学投入少，社会影响力大，办学效益高等特点。

（4）衰退阶段

专业衰退阶段的特点是劳动力市场需求减少，招生规模萎缩，办学效益低，学校不再增加教学投入，整改或关停专业等。

第二节　专业建设内涵界定

一、国内对专业建设的研究

（一）关于专业内涵建设的研究

詹先明（2010）认为高职院校专业内涵建设涵盖的内容很丰富，其中专业定位与人才培养模式是专业内涵建设发展的目标方向，课程建设是核心，师资队伍建设是关键，实习实训基地建设是保障，教学组织与管理是基础，此外，高职院校专业内涵建设还包括人才管理、社会服务和特色创新等。

陈静媛等（2014）认为影响专业内涵建设的主要因素有专业总体目标、师资队伍建设、教学资源建设、人才培养模式、课程体系与知识结构设置等方面，并提出可以从人才培养目标、教学团队建设、教学模式与教学方法改革、教学实践等方面加强工业设计专业内涵建设。

朱有明和张薛梅（2016）认为专业内涵建设指标主要包括专业定位与人才培养模式、课程建设、实践教学、教学团队、教学管理、人才管理、社会服务和特色创新八大一级指标。

彭琪波（2016）从“培养目标、培养过程、培养素质”等维度进行特色专业内涵建设实践和探索，构建“工作过程+能力提升”学分转换的课程体系；构建嵌入职业资格证书的“一整体三阶段”的实践模式；提出实行职后“文化素质+专业技能”提升的“双师素质”教师培养制度。

马岩岩（2017）认为专业内涵建设包括：有明确的专业建设目标和建设思路、科学合理的人才培养方案，教学团队结构合理、专业化素质高，实训条件好、实践设施优良，教学与课程体系改革有成效，毕业生培养质量有保证并享有较高的社会声誉。

李建华（2017）提出专业内涵建设包括人才培养定位、人才培养目标的适应度，师资队伍结构、教学资源、教学体系的保障度，学风建设、学生发展达成度，教学质量监控体系的有效度，社会反馈的满意度五个方面的内容。

（二）关于专业建设的路径研究

曹翔（2017）认为品牌专业建设应从规划设计、规范管理、改革创新、学科队伍建设、条件建设、社会服务及舆论宣传等方面入手。校级层面的顶层设计，即规划中长期品牌专业，应集中有限的财力，分期分批建设品牌专业。院系要跟进中层设计，即谋划优势学科，集中有限资源打造品牌专业；应采取激励机制，改革教学手段，调动学生主动学习、研究性学习、合作性学习的积极性，实施以能力考核为主的考核评价；重视社会公认的职业资格证书教育，与国内外知名高校建立良好的合作关系，互派学生，实现学生跨校培养。

马岩岩（2017）等认为应按高等职业院校特色专业建设的路径优化师资队伍建设，构建职业院校特色的“双师型”教学团队；提升课程建设水平，建设具有职业教育特色的课程体系；注重实践能力培养，强化校企合作，注重实验实训基地建设；加强专业动态调整，发展专业集群。特色专业的特质之一是发展性，即紧扣社会发展的可持续发展能力。高职院校要建设特色专业就要成立高效运行的专业建设指导委员会，并聘请知名高校学者、企业专家和产业协会专家担任委员，确保专业建设的前瞻性和发展性。

二、专业及专业建设内涵界定

（一）专业的内涵

关于专业的内涵，主要有以下几种观点：

《教育大辞典》指出，“专业”译自俄文，指中国、苏联等国高等教育的各个专门领域，大体相当于《国际教育标准分类》中的课程计划（program）或美国高等学校的主修（major）。这一定义明确了“专业”的词源。专业在不同国家有着不同含义。《教育管理辞典》认为“专业是高等学校或中等专业学校根据社会分工需要分成的学业门类。各专业都有独立的教学计划，以体现本专业的培养目标和要求”。这个定义基本与《辞海》的解释一致，认为专业是一种学业门类。《高等教育学》认为“专业是课程的一种组织形式”。因而在谈到课程时，其中也就包含了这种组织形式。这一定义与美国高等学校的主修（major）基本一致，认为专业是一种课程的组合。《辞海》对专业的表述是“高等学校或中等专业学校根据社会分工需要而划分的学业门类”。《实用教育大词典》对专业的解释是“依据社会分工和经济社会发展需要以及学科的发展和分类状况而划分的学业门类”。

据此可看出，虽然各种表述不尽一致，但是都体现了专业概念的核心：以课程为集合的专门领域人才培养的门类。结合以上对专业的界定，笔者认为“专业”主要是指学校根据社会发展需要、职业分工以及学科分类状况而划分的学业门类，是培养专门人才的载体。

（二）专业建设的内涵

目前，国内关于专业建设的内涵主要有两类观点：一是“构成因素说”，即认为专业建设是由多种相关因素构成的集合体，其中人才培养方案是基础、课程是核心、教师是关键、实训条件是基本保障。另一个是“目标方式说”，即认为专业建设由专业布局、专业设置、专业目标确定、专业培养模式创新、专业评估认证等一系列内容构成。

专业建设有广义、狭义之分。广义的专业建设是根据社会需求的变化，从国家层面出发，对全国高等学校制定的具有指导意义的人才培养模式框架体系。如教育部最新修订的《普通高等学校本科专业目录（2012 年）》，规定了专业划分、名称及所属门类等，指明了人才培养方向。而狭义的专业建设则是指高等院校自身为了适应对高级专门人才的培养需要而开展的一种实践活动。专业建设是高校系统性的基础建设工作，在具体实践中，专业建设又可再细分为宏观建设和微观建设两个层面：宏观专业建设的范畴包括专业设置和布局、专业结构的调整优化以及重点专业的建设与扶持等。微观专业建设则是针对某一具体专业而言，包括制定人才培养方案、设置教学和课程计划、进行实训基地建设、革新教学方法、进行师资队伍建设等内容，其目的在于提高专业教学水平和教学质量。

（三）专业建设要素的内涵

要素是“维持事物运动的最小单位，是事物运动必不可少的因素”。欧阳河认为，专业的构成要素包括“学生、教师、教学实施、课程”，其中，“课程是专业教学的核心”“课程包括专业目录、教学计划、专业培养目标、教材、考试考核标准、专业评价标准等”，各要素相辅相成，缺一不可。刘小平认为，专业建设要素包括“劳动力市场需求分析和预测，专业设置与教学，实习实训基地及实践教学体系建设，师资队伍建设，教学管理”。专业建设是一个系统工程，专业设置与专业规模是专业建设的前提，专业师资队伍是专业建设的关键，实训基地建设是专业建设的基础，专业教学与课程建设是专业建设的核心，专业办学质量是专业建设的保障，校企合作与社会服务是专业建设的支柱。总之，以上六个部分是专业建设不可或缺的部分。从专业建设系统性的角度来看，任何一个部分的缺失都将对系统功能的实现产生不可小觑的影响，导致专业建设难以实现整体功能大于各部分功能之和，即“1+1>2”是不成立的，甚至出现专业建设整体功能小于各部分之和的现象，即“1+1<2”。从职业教育坚持的五个对接来看，专业建设要素不是固定不变的，而是随时处在动态变化之中的。专业要与产业对接，当某个产业发生变化时，专业也要随着产业的变化而变化，专业设置与专业规模将随之调整。专业设置与专业规模的变化就自然要求与之相匹配的专业师资队伍、实训基地和实训教学等也随之变化，以达到彼此互相协调、相互促进的目的。

（四）专业建设的构成要素

专业设置与专业规模是专业建设的前提，专业设置与专业规模子系统包括专业设置、专业发展、专业规模、职业培训四个子要素。其中，专业设置是指新兴专业的开发和原有专业的调整；专业发展是指专业的师资队伍、实训基地、课程建设等方面不断发展和完善的过程，是专业从诞生到成长再到成熟最后到衰退的过程；专业规模是指专业招生人数的多少；职业培训是指专业对外开放的技术技能培训。

专业师资队伍是专业建设的关键，专业师资队伍子系统包括专业带头人、师资结构、“双师型”教师、师资培养、教学研究五个子要素。其中，专业带头人是专业教师队伍中的领导者，掌握了专业的前沿知识，具有扎实的专业知识，能够根据产业发展变化预测专业未来的发展趋势和走向；师资结构是指教师队伍的年龄、职称、学历等方面的层次结构；“双师型”教师是指专业课教师具有双证书即学历证书和职业资格证书，不仅掌握专业理论知识而且具有一定的技术技能，能够将理论有机地应用到实践操作中；师资培养是指对现有教师专业知识、教学能力、实践操作能力和科学研究能力等多种能力的锻炼与强化；教学研究是指对理论教学和实践教学的探讨与钻研。

实训基地建设是专业建设的基础，实训基地建设子系统包括环境与制度建设、实训的设备建设、实训教学、顶岗实习四个子要素。其中，环境与制度建设是指为了加强实训基地的管理建立的规章制度；实训的设备建设是指满足实训教学要求的设施设备；实训教学是指以实训项目为主题的实践教学，以强化学生的操作能力为目的；顶岗实习是指学生到企业的实际工作岗位上进行实践锻炼。

专业教学与课程建设是专业建设的核心，专业教学与课程建设子系统包括常规管理、教学方案、课程体系、课程实施、课程评价、教学资源、教材建设七个子要素。其中常规管理是指为了维持正常的教学秩序而开展的管理工作；教学方案是指为了有效地开展教学而制订的实施计划；课程体系是指不同课程的排列组合及课时安排；课程实施是指课程计划的执行；课程评价是指对课程目标是否达到教学目的的检查；教学资源是指为了有效地开展教学而提供的各类素材；教材建设是指教材的选用与开发。

专业办学质量是专业建设的保障，专业办学质量子系统包括质量监控、双证率及就业质量、技能比赛三个子要素。其中，质量监控是指在教学质量评价的基础上对教学质量的规划、检查、评价、反馈和调节；双证率是指获得学历证书和职业资格证书的学生数占全体学生数的百分比；就业质量是指就业率、专业对口就业率、就业单位、薪酬水平的总体情况；技能比赛是指有重点、有组织的竞赛活动，重在突出学生的实践能力和解决实际问题能力。

校企合作与社会服务是专业建设的支柱，校企合作与社会服务子系统包括校企合作、技能鉴定两个子要素。其中，校企合作是指学校与企业合作办学、共同育人；技能鉴定是指提供鉴定业务管理系统与国家职业资格证书查询服务。

第三节　专业群建设基础理论依据

一、产业集群理论

西方经济学家迈克尔·波特在《国家竞争优势》一书中首先提出产业集群（industrial cluster）一词。产业集群是指在特定区域中，具有竞争与合作关系、在地理上集中、有交互关联性的企业、专业化供应商、服务供应商、金融机构及相关产业的厂商及其他产业通过聚集发展，在一定区域内形成产业链，发挥集聚效应。高职教育专业“群”式或“集群”式发展的理念来源于经济学领域中的产业集群理论。产业集群理论强调群的形成是基于资源集聚的比较优势而带来的集聚效应、效率效应、规模效应和扩散效应，从而提高绝对竞争力。专业群的概念在产业集群的基础上产生。基于专业群构成的关联性、专业群内各专业在实验实训设备及师资等方面的共享性、专业群内优势专业带动弱势专业的带动示范性及由此带来的人才培养质量提高、办学成本降低、办学竞争力提升等良性效果，都是产业集群理论在专业群建设过程中的运用。

二、系统理论

系统论是研究系统一般模式、结构和规律的学问。它用数学方法定量描述、研究各种系统的共同特征和功能，追求并建立适应一切系统的原理和数学模型。系统论是20世纪的三大理论之一，与控制论、信息论合称“老三论”。贝塔朗菲强调，任何系统都是一个有机的整体，它不是各个部分的机械组合或简单相加；系统的整体功能是各要素在孤立状态下所没有的。系统论的核心思想是系统的整体观念；基本思想方法是把所研究和处理的对象当成一个系统，分析系统的结构与功能，研究要素、系统、环境三者相互关联和变动的规律，并优化系统观点。系统论运用集中性、完整性、等级结构等概念，研究适用于一切综合系统的模式、原则和规律，并力图对其结构和功能进行数学描述。系统论强调整体与局部、局部与局部、整体与外部环境之间的有机联系，具有整体性、动态性和目的性三大基本特征。作为一种指导思想，系统论把事物当作一个整体来考察。

高职院校专业群建设的因素并不是单一的，它包括外在因素和内在因素。外在因素包括社会环境、社会需求、政策支持、经济发展状况和社会文化等；内在因素是指向职业院校专业群建设自身的内在规律，如基础设施条件、师资状况、课程体系建设、校内外实训实习基地建设等。职业院校专业建设不仅直接反映社会需求，而且有其内在发展规律。其最终目的是职业院校科学发展与不同发展时期对人才需求变化的平衡，矛盾的落脚点是职业院校专业群建设过程中的调整与改进。专业群的发展建设改进是一个系统的工程，不可能仅因社会需求变化就频繁变革。

第四节　专业群建设内涵界定

一、国内对专业群的相关研究综述

我国对专业群的研究始于2006年。2006年，教育部和财政部启动“国家示范性高职院校建设计划”，提出要重点建设500个专业群。以“专业群”为主题关键词在中国知网进行搜索发现各年份相关文献数量为：2006年（11篇）、2007年（49篇）、2008年（51篇）、2009年（80篇）、2010年（96篇）、2011年（93篇）、2012年（142篇）、2013年（187篇）、2014年（227篇）、2015年（262篇）、2016年（296篇）、2017年（312篇）、2018年（334篇），可以看出对专业群的研究在2014年到2018年热度很高。学者们对专业群建设的研究主要归纳为如下几个方面：

（一）关于专业群内涵的研究

张淑艳（2010）认为，专业群是以一个或多个办学实力强的重点特色专业为核心，由若干个工程对象相同、技术领域或学科基础相近的相关专业组成的集合。

袁洪志（2007）认为，我国公布的高职专业目录中专业大类中的二级类专业体系可称为专业群。但高职院校专业群如何规划和建设是由学院的行业背景、地方经济社会发展程度、学院自身的办学条件和专业发展过程确定的，各院校专业群内专业的数量和分布并不与专业目录中的专业划分一一对应。

周桂瑾（2017）提出“专业集群”是指在对应区域中某一个支柱产业的

产业链或相关技术（服务）领域，整合学校现有专业，组建相应的专业群，形成的集群式专业结构。高职教育是教育领域中与经济社会发展和产业转型升级关系最密切的部分。高职院校要更好地对接产业经济发展方式、不断提高办学水平，就需要突破固有的专业概念的局限，借鉴集群发展的思想，探索专业集群式发展。

黄影秋（2017）认为，专业群就是以一个或者几个教学水平高、就业情况好的重点专业为基础，辅之以几个门类相近或者相关的专业组建起来的专业群体。

李林（2017）认为，专业群指高职院校根据自身的服务对象与办学优势，围绕着上下游产业链或某一技术领域或服务领域，以具有明显优势或特色的核心专业为龙头，由若干个专业基础相通、技术领域相近、职业岗位相关、教学资源共享的相关专业形成的专业集群，代表着学校的专业发展方向和建设重点。专业群中的相关专业可以按产业链组合，也可以按类别组合。

吴升刚和郭庆志（2019）认为高职院校专业群建设是推进职业教育改革的重大举措，要整体把握好高职院校专业群的几个基本属性。与专业相比，专业群具有教育性、职业性、协同性、开放性、系统性五大特点。

（二）关于特色专业群内涵的研究

秦殿军等（2007）认为，高职院校特色专业群是建立在“一个公共技术平台，多个专业方向”基础上的，具有共同的专业技术基础课程和基本技术能力（技能）要求，并能涵盖某一技术或服务领域的若干个专业（方向）的一个集合，既较好地体现了专业相对稳定以进行建设与积累的基本要求，又体现了专业必须适应市场需求这一高职教育的特殊要求。

宋英邦等（2011）认为，特色专业群是指充分体现学校办学定位，在人才培养目标、教学团队、课程内容与体系、教学条件和人才培养质量等方面具有明显优势和竞争力的专业群，是着力加强工学结合、校企合作，密切与行业企业在人才培养、技术开发应用等领域的合作，广泛吸纳社会各方资金、物资和人力资源，学生就业率高、就业质量好、服务社会的能力强，在行业企业具有较高的认可度，在社会享有较高声誉的专业群。

杜启平（2017）提出，高职院校特色专业群是指在办学指导思想的指引下，以办学定位为出发点，紧紧围绕某一产业或产业群的技术和服务领域，按照专业基础相通、技术领域相近、职业岗位相关、教学资源共享、相互支撑、优势互补的原则，以优势或特色专业为核心，经过长期的办学实践积累而逐步形成的、相对稳定的、具有独特且优质的个性风貌的融合体。

（三）关于专业群建设路径研究

卢香利（2016）认为专业群的构建不应单纯按照教育部颁布的专业目录中的专业类进行整合，可以综合考虑高职院校的办学特色、师资配置情况、教学实践条件等。高职院校的专业群构建可包括以区域产业群、职业岗位群、相似的学科、优势教学资源为基础的四种构建路径。

周桂瑾（2017）以高职机电类专业群建设为例，提出通过规划群间结构、优化群内组合，形成集群优势，实现校企共建共享、跨界互动互赢，形成集约管理的专业群建设路径。

罗三桂（2018）认为高职院校特色专业群建设路径是：第一，政府大力引导，对特色专业群建设做好顶层设计。第二，学校自主规划，学校根据自己的办学定位、区域经济社会发展的总需求、区域经济转型升级发展机遇和经济社会发展的重大战略规划，结合高职院校自身中长期事业发展规划，将特色专业群建设作为规划编制的重要内容予以统筹。全面分析特色专业群对应产业群的人才需求结构，预测其变化趋势，实现特色专业群建设与产业群发展相对接。第三，企业积极参与。高职院校要着力推进特色专业群建设的校企合作机制，以特色专业群为基点将校企协同育人平台建在特色专业群上。

李书光（2018）认为特色专业群的构建途径可以围绕区域重点发展产业构建特色专业群，也可以依托行业协会建设特色专业群。

张岩（2019）从专业群人才培养、“双师型”教学队伍建设、开放式实训基地建立及教学资源共享等方面，对高职院校专业群建设的路径进行探究。

（四）关于专业群的特点研究

钱红和张庆堂（2015）提出专业群代表着高职院校专业的发展方向和重点，具有如下两个主要特征：一是，群内各专业具有共同的行业背景和服务领域。二是，专业群是围绕某个技术领域或服务领域而设置的一类专业，是高职院校长期办学积淀下的文化基础、物质基础和社会关系，因而群内的各个专业具有共同的行业背景和服务领域。群内各专业具有共同的课程内容和教学条件。专业群内各专业的技术基础、行业背景、服务领域相近或相同，群内各专业具有共同的基础课程和平台课程，因此具有共同的课程内容、实训条件和师资配备等。

罗三桂（2018）从人才培养质量、学校办学特色和高职教育社会地位三方面对高职院校特色专业群建设进行阐释，认为专业群具有特色性、共享性和竞争性的特点，特色性是特色专业群的本质属性，具体表现为“人无我有”或“人有我优”。“人无我有”是特色专业群的个性层面，主要通过专业结构体现；“人有我优”是特色专业群的发展层面，主要通过专业发展水平体现。共享性是指特色专业群内各专业形成相互依存、相互促进的共享关系，以彰显专业群整体特色。特色专业群能够为群内专业提供良好的改革创新氛围。由于存在竞争压力，群内专业需要在教学理念、教学模式、教学内容、教学方法与手段、实验实训条件、师资队伍和教学评价等方面，不断进行改革创新，以适应产业转型升级对人才培养的新要求。

二、专业群的内涵界定

职业院校“专业群”概念的提出和专业群建设项目的确立，无疑受到产业集群实践和理论发展的影响，也可以说是产业集群理论在教育领域的拓展和应用。

对专业群的概念的把握需要先理解“产业集群”的概念。“群”理论追溯于阿尔弗雷德·马歇尔的产业区理论，该理论从经济学角度对产业聚集现象进行了解释。迈克尔·波特于1998年发表的《企业群落与新竞争经济学》中系统地提出了新竞争经济学的产业集群理论，认为产业集群是特定产业中互有联系的公司或机构在特定地理位置聚集的一种现象。产业集群不单指特定区域内产业的简单集合，而是指通过纵横交错的网络关系紧密联系在一起的空间聚集体，代表着介于市场和等级制之间的一种新的空间经济组织形式。Fester（2000）认为产业集群是企业聚集在一起所形成的某种紧密联系（tight connection）。我国学者郑健壮认为产业集群是在某个特定地理区域上的资源集聚体，在资源集聚的基础上产生了“基于产业的专业化分工和合作”和“知识和技术的共享”机制。郑健壮和孙毅颖（2006）认为，产业集群实际上是产业通过聚集发展，在一定区域内形成产业链，发挥聚集效应。孙毅颖（2011）基于对产业集群的理解，认为专业群应该是一个包含教学资源、师资配备、实训体系的系统，而不是简单地等同于专业目录、课程设置的集合。

此外理解专业群概念还必须把握以下三点：

第一，构建专业群必须对接产业链（群）和职业岗位群，这是专业群设置的基本依据。其概念借鉴了产业集群的思想，是产业集群在教育领域的应用，并且职业教育的本质是工作要素的联系，工作情境是职业能力成长的环境和基础，脱离产业链（群）和职业岗位群的专业群将成为无本之木。

第二，专业群作为一种组织系统，群内必须有核心专业或骨干专业，核心专业或骨干专业是专业群设置的基本条件，是其核心竞争力所在。集聚性是专业群最基本的属性，如果没有核心专业或骨干专业，就会导致“群龙无首”，无法实现“1+1>2”的集聚效益。

第三，提高专业建设水平是专业群建设的目标；资源整合是实现该目标的决策活动，专业群建设实质上就是以提升专业建设水平为目标的资源整合活动。

综上，本书认为，专业群是一个包含课程、教师与实训体系资源的内在系统；其外部表现形式为一个或多个重点建设的核心专业和若干个相关专业共同组成的专业集合；从组织形式看，专业群是“教学管理单位”，即专业群是实现学校内部资源使用与人才产出的“实体组织”。

三、专业群的特点

高职院校的专业群具有自身的特殊性，表现为以下几个特征：一是有共同的行业基础或行业背景，从校外来说就是依托某一个行业设置形成的专业群，从校内来说就是长期办学积淀的物质基础、社会关系基础和文化基础；二是有共同的课程内容，专业群由于是面向相同行业大致相近的职业设置的，因此有一部分共同的理论、技术、技术基础，反映在课程上就是不少的专业群有共同的基础课程、核心课程或实验实训课程；三是有共同的实验实训设施，由于专业群有共同的技术、技术基础、课程等，在实验实训设施设备上也可以共用，这对高职院校的专业建设有很重要的意义；四是有共同的师资队伍，专业群的行业背景一致，理论和技术技能基本相同，需要的实验实训设施相近，也有共同的师资队伍，容易形成良好的师资队伍环境；五是有共同的社会联系背景，高职院校办学需要利用社会资源，社会联系是高职院校办学的重要方面，这种联系本身就是一种办学资源；六是有核心专业，依托行业背景办学，专业群中往往有处于核心地位的专业，这些专业相对于专业群中其他相关专业，往往办学历史更长一些，积累的条件更优越一些，师资力量更强大一些，社会影响更大一些。

四、专业群建设与专业建设的区别

专业群建设与专业建设不同，专业群建设比专业建设更加复杂，两者的区别主要体现在四个方面：

（一）专业群建设有利于整合资源，提高办学效益

在以往的专业建设中，有两个问题比较棘手：一是专业建设的同质化现象比较严重，不同学校的同类专业缺乏特色；二是专业的优胜劣汰。虽然说，高职院校需要根据市场需求不断调整专业，但是市场具有盲目性、短时性等特

点，专业并不一定和实际就业需求完全对应。而这两个问题通过单纯的专业建设较难处理。专业群建设能综合考虑学校的行业优势、区域优势以及办学基础，围绕产业进行科学布局，以专业建设为基础进行资源整合。因此，专业群建设不仅有利于优化整合资源实现共享和互补，提高办学效益，还有利于形成学校的办学特色，更有利于课程、师资、基地等资源随着产业发展进行动态调整，有利于新专业孵化、旧专业资源的利用，减轻专业优胜劣汰的负面效应的冲击，从而整体提升学校服务国家战略，服务产业、行业以及区域经济发展的能力和水平。

（二）专业群建设能灵活适应产业变化的客观要求

专业从设立到规范，从孵化到走向成熟，需要通过课程体系建设、师资建设、教材建设、实训实习基地建设、教学管理和技术等的协作和融合，形成相应的标准。专业发展越成熟，专业诸因素之间的协作越默契，标准化程度越高，教学效率和教学质量越能得到保障。专业的发展成熟和标准化需要时间，但时间久了也容易形成路径依赖，从而降低专业应对产业变化的灵活性。专业群可以根据产业变化，利用群内广泛的资源，在培养过程中对群内专业和课程进行灵活组合，及时调整。如学生完成专业群共享课以后，如果因为产业变化，专业群中某些专业的岗位需求出现下降，则可以通过引导该专业的学生选择学习专业群内其他相关专业的方式，解决就业匹配问题。反之，若是专业群内有的专业发展形势很好，人才需求紧迫，可以吸纳专业群内其他相关专业的学生前来学习。这比以往通过单个专业的适应性调整，或者个别专业的学生转专业学习，要快捷、灵活和方便得多。

（三）专业群建设能适应产业融合发展的客观要求

相比于学科，专业更具有综合性特征，能更好地适应职业要求。但随着互联网、大数据、人工智能和实体经济的深度融合，产业也呈现融合发展趋势，职业分化也在不断加剧，专业边际日趋模糊，社会需要的人才更加偏向复合型，技术服务跨界融合日益普遍，即使是带有综合性特征的专业也很难满足产业融合发展对复合型人才的需求。产业融合发展驱动高职院校必须通过专业群的形式把不同专业很好地整合起来，通过专业群建设来更好地整体把握产业发展态势，提高人才培养应对产业变化的适应能力，培养复合型人才。

（四）专业群建设有利于学生全面发展

职业教育必须遵循教育规律和人才成长规律，以满足育人需求。目前，我国已建成了世界上规模最大的高等教育体系，高等教育毛入学率达到48.1%，即将由高等教育大众化阶段进入普及化阶段。高等教育普及化的最大特点就是普通民众接受高等教育机会显著增长。如 2019 年政府工作报告中提出的高职扩招百万，明确鼓励更多应届高中毕业生和退役军人、下岗职工、农民工等报考。普及化高等教育的重要特征，一方面体现在接受高等教育群体的多元化，另一方面也体现出接受高等教育个体的多样化需求。这就要求高职教育在原来专业建设的基础上，寻求更加符合学生多元化、多样化需求的教学模式，让学生的学习有更多的选择性。以专业群为育人载体能更好地贯彻选择性教育理念，让学生在更宽的职业领域、更多的专业方向、更丰富的课程模块中根据自身发展和外部环境的需要进行选择，满足学生多元化和多样化的需求。同时，跨学科、跨专业的专业群所涉及的知识和技能的广度也有助于学生创新思维的培养，有助于学生更好地适应社会。

第三章　专业调整机制

第一节　政府调控功能

职业教育与区域经济对接是职业教育形成特色和核心竞争力的关键，也是职业教育可持续发展的动力。

从宏观层面来看，地方高职教育专业布局及其动态调整应在地方教育行政主管部门主导下进行。高职教育是经济发展到一定阶段的必然产物，高职教育的发展在很大程度上受制于区域经济的发展状况。要使高职教育良好适应和服务区域经济，地方政府就要按照教育发展总体目标制定区域内高职院校专业发展计划，调控高职院校专业设置。政府调控功能主要体现为宏观制衡、专业结构协调、市场竞争保护、整体效益优化等。同时，政府调控也不可避免地存在一些问题。

一、宏观制衡功能

发挥政府对高职专业调控功能的关键，是提供正确的教育发展目标，即区域经济对高职教育培养的技术技能人才在专业类别及其数量上的需求，宏观上消除专业总量的失衡，克服市场目标导向的弊端，以适应区域经济发展。

由于影响高职教育专业总供给与总需求的因素很多，对它的调控和制衡必然涉及调控的其他多元目标，而这些多元目标的层次为：第一层次的目标即最高目标，是提高人才培养质量，满足人民享受高等教育的权利。公有制基础决定了社会主义高等教育运行及其调控要以人民的教育需要为出发点、归宿点和推动力。第二层次的目标，是努力增大社会教育效益。这既表明可以用同量的教育投入，提供更多的能够满足人民教育需要的社会净产品（社会总产品减去用于补偿已消耗的生产资料后的那一部分产品，是劳动者在一个生产期中新创造的产品)，又表明增大社会效益是教育发展的必要前提。第三层次的目标，是切实保证适度的专业增长。在不断提高全社会教育效益的前提下，要进一步追求教育发展，同时，适度的专业增长也是各种专业结构高级化的推动因素。第四层次的目标，是不断调整专业结构。一个逐步高级化和合理化的专业结构，不仅能够促进高职教育较快增长，而且有助于高职教育的稳定。第五层次的目标即基础目标，是尽力保持高职教育专业的稳定性，具体表现在专业总供给与总需求等方面。维护高职教育专业稳定属于最基本的要求。对于上述目标，作为基础层次的市场调控不可能自觉做到，而作为高层次的政府调控，则能够有意识地制定和组织实施这些目标，以增强整个经济运行的清晰度和可控性。

我国的产业结构分为第一、二、三产业，对高等职业教育影响最大的是第二、三产业。近年来第三产业的快速发展及国家的产业结构调整政策为高职教育提供了有利条件，服务业和信息产业为高职毕业生提供了很多就业机会。

二、专业结构协调功能

从高职院校角度看，专业结构、师资结构、职称结构、就业结构、教师学历结构、教育经费结构、学生结构等都属于高职教育结构。不是所有的高等教育结构问题都属于政府调控的范围，但牵涉全局的重大结构问题则应在政府层面进行引导规划。高职教育的专业结构问题关系到区域社会经济发展、学生就业需求与就业质量，以及人民对教育的获得感乃至社会稳定，因此，理应成为政府调控的目标之一。首先，高职教育专业总量调控与结构调整存在密切的联系。专业结构调整是整体调控的基础之一，只有专业结构不失衡，专业总量才容易调控好，反过来，如果专业总量不失衡，专业结构也容易调整好。其次，各专业在何种比例上，才能既保持高职院校运行的高效率及稳定增长，又能保持基本教育制度的社会主义性质和社会公平、公正，客观上需要政府做出适当的选择和调控。再次，政府必须对宏观的专业结构进行调控，以便科学地确定国家科技发展的战略方向、重点和主要步骤，并制定相应的政策保证其实现。最后，推进高职教育专业结构的合理化和高级化，有赖于政府调控。在战略专业、主导专业、基础产业和一般专业的发展过程中，要顺利地实现专业素质提升、专业结构和谐和专业类型转换的有序演变，单纯依靠市场调控难以奏效。政府只有通过制定正确的专业结构政策、专业组织政策、专业布局政策等，对相互关联的各类专业进行全面的计划干预，才能在力避比例非常态失调的前提下，有效地推进高职院校专业结构的合理化。

三、市场竞争保护功能

目前社会对高等教育的总需求大于总供给，体现为卖方市场，不少高等学校在高等教育市场上处于一定程度的垄断地位。撇开行政性垄断不谈，单纯的市场性垄断会妨碍专业创新，造成专业改造停滞，进而导致教育资源要素组合和运行的低效率。并且，带有垄断色彩的就业率，又会使市场调控系统出现功能障碍，扭曲高等学校专业就业机制，损害受教育者的利益。例如，名牌大学的毕业生，往往其就业率比较高，而专业的重要性体现不够，也就是说专业的就业率所蕴含的市场信息弱化。面对不适当的垄断行为，包含计划机制的政府调控，可以发挥其抑制垄断和保护竞争的功能。政府除了颁布各种行之有效的政策法规之外，还可利用教育拨款、财政支持、政策支持等多项手段，及时削弱和铲除不必要的高等学校的垄断及其他人为阻止有效竞争的障碍，努力提高各类人才市场的开放程度和明晰度。

四、整体效益优化功能

效益低下是当前高职教育体制的根本缺陷。从某种意义上说，行政机构膨胀、师生比例失调、某些专业就业率低等都是在此基础上派生出来的。这既与长期以来我国没有把效益视作高等教育的核心和高等教育制度所追求的主要目标有关，也与政府调控没有把效益放在应有的目标位置上有关。有一种观点认为，效益是高职院校的问题，不能纳入政府宏观调控的范围。其实，效益分为微观效益与宏观效益（社会效益）。微观效益属于高职院校活动的目标，社会效益则属于国家期望的目标，因而必须加以综合调控。社会效益不是微观效益的简单加总。全国高等教育耗费与成果相比较表现出来的宏观效益，与单个高职院校耗费与成果相比较反映出来的微观效益，有很大的差别。

教育改革和教育发展已清楚地显示，处于层系市场专业结构中的高等学校，追求优势学科专业的强势发展的结果，客观上可能导致微观效益的提高。然而，微观和中观效益可能与社会宏观效益背道而驰。如这种优势专业可能是国家和社会需要逐步减少的专业，但由于一些高等学校在专业上多年来形成的强势地位，依然能够保持较高的就业率，因此会进一步发展该专业，教育效益可能与社会利益南辕北辙。少数高职院校的专业发展可能不断地产生负外部效应，如发出该专业需要大力发展的错误信号，并有可能导致其他高职院校的效仿，大力发展该专业。此时，高等教育市场调控难以治本，就需要政府运用财政、政策和法规以及计划等多样化调控手段，从根本上解决或大大缓和这些矛盾，从整体上优化高等学校专业效益结构和社会利益结构。概言之，不同范围、不同层次的效益和利益经常会发生矛盾甚至冲突，政府调控可以在缓解矛盾和优化高等学校专业效益的过程中发挥巨大的功能。

第二节　政府调控存在的问题

1974 年，美国经济学家伯顿·韦斯布罗德（Burton Weisbrod）最早提出市场失灵和政府失灵理论，并用需求—供给这个传统经济学的分析范式分析当时西方国家所面临的政府危机。该理论将政府失灵的原因归为两个方面：政府难以满足每个人对公共物品的需求；政府在提供公共物品方面存在着浪费和低效率的问题。詹姆斯·布坎南（James Buchana）认为政府失灵的原因主要有：①由信息不全或决策人自身局限性造成的政策偏差或低效率；②政府机构人员办事效率低下；③政府官员私利性的存在与寻租活动等。同样，教育服务作为一种准公共物品，无论是采取分散型、复合型还是集中型的教育管理模式，由于高等教育系统本身的复杂性，政府在教育产品的供给方面也存在着失灵的问题。有很长一段时间，为适应高度集中的计划经济体制，我国高等教育实行的是国家高度集中和政府直接管理的体制，在这一体制下，高职院校缺乏动力与活力，学校与社会存在脱节，专业人才培养与需要存在脱节。

所谓政府失灵，又称政府失败或政府失效，是指在政府为防治市场失灵而积极干预社会经济的过程中，由于政府自身的原因而导致的干预的低效性和干预结果的非理想性，即政府干预的效率损失超过了市场失灵所导致的效率损失，未达到预期的干预目标，或虽达到了目标，但成本高昂，有时会带来其他负面效果。在高职院校专业设置的调控中，也同样存在政府为防治市场失灵而积极干预高职院校专业设置时，由于政府自身的原因而导致的干预的低效性和干预结果的非理想性。概括地讲，政府失灵包括以下几种情况：①受行为能力和其他客观因素制约，政府干预高职院校专业设置活动达不到预期目标；②政府干预高职院校专业设置活动达到了预期目标，但效率低，或者说成本昂贵，导致资源并未得到充分有效的利用；③政府干预高职院校专业设置活动达到了预期目标，也有较高的效率，但却带来事先未曾预料到的副作用。

政府失灵一方面表现为政府的无效干预，即政府对专业设置的宏观调控的范围过窄、力度不足或方式选择失当，另一方面则表现为政府的过度干预，即政府干预的范围和力度超过了维持高职院校正常运行的合理需要，或干预的方向不对，形式选择失当，比如不合理的限制性规章制度过多、过细，对各种政策工具的选择及搭配不适当，过多地运用行政指令性手段干预高职院校内部运行秩序，结果抑制了高职院校专业设置调控机制的正常运作。

导致政府失灵的主要有原因有：①政府调控偏好主观。在高职院校专业设置的政府调控中，政府职能不到位和制约机制不健全使政府行为易出现几种倾向，影响资源的合理配置及专业结构的协调。高职院校作为一种学术组织，有着自身的学术规范，底层结构遵循的是学科、专门知识和专业化无序状态的逻辑，处于一种“有组织的无政府状态”。而行政手段则遵循强制性、统一化的行政逻辑，与学术组织之间存在相当的非适切性，因此行政手段的不适当应用势必造成高职院校专业设置与调控中外行领导内行的局面。同时各级政府和主管教育部门又都不同程度地存在政绩偏好，甚至存在非理性短期行为，从而导致在专业设置与调控中出现政府失灵的现象。②政府调控转换迟钝。政府在高职院校专业设置与调控过程中，经常出现这样的情况：一是政府调控决策的信息可能缺乏。政府对高职教育活动的干预，实际上是一个涉及面广、错综复杂的决策过程。正确的决策必须以充分可靠的信息为依据，但由于这种信息是在众多分散的个体行为者之间产生和传递的，政府很难完全占有，加之高职院校专业设置活动的复杂性和多变性，增加了政府对信息的全面掌握和分析处理的难度。科学的决策必须建立在大量可靠的、透明度高的信息基础之上，但在实际中，由于统计故障、技术变化、利益冲突等多种原因，政府往往不能及时获得有用信息。如毕业生的就业率，社会上就有不少人质疑它的准确性。这些缺乏准确性的信息很容易导致政府决策的某些失误并必然对高职院校的运作产生难以挽回的负面影响。二是政府高职院校专业设置与调控决策的程序可能过繁。需要宏观调控的问题，其本身一般较为复杂，牵涉到方方面面，再加上政府教育管理机构庞大，审批程序复杂，容易贻误调控良机。三是政府高职院校专业设置与调控决策的时间可能较长。政府决策程序的复杂会拉长决策时间。社会经济与科学技术迅速发展，而政府调控的时间较长，导致一些新的需求与技术不能及时反映到专业建设中来，也就导致高职院校专业设置未能较好地反映社会需求。四是政府高职院校专业设置与调控决策的成本可能过大。在政府决策过程中，收集信息和实施决策程序需要费用，而官僚主义、形式主义、计划过度以及利益摩擦，会加大高职院校专业设置与调控决策的成本或费用。③政府调控政策内耗。当政府运用财政、信贷、投资、人力以及规章制度等各种政策调控高职院校专业设置时，这些政策在作用的方向上是否前后呼应，在作用的力度上是否强弱适宜，在作用的时序上是否合理，与高职院校专业设置能否取得成效关系非常大。倘若与政府调控有关的政策体系内部不协调，甚至作用相反，就会导致政策内耗，即各项改革功能抵消。④政府调控政策可能产生偏差。政府是通过政策的制定与执行来达到有效干预目的的，但如果政府制定的政策与实际不符、正确的政策得不到有效执行，就会使政府不能发挥应有的职责作用。这是政府失灵的一个重要表现，其原因有：一是政策的执行依赖于执行机构、目标团体、环境等因素的综合作用，如果机构不健全、各部门不合作、执行政策不力，就会导致政策失效。二是有些行政人员为了眼前的政绩，难以给出具有创新意义的最优政策，以政府的力量对高职院校专业设置进行调控，容易陷入过分集权的弊端。尤其是在我国，很可能还有对计划经济体制下形成的全能政府和无限政府的留恋，潜意识中总认为政府具有完全办学能力，能够进行人才需求的准确预测，可以杜绝人才培养的浪费。这种“集中力量办大事”的行为一旦方向出错，就会造成非常不利的影响。三是政策的滞后性也是政府高职院校专业设置调控政策产生偏差的原因。政府调控高职院校专业设置政策的制定和实施需要时间。政策对经济发生作用同样需要时间，这就会出现政策的滞后效应。这种滞后效应可能使政策实行的结果与预期目标相距甚远，从而导致政策失灵。要保证高职院校专业设置调控政策的有效性，需要许多严格的条件，其中很重要的一个条件是要保证政策的及时性，即制定政策、付诸实施乃至发挥作用等必须做到及时、准确。然而在实际生活中，由于种种因素的限制，这一点很难做到，政策滞后的现象时有发生。四是决策主体的能力有限也是造成决策出现偏差的原因。高职院校专业设置调控政策的正确性不仅和决策者所收集到的信息的完备性有关，也与决策主体的能力有关。即使收集到的信息是完备的，这些信息对于宏观专业调控决策来说也不一定都是有用的信息，随有用的信息一起传递至决策者的还有大量的无用信息，甚至有会引起错误决策的“噪声”，这就需要决策者对收集到的信息进行识别，滤掉“噪声”，分离出有用的信息，并对这些信息进行分析和处理。然而，决策者由于能力有限，不可能制定出完全正确的政策，从而导致决策失误。这种决策失误使得宏观调控从最初就偏离了正确方向。

第三节　适应区域经济社会发展的专业调整机制

专业设置基本原则是以市场需求为导向、以产业链及其职业岗位群为依据、以技术含量为参数、通过专业的交叉复合来设置专业。

一、专业设置与调整原则

1. 立足于区域经济社会发展的现实需要原则

专业设置是高职教育与社会需求紧密结合的纽带，是高职院校主动、灵活地适应社会需求的关键环节。地方高校的专业设置与地方经济之间有必要形成一种良性互动关系。因此，教育行政主管部门要建立机制引导区域高职专业不断优化，高职院校本身更应主动适应区域经济结构的变化，使专业结构优化与产业结构升级、经济发展有机地结合起来，以有效地利用教育资源，提高办学社会效益。

高职教育专业结构受到方方面面的影响和制约，但最主要的是受经济结构的制约。区域经济中的产业结构、技术结构是高职教育专业结构调整、改革的主要依据。产业结构的调整直接影响不同类型、层次的高职院校的专业设置及某一专业的规模。当某一类产业在整个国民经济中居于主导地位时，相应的高职教育专业设置的数量就多，专业的规模也较大；当某一产业在整个国内生产总值中比重下降时，相应的高职教育专业设置的数量也逐渐减少，专业规模也渐趋萎缩。

高职院校要以“社会经济发展需求为驱动”，从产业结构调整和技术结构转变的需要出发设置专业时，要做到：①努力占领制高点。瞄准科技发展的前沿和产业结构调整的趋势，优先发展以区域的优势战略产业为代表的新兴产业所需要的专业。对于这类专业，不仅要扩张规模，提高办学层次，而且要把建设的目标瞄准全国乃至世界高职教育专业建设的一流水平，在人才培养、技术开发和科技成果产业化等方面全面提升这些专业的水平，使之成为领头的、一流的专业。②积极填补空白点。要根据产业结构、技术结构、行业结构、职业结构的变化，积极创造条件兴办那些经过市场调研和论证确实需要的专业，如以钟表、家具、纺织、服装、玩具、珠宝首饰、皮革等为代表的传统支柱产业所需的专业，以及一些新兴的、边缘的、交叉的、复合的与经济社会密切结合的最前沿、最有生机、最具活力的专业。③大力培植生长点。对那些已经具有良好的社会需求和发展势头的专业，如先进制造业所需要的专业，要在人力、物力和财力等方面给予支持，促使其迅速发展，快速成长，使之成为新兴的、具有较大发展后劲的专业。④积极关注经济社会发展的需求点。对于国家和区域国民经济和社会发展五年规划纲要中提出要发展的重点区域、重点领域、重点项目，高职教育在专业建设与结构调整方面必须予以充分关注。

2. 遵循专业发展规律原则

满足区域经济发展需要，通过市场机制输送人才，虽然有灵活、敏捷等优点，但也存在盲目性、趋利性、滞后性和短视性的缺点。专业设置本身有其自身的规律，因此，在进行专业设置和调整时要遵循以下几条原则：第一，保持专业系统的相对稳定性。人才培养需要一个较长的周期，完全根据市场供需变化进行调整，就会出现已有专业尚未发展成熟，新专业又需要投入大量办学资源的现象，必然导致专业系统处于极不稳定的状态，资源得不到合理利用，最终阻碍高职院校的发展。因此，高职院校在适应市场的同时应保持专业的稳定性。第二，做好专业内涵建设。提高人才市场的供需契合度，除了结构合理外，更重要的是提高人才培养的质量，保持优势专业，打造特色品牌专业。第三，社会人文类专业和应用型专业区别对待。一个地区乃至一个国家的发展需要的人才是多种多样的，应用型专业可以满足经济发展的现实需求，但社会人文类专业人才是社会发展和文化传承的重要保证。完全以市场作为专业设置的依据，忽略了高等教育的核心价值，一些公共和公益性专业萎缩，专业人才匮乏，最终会影响整个社会的发展。因此，应用型专业可以依靠市场机制调节，但社会人文类专业也要满足社会的需求。

3. 市场导向原则

职业性是高职院校的基本属性，因此，高职院校必须面向市场，融入到市场经济中去，围绕市场需求设置专业。高职院校以培养高素质技术技能人才为目标，需要始终瞄准高技能人才市场需求。有关调查显示，珠江三角洲、长江三角洲和环渤海湾地区三大沿海制造业基地都面临着普通农民工供过于求，有专业技能的工人严重短缺的供需矛盾；未来 3 年，上海市高级技工的需求约为 1.8 万人。目前，在我国 2.7 亿城镇从业人员中，包括高级技师、技师、高级技工在内的高素质技术技能人才只有 1 860 万人，占比不到 7%。高职院校设置的专业与在校生规模只要与高技能人才市场需求对接，高职院校毕业生就能有所作为。按照市场导向原则设置专业，当然要考虑生源供给问题，也就是要考虑学生和家长对学校及所学专业的需求。高素质技术技能人才市场需求与学生及家长报考专业需求客观上存在不对称。高职院校如果不考虑学生报考需求，就会招不到学生，就难以维持其生存，育人目标就成为泡影。可见，职业及其发展趋势、高技能人才市场需求及生源供给现状与变化，是高职院校专业设置、专业调整及专业结构优化的基本依据。

4. 科学性原则

《中华人民共和国高等教育法》明确规定，“高等学校依法自主设置和调整学科、专业”，但由于我国高校目前还尚未完全建立自我约束、自我发展的良性运行机制，对政府有很大的依赖性，保持高职教育专业结构的合理布局，又是教育行政部门进行宏观管理的重要职能。在依法落实高职院校专业设置的自主权的同时，教育行政部门要建立人才需求预测机制和专业设置预警机制，引导高职院校调整专业设置，使高职教育专业的门类以及分专业的人才培养规模，与社会产业结构基本适应，与社会人才需求基本平衡，克服专业设置的盲目性，避免某些专业低水平重复建设造成教育资源浪费。省级教育行政部门要统筹考虑全省各专业的招生规模，从全省人才需求结构出发对那些人才需求饱和的专业，在限制该专业全省招生总量的前提下，对各校分别采取限招、减招、隔年招生、停招等措施进行控制。通过上述途径引导学校科学规划专业发展，防止专业设置的随意性和盲目性。省级教育行政部门对高职院校专业设置应当严格把关，引导高职院校根据区域经济社会发展目标与人才市场需求状况合理设置专业。要围绕国家产业发展重点，结合区域产业发展需要，合理确定、不断优化专业结构和布局。专业设置科学性原则要求各高职院校专业设置要在学校总体发展规划指导下进行，要与学校办学定位和发展目标相一致。在专业设置上充分考虑学校的软件和硬件条件，设置专业应有利于实现学校教育资源的优化配置，有利于学校的专业结构优化和专业之间的优势互补。科学性原则也包括专业设置要规范化，专业划分要符合教育部《普通高等学校高职高专教育指导性专业目录（试行）》中的专业分类的有关标准，名称要规范，内涵要明确，外延要科学清晰，课程体系要合理。

5. 特色性原则

特色是高职院校打造品牌，形成核心竞争力的关键。学校的特色是在长期的办学实践中凝练而成的。它体现在办学的指导思想、治校方略、人才培养模式、教育教学过程等各个方面。高职院校专业设置要考虑强化学校办学特色，既要与其他高职院校“错位”发展，避免与其所设置的专业雷同，更要重视弘扬学校优良办学传统和办学特色，强化体现特色的品牌专业，围绕品牌专业设置新专业，构建结构合理的专业群。同时，大力发展与高新技术产业发展趋势及职业发展趋势相一致的应用性专业，以培植新的特色专业。

6. 集群性原则

集群性原则就是通过对产业链的分析，构建以产业链为基础的，以课程群为支撑的，资源统筹、结构优化、办学效益明显改善，办学质量优越的专业群。高职院校专业群构建主要有两方面依据：一方面是按照核心产业—相关产业—附加产业或上游产业—中游产业—下游产业的产业链思路，形成主干专业和相关专业互为补充的专业群；另一方面是按照关键岗位—次要岗位—边缘岗位的岗位群思路，形成与岗位群对应的主次分明、相互融合的专业群。多专业相互渗透、彼此支撑形成主次分明、协调发展的就业导向型的应用性专业群。专业群设置有利于人尽其才、物尽其用、财尽其力；有利于主干专业做大做强，其他专业灵活应变，增强市场适应能力；有利于强化办学特色，形成竞争优势。

7. 可行性原则

高职院校坚持以服务为宗旨，包括为经济服务、为社会服务和为学生服务。为学生服务、对学生负责的重要衡量标准，就是学校具备学生所学专业人才培养的软硬件条件。专业设置需按照科学性的要求，进行市场调研和可行性论证，特别是对设置专业必须具备的师资队伍、教学设施设备、实习实训条件以及人才培养方案和相应的管理制度。

8. 前瞻性原则

随着社会经济形态的不断变化和科技的日新月异，新的职业和岗位层出不穷，相应地也有一些职业和岗位退出历史舞台。专业设置如何与时俱进，与经济社会发展同步，需要坚持前瞻性原则。比如，计算机与互联网在商务领域的运用催生出电子商务岗位和电子商务专业；建设创新型国家战略的实施提出了创意专业人才的需求；会展经济的发展使会展专业应运而生；光电技术在分析化学和仪器分析领域的应用使自动在线技术逐步取代了手工监测。因此，高职院校要始终关注经济社会发展态势和最新技术发展，时刻把握职业岗位变化情况，准确预测专业发展走向，及时设置适应社会需求的新专业，确保学校的可持续发展。

9. 效益性原则

高等教育具有公益性，公办职业院校的办学经费来源于财政生均拨款和学费。职业教育强调学生技术技能培养，要求投入大量的设备和场地。2011 年，我国高校实际生均成本支出为 20 193. 81 元/人，河南省高校生均成本支出为 12 284. 82 元/人，河南某高职院校护理专业生均成本支出约为 9 123 元/人。办学经费和建设资金仍然主要来自学费，国家财政拨款只起辅助作用。安徽省高职院校学费占办学经费的 2/3，基本建设经费大都是自筹，这就使得高职院校在专业设置上不能不遵循效益性原则。办学成本与专业设置密切相关。按照效益性原则，在设置专业时必须重视专业人才的需求量和生源供给量，确保一定的在校生规模；人才培养成本高的专业与成本低的专业合理配比，做到“以丰补歉”；重视有共同专业基础、关联度高的专业群建设，有效地发挥教学资源的作用；重视专业设置的计划性，使专业的发展速度、规模、结构与办学效益协调。

二、适应经济发展的专业动态调整机制构建

1. 建立高校学科专业调整数据信息库

建立可行的专业设置与市场反应动态机制，要有完备的数据信息支持。数据信息收集分为两个方面：一是高校，二是政府和政府授权的第三方认证机构。高校要在政府指导下建立统一的数据信息收集平台，数据信息包括入学者的入学专业需求状况、毕业生择业期内就业状况和就业跟踪信息登记三部分。入学者的入学专业需求状况反映了社会和个人对高校教育的需求状况和对高校专业质量的认可程度，对专业设置起着重要作用。毕业生的择业期内就业状况和长期就业跟踪信息登记，反映了毕业生就业市场信息，可以形成良好的市场反应机制。对毕业生择业期内就业单位和长期的就业单位进行对比，可以得出毕业生就业择业的时间周期，定期总结发布毕业生的就业问题分析报告，针对择业就业问题进行针对性的专业课程调整，进一步缩短毕业生的择业期。

对毕业生就业信息的登记除了统计就业率外，还要对专业对口就业情况进行着重分析，比较专业适应性强和综合素质高的毕业生的就业情况，为专业课程调整提供依据。政府和政府授权的第三方认证机构要着重建立专业发展信息跟踪和收集系统。该系统一方面要与高校的数据信息系统对接，另一方面要与政府的经济发展和产业结构信息对接，确保高校和社会可以准确及时了解专业发展新动态，同时，也可为第三方专业认证机构提供专业评估和认证依据。

2. 建立独立的第三方高校学科专业性认证机构

现代高校的特征之一就是高校管理民主化、科学化。因此，应由本省学科带头人、各级专业人士组成独立于政府和高校之外的第三方高职院校专业认证机构，对全省高职院校专业的设置与调整进行评估和认证。由院校方提交新增设专业的办学条件、人才市场需求状况、区域其他高校同等或相关专业的情况等的论证报告，认证机构根据论证报告，结合数据库信息进行审核，对于确实符合区域经济发展需要的新增专业申请，可以予以通过，并提请省教育厅备案。对于已有专业，认证机构按照固定周期对其进行评估或根据高校的提请进行评估、审核。对于不符合经济和社会发展需求的专业，可予以撤销。

3. 明确定位和特色

高职院校以市场需求为导向，积极响应市场要求，着重培养建立一批教育教学整体水平和人才培养质量高，办学思想、专业建设、教学改革、人才培养

模式等方面都具有显著特色的专业，把握好各自的办学定位，发展特色专业，在区域中做到“你无我有”，在全国范围内做到“你有我优”，形成自身鲜明特色。

明确政府和高校在专业调整中的资源分配重点。区域经济的发展不是一蹴而就的，而是一个长期的过程，对人才的需求是全方位、多种多样的。在人才培养方面，在高校专业调整中政府的重点工作应放在基础理论研究和人文社会科学专业上。这些专业与市场联系不太紧密，需要政策的倾斜和扶持，以求在市场经济中，保证大学“求真务实、追求真理”的核心本色，为区域经济发展和文化传承攒足雄厚的发展后劲。在专业调整中高校主要依据市场调节机制，根据市场需求评估调整专业，保证应用型专业发展，为当地社会经济发展提供高质量、供需结构合理的人才，同时市场的趋利性也保证了高校的充足生源。

4. 建立多层次、多样化的专业培养机制

专业调整的最终目的是提高学生就业率，促进经济发展，落实到学生身上就是要保证学生能够学有所成、学有所长。在全日制专、本科院校中，专业培养机制要打破以往的一次定终身制度。学生在入学一至两年内，实行大专业制，不分专业方向，集中学习基础课、专业基础课和公共必修课，强化对基础课程的学习；在学生对专业有了基本的了解后，按专业进行分流培养。建立、健全学生自修系统；鼓励和引导学生跨专业学习，培养高素质人才。高职院校可根据学生的基础、特点、优势、诉求进行分类教学，增大学生的自主选择权，在教学过程中，制定针对性的人才培养计划，有效激发学生学习兴趣，提高学生学习的参与度，同时也可推动学科专业结构的改革和调整，增强专业调整的合理性和有效性。

总之，当前在高职院校专业建设中有必要确立以省市为主的管理体制，根据校际教育资源配置情况，进行专业设置的宏观管理与调控，规划区域性的专业结构及布局。当地政府应根据产业分类和主导产业，及时调整专业结构，合理进行专业布点。政府应制定专业设置条例，规定开办专业的基本条件。社会办学机构设置专业时，政府要严格审查其办学条件。成立区域性专业建设审议委员会，统筹协调区域内高职院校的专业建设。区域性专业建设审议委员会的主要功能是打破狭隘的地区和行业界限，根据各校的优势及行业特点对本区域内各高职院校新设专业进行统一规划协调，根据区域经济发展和产业结构调整的趋势对高职院校新设专业进行审查、评议与检查，防止专业设置的盲目性和随意性；指导并协助各校对传统专业进行调整与改造，对院校专业建设情况进行检查评估。这样有利于加强区域内专业建设宏观调控的力度，合理规划专业布点，促进高职院校形成各自的专业优势，进而充分发挥规模效益，提高现有教育资源利用率及教学质量。

第四节 案例

随着我国经济与高等教育体制改革的进一步深化，区域经济与高职教育的关系越来越密切。高职教育与区域经济发展具有相互促进、相互制约的关系，从辩证的角度来看，区域经济与高职教育之间存在着作用与反作用、决定作用与能动影响的关系。专业设置是高校的教学工作与社会需求的纽带，是学校教学工作主动、灵活地适应社会需求的关键环节。地方高校的专业设置与地方经济之间有必要形成一种良性互动关系。同时，专业设置是高校人才培养的基础工作。专业设置的合理与否直接关系到高校人才培养质量的高低，关系到高校办学水平的高低和办学效益的好坏，专业设置更与社会的人才需求和社会未来发展息息相关。

一、湖南省

2015 年，湖南省有高职高专院校 70 所，专业点 1 560 个，较 2014 年的 1 731 个下降 171 个；全日制在校生 44.87 万人，较 2014 年的 43.52 万人增加 1.34 万人，增幅约 3%；全省高职院校录取注册新生 17.11 万人，较 2014 年的 15.87 万人增加 1.25 万人，增幅约 8%。

2000—2006 年，湖南省的第三产业占 GDP（国内生产总值）的比重一直高于第二产业，随着工业化的推进，2007 年湖南省第二产业比重开始高于第三产业，第二产业比重持续上升，第一产业比重呈逐年下降趋势。在此后的几年里，基本保持这种趋势。当第一产业占比降低到 10%以下，第二产业比重上升到最高水平，则会进入工业化后期阶段。2015 年，全省三次产业结构处于工业化中期，其比例为 11.5∶44.6∶43.9。2015 年，全省地区生产总值 29 047.2 亿元，比上年增长 8.6%。第一、二、三产业对经济增长的贡献率分别为 4.5%、42.0%和 53.5%，第三产业贡献率比上年提高 6.5 个百分点。从产业结构调整的方向和重点来看，湖南省积极推进第二、三产业优化升级，同时，加大钢铁、有色金属、水泥、化工、机械等传统行业高端化、低碳化、智能化改造步伐，走差异化发展道路；增强新材料、智能制造、云计算、文化创意、节能环保等新兴产业的后劲；大力发展港口物流、农业科技、旅游休闲、健康养老、文化创意、游艇经济等特色服务业；兼顾发展现代农业，调整农业结构，激发农业发展活力，发展休闲农业、城市农业、创意农业等新业态，壮大农产品加工产业。传统产业的转型与升级以及新型支柱产业的崛起对技术技能人才的素质提出了越来越高的要求。

2015 年人力资源市场动态与分析报告显示，近年来，湖南省人力资源需求总量和求职量基本保持不变，供需矛盾趋于平缓，求人倍率保持在 1.11 的水平（平均每人能获得 1.11 个职位）。从人才需求变化来看，第二产业与第三产业人才需求量大，尤其是第三产业。2015 年，第一产业人才需求比重为 3.23%，第二产业为 40.21%，第三产业则达到 56.57%。而从各行业的需求情况来看，第二产业中制造业的需求量最大，达 32.67%，第三产业的批发和零售业、住宿和餐饮业紧随其后，分别为 15.22% 和 14.38%，第一产业的农、林、牧、渔业仅占 3.14%。

湖南省正处于经济结构调整与转型的特殊期，制造业的迅猛发展对高职、技校、中专、大专等层次技能人才需求量大，其中对职高、技校、中专生的需求比重达 55.92%，对高中生需求比重达 39.79%，对大专生需求比重达 25.09%。

2018 年，湖南省有高职高专院校 70 所，专业点 1 636 个，全日制在校生 51.83 万人。其中有国家示范性高职院校 5 所，省级示范校 17 所，国家骨干校 5 所，民办院校 14 所，特色高水平高职学校和专业建设计划院校 11 所（长沙民政职业技术学院、湖南铁道职业技术学院、湖南工艺美术职业学院、湖南汽车工程职业学院、湖南工业职业技术学院、长沙航空职业技术学院、湖南化工职业技术学院、长沙商贸旅游职业技术学院、湖南交通职业技术学院、岳阳职业技术学院、湖南生物机电职业技术学院），基本形成了完备的现代高职教育办学格局，且高职院校区域分布较为合理，符合国家大力发展高职教育的价值取向。

1. 与产业发展相适应的专业布局基本形成

2014 年，湖南省高职院校校均开设专业 22.56 个，每个专业平均 237.03 人，其中新增专业点 182 个，增加专业点所属专业大类排在前三位的分别为交通运输、制造、电子信息，撤销专业点 98 个。全省三次产业结构为 12.7：47.0：40.3，面向三次产业的专业在校生比例为 4.78：50.48：44.74，与三大产业结构较为接近，说明总体上湖南省高职教育与产业发展相适应的专业布局已基本形成。例如，装备制造产业是湖南省重要的支柱产业，从 2007 年开始，每年以千亿级规模增长，即将迈入万亿级水平，2014 年，高职院校制造类专业招生人数为 23 355 人，较 2013 年的 20 561 人增加 13.6%，基本上与装备制造产业发展相适应。近几年，湖南省轨道交通运输产业发展迅速，2014 年，高职院校铁道运输类专业招生人数 7 908 人，较 2013 年的 7 383 人增加了 7.1%。

2. 专业门类较齐全，覆盖面广

2016 年，湖南省高职教育专业已覆盖《普通高等学校高职高专教育指导性专业目录（试行）》所有 19 个专业大类，专业点共计 1 501 个。在 99 个一级学科中，湖南省高职院校设立了 87 个，一级学科覆盖率达 87.9%，专业种数 368 个，覆盖率为 49.2%。其中旅游大类覆盖率最高，达 83.33%，土木建筑大类覆盖率也高达 78.13%，生物与化工、财经商贸、交通运输、教育与体育、文化艺术、食品药品与粮食、装备制造、公共管理与服务、电子信息等大类专业覆盖率也超过 50%，见表 3-1。

表 3-1　2015 年湖南省高职专业开设情况

序号	专业大类名称	专业数/个	专业布点数/个	覆盖率/%
1	农、林、牧、渔	51	15	29.41
2	资源环境与安全	66	26	39.39
3	能源动力与材料	49	20	40.82
4	土木建筑	32	25	78.13
5	水利	16	5	31.25
6	装备制造	65	35	53.85
7	生物与化工	17	12	70.59
8	轻工纺织	32	8	25.00
9	食品药品与粮食	18	10	55.56
10	交通运输	66	41	62.12
11	电子信息	40	21	52.50
12	医药卫生	46	18	39.13
13	财经商贸	47	30	63.83
14	旅游	12	10	83.33
15	文化艺术	58	34	58.62

表3-1(续)

序号	专业大类名称	专业数/个	专业布点数/个	覆盖率/%
16	新闻传播	23	10	43.38
17	教育与体育	49	30	61.22
18	公安与司法	42	8	19.05
19	公共管理与服务	19	10	52.63

3. 新兴专业发展迅速

随着产业结构升级，湖南省积极对接“中国制造 2025”，围绕移动互联网、新一代信息技术、生物医药、节能环保、智能制造、新能源、新材料、住宅产业化等，抢占新兴产业发展制高点，积极发展现代服务业，壮大现代金融、电子商务、现代物流等十大重点产业，加快创建服务业示范集聚区，建设区域性消费中心。面对这些新兴产业与重点产业的发展，湖南省高职院校应大力发展如航空服务、汽车检测与维修技术、工业机器人技术、移动应用开发、物流工程技术、新能源汽车技术、药品生物技术、老年保健与管理、移动互联应用技术等 179 个专业点。

4. 问题

第一，专业结构与产业结构吻合度有待提高。尽管专业结构与产业结构整体上基本一致，契合度较高，但具体到各个专业，其结构与产业结构之间的吻合度显然不足。如材料能源作为湖南省经济发展的新兴产业，高职院校能源动力与材料大类开设专业覆盖率仅为 40.82%，其中黑色金属材料类专业开设数为 0，有色金属材料类、建筑材料类专业开设数也极少。制造业是湖南省经济发展的支柱性产业之一，高职院校中开设的制造类专业，主要集中于机械设计制造类与自动化类，而铁道装备类、船舶与海洋工程装备类专业开设较少。生物医药同样为湖南省新兴重点发展产业，与该产业相关的专业大类有生物化工大类和医药卫生大类，医药卫生大类共包括 46 个专业，而湖南省高职院校仅开设了 18 个专业，且绝大多数招生集中于护理、助产、药学专业。湖南作为一个农业大省，农、林、牧、渔大类的专业覆盖率也仅为 29.41%，较少涉及现代农业技术相关专业。现有的专业结构难以满足湖南省各产业发展的需要。

第二，专业重复设置，同构化现象普遍存在。湖南省高职院校专业结构在一定程度上存在专业重复设置的现象。各高职院校对办学成本低、社会需求大的专业易扎堆设点，如财经类专业、计算机类专业、工商管理类专业、机械制造类专业开设院校多，专业布点数明显超过其他专业。其中专业布点数最多的是会计专业，多达48个，一半以上的高职院校开设了此专业，市场营销、电子商务、机电一体、计算机网络技术专业的布点数也超过了30个。专业布点数超过20个的专业多达17个。各高职院校专业设置趋同现象普遍，专业设置过于趋同难以突出各高职院校办学特色，且易导致人才培养数量远超市场人才需求，造成人才浪费，出现结构性失业和用工荒并存的局面。

第三，新增专业未完全体现产业发展要求。高职院校专业设置应深度对接全省9大支柱产业、9大千亿元产业和7大战略性新兴产业等优势产业，推动区域特色产业快速发展。2016年，湖南省各高职院校新增了交通运输、财经、电子信息等大类专业布点共179个，其中交通运输、装备制造大类专业布点增加最多，达30个，财经商贸专业布点数新增28个，电子信息大类新增27个，公安与司法大类没有新增专业布点，生物与化工、教育与体育、能源动力与材料大类新增专业布点极少。从全省支柱性产业与新兴产业来看，湖南省有工程机械、装备制造、电子信息、文化旅游、汽车制造、商贸服务等优势支柱产业，有节能环保、信息技术、生物医药、高端装备制造、新能源、新材料、新能源汽车与文化创意等战略性新兴产业，而交通运输、财经、装备制造大类专业布点新增过多，材料与能源、生化与药品等大类新增专业布点较少，显然难以满足产业发展需求。

5. 对策

高职院校专业结构与产业结构相适应才能满足社会需要，培养社会所需人才，避免或减少人才浪费，从而推动社会经济发展。教育行政部门要根据就业情况、人才供需情况、学校资源配置情况等及时调整和优化专业结构布局。目前，湖南省已形成了“二三一”的产业格局，高职院校作为技能人才培养的重要场所，应紧密结合产业现状，积极调整和设置专业。要优化与第一产业相适应的专业，湖南作为农业大省，各高职院校开设的农、林、牧、渔大类的专业布点较其他大类专业而言较少，其专业布点覆盖率仅为36.8%，高职院校要面向现代农业发展，适当增加观光农业、农产品深加工、生态农业等相关专业。装备制造、工程机械、汽车制造等是湖南省经济发展的支柱性产业，三一重工、中联重科、长丰猎豹等全国知名的龙头企业，对湖南省经济发展做出了重大贡献，高职院校要完善第二产业专业，扩大第二产业相关专业覆盖面；要根据产业结构的调整与支柱性产业的发展，建设如机电一体化技术、电气自动化技术、精密机械技术、汽车改装技术等专业，还可以适当增加自动化生产设备应用等专业，逐步形成为各支柱性产业服务的专业群。高职院校要面向电子信息、文化旅游、医疗、教育等服务性产业，调整第三产业相关专业，调整专业结构，避免专业重复率过高。

随着经济的不断发展，行业结构、产业结构不断调整变化，高职院校作为经济发展的推动者，在发展过程中其专业内涵、培养目标也会随之改变。当前湖南省产业发展对高素质复合型人才的要求越来越高，高职院校需要采用“停”“并”“增”等方式调整专业结构，主动适应产业发展要求。“停”就是对重复率过高的专业进行缩减或撤销，减少资源浪费，不盲目追求规模效应，克服“小而全”的思想。“并”就是根据区域经济发展特点，将相关联的专业进行开发与整合，以适应产业需求，如将计算机应用技术专业与美术专业相结合，开设影视动画等专业。“增”就是在原有专业基础上，根据新兴产业需求开设复合型新专业，增加新的知识与技术。通过“停”“并”“增”的方式，整合高职院校资源，可以保持专业设置的稳定性，形成特色专业，开发新专业，提高专业建设质量，从而加强对产业结构的动态适应性。

二、宁波市

1. 现状与问题

宁波市现有 6 所高职院校，占全市高等院校总数的 40%，开设各类专业总计 165 个，在校学生 46 090 人，专业平均学生数为 279 人，高职院校专任教师 2 013 人，专任教师与在校学生比为 1∶22. 9。

宁波市高职院校开设的 165 个专业涉及《普通高等学校高职高专教育指导性专业目录（试行）》中的 19 个大类、78 个二级类别、532 种专业中的 1 个大类，36 个二级类别、96 种专业。专业主要覆盖生化与药品、土建、制造、电子信息、轻纺食品、财经、医药卫生、文化教育和艺术设计传媒等，另外还有 6 个《普通高等教育高职高专教育指导性专业目录（试行）》外的专业。宁波市高职教育管理部门虽然根据区域经济社会发展需求重组了部分旧专业，新申批了一些新专业，如机电一体化技术的轨道交通设备管理、乐器制造技术、机械制造生产管理、服装工艺技术、服装表演、会展策划与管理、食品检测及管理等专业，但大部分专业仍为高职院校办学初期开设的专业。尤其与当前宁波市正在培育发展的战略性新兴产业（“4+4”产业）相比，宁波市高职院校仅仅开设了与生命健康、创意设计相关的个别专业，如护理专业、艺术设计专业等，而新材料、新能源、新装备、新一代信息产业、海洋高技术及节能环保等产业目前尚未有与之配套的专业。

从宁波市高职院校所开设的 102 种专业分布情况来看，第一产业专业数仅有 3 个，占 2. 94%，第二产业专业数为 18 个，占 17. 65%，第三产业专业数有

81个，占74.41%，与上述三类产业相对应的专业在校学生数分别为521人、6 017人、39 552人。2011年宁波市调查统计数字显示：2010年宁波市地区生产总值为5 125.82亿元，其中第一产业增加值218.43亿元，第二产业增加值2 848.23亿元，第三产业增加值2 059.16亿元，三产比重为4.2∶55.6∶40.2。可以发现，当前宁波市高职院校现有专业布局与区域产业发展存在着错位现象（见图3-1），在一定程度上影响了高职教育对地方经济建设的贡献。

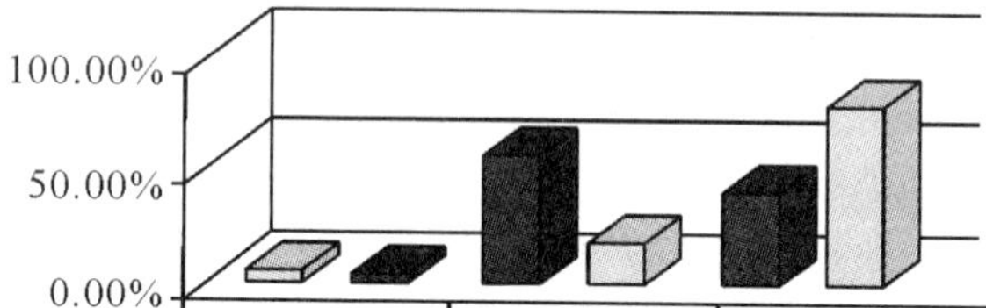

	第一产业	第二产业	第三产业
□三维柱形图1	4.20%	55.60%	40.20%
■三维柱形图2	第一产业专业	第二产业专业	第三产业专业
■三维柱形图3	2.94%	17.65%	79.41%

图3-1　宁波市产业结构与高职院校专业结构对比

凭借宁波市独特的港口优势，以出口为导向的外向型经济和临港产业快速发展。民营经济成为区域经济发展的中坚力量，形成了独树一帜的“宁波模式”。宁波市做强以临港服务业为特色的现代服务业，推进临港产业循环化，并超前布局战略性新兴产业。到2030年，宁波市将计划形成以大宗商品交易为特色的“7452”产业结构。产业结构将实现从“二三一”到“三二一”转变，从以制造业为主体的产业结构转变为以服务业为主体、以制造业为支撑、以现代农业和渔业为补充的现代产业结构体系。基于宁波市产业经济转型的需要，地方性高职院校应紧密结合宁波临港大工业、高技术产业、传统优势产业及时调整专业，优化结构，提前布局。但当前宁波市高职院校却没有一个专业涉及交通运输大类和公共事业大类，涉及材料与能源大类的也仅有一个专业——材料工程技术，这与宁波市重点发展的传统制造业、临港工业、战略新兴产业存在着一定的错位，与宁波市未来10年力争形成以大宗商品交易为特色的“7452”产业结构不相符合。

宁波市高职院校专业设置存在以下问题：

专业设置与地方产业结构的匹配度有待提高。从宁波市高职院校的招生计划来看，第三产业类的专业设置相对较多，而且又以管理类专业为主，像海洋经济发展需要的涉海类专业目前尚未有高校开设。对服务型人才需求较大的会展类专业仅有宁波城市职业技术学院设置。如宁波城市职业技术学院目前所设置的 28 个专业，竟有 20 个专业属于第三产业类专业，而目前宁波地方经济发展急需的农业类第一产业专业，至今只有宁波城市职业技术学院设置了观光农业、园艺技术和园林技术专业。第二产业类专业由于部分高职高专院校相继升本，目前在宁波高职院校中二产类专业明显减少，尤其是海洋经济发展急需的水产养殖、航运金融、物流信息化等专业几乎没有高校开设。

地方特色专业建设有待加强。宁波地方经济的一个鲜明特色是产业的集聚性强。产业的高集聚性要求高职院校的专业设置既要与地方产业发展对人才的需求相适应，又必须具有鲜明的产业特色。如义乌市作为我国重要的小商品集散地，享有“小商品之城”的称号，义乌市本土仅有的高职院校——义乌职业技术学院所设置的金融会计与理财等专业就具有鲜明的小商品经营特征。宁波市作为服装之都，北仑港又是世界十大港口之一，物流运输业、临港产业应是宁波市经济发展的主导产业，但在宁波市高职院校中至今尚未形成产业特色鲜明的专业。这将直接影响宁波市经济社会发展对人才的需求，也将成为宁波市高职院校专业建设的一大软肋。

专业设置的文理工科比率有待优化。对宁波市高职院校所设置的 165 个专业进行分析发现：专业设置呈现“二多一少”的现象。“二多”即当前宁波市高职院校所设置的所有专业中，文科类、管理类专业较多，分别为 86 个和 45 个，两者之和占所有专业的 79%。“一少”即数控、交通运输等工科类专业相对较少，当前仅有宁波职业技术学院设有数控专业，而至今宁波市高职院校尚未开设交通、汽修等专业。

2. 对策

政府有关部门应通过制定相应的管理办法加强对高职院校专业设置的宏观调控。一是提出全市高职院校专业发展规划指导意见，使之形成具有宁波特色，各类专业相互协调、相互支撑，既能适应地方经济社会发展和产业结构调整需求，又能很好发挥高职教育效益的专业布局结构，从而推进高职院校的专业发展。二是指导各高职院校编制相关专业发展规划，引导高职院校根据地方经济特点和自身办学特色制定专业发展规划，形成独具特色的专业错位发展策略，避免专业重复建设和趋同竞争。

深化专业布局结构。根据国家和宁波市区域经济发展方式转型升级的现实需求，政府有关部门应面向战略性新兴产业和产业转型升级，新增一批专业，明确一批重点发展专业。①支持新增一批战略性新兴专业，对新增专业不仅要在政策上引导支持，而且还要设立专业经费给予补贴。②支持发展一批优势特色专业，开展品牌专业建设。教育主管部门要充分利用资源调配等手段引导高职院校根据自身办学条件和优势，开展品牌专业、重点专业和特色专业建设，从而真正做大做强一批优势特色专业。

建立专业评价机制。科学评价作为各类活动的重要组成部分之一，发挥着调节、控制、导向、决策的功能，对专业设置和专业的健康发展起着至关重要的作用。①制定专业考评机制，逐步形成与地方经济发展和产业转型升级相匹配的绩效评价制度，不断加强高职院校办学资源和经费使用的考核评估，监督高职教育的资源投入，使资源配置与专业特点、办学特色相一致，逐步形成以培养地方经济发展紧缺专业人才为导向的激励机制，从而有效促进各高职院校专业设置与地方经济社会发展对紧缺人才需求的协调统一。②聘请专门的评价机构，利用第三方评价机构对各高职院校的专业教育质量进行评估，取消不能适应社会需求的专业的招生计划，从而促使高职院校进行合理的专业设置。

优化教育资源配置。资源配置是指政府对高职教育事业投入的人力、物力、财力等资源在各种不同使用方向上的分配。①利用应用型专业人才培养基地等平台，以项目投入、专项经费支持的形式将教育资源配置到重点专业和特色专业上，从而有效地解决经费投入与引导发展之间的矛盾，推动宁波市高职教育与经济社会联动发展。②结合宁波市地方产业升级和发展方式转型的现实需求，利用优质资源调配等手段支持培育重点专业，提高人才竞争力。③建立以“奖”代“补”的相关支持政策，用专项资金支持特色专业建设。

第四章　高职院校的核心竞争力

第一节　核心竞争力界定

核心竞争力是一个组织以独特方式运用和配置资源的特殊能力。高职院校也可以看作是一个资源集合体，高职院校核心竞争力的形成归根到底取决于学校内部发展能力的提高，内部发展能力的提高又取决于能力系统的健全与完善。高职院校从外部环境中猎取到发展所需的各种资源，再经过内部的管理将这些资源进行有效整合，并不断通过对现有资源的潜力进行挖掘，持续创造再生资源，形成一个完整的发展资源矩阵，再将这些资源应用到教学科研全过程中，通过内部转化变成产出。学校的资源由内部资源和外部资源两部分构成，内部资源是学校经过长期积累形成的，是具有使用权和所有权的各种有形和无形资源。有形资源包括土地、资金、建筑、设备、教师、学生和校友等，无形资源包括文化、技术、创新、品牌、声誉、内外关系等，其中无形资源因其难以模仿性、不可替代性，对构建核心竞争力有着更重要的作用。外部资源就是学校在社会上的办学声誉、品牌效应以及与社会各阶层的关系等。学校必须不断地从外部环境中吸收自己所需要的发展能量，有效地将这种能量转化为内部资源，在资源的有效利用和调整、能力积累、竞争优势的创造和强化过程中源源不断地获取成长的动力，不断创新，以实现永续的生存与发展。这是一个长期的复杂的过程，这个过程实际上就是学校内部各种能力因素不断运动、健全完善、相互作用的过程。正是这些能力因素支撑形成了学校的核心竞争力。综上所述，高职院校核心竞争力可定义为：以其资源和能力为基础，对专业建设、人才培养、科学研究、社会服务、组织管理、精神文化、人力和物质资源等竞争要素的既有优势和潜在优势进行战略整合，确定发展目标、核心价值、关键因素与优先领域，通过构建并实施行动体系而显现效用，通过阶段性评估不断进行完善和升级转换的能力。

秦英认为高职院校核心竞争力是其发展过程中长期培育和积淀而成的，孕育于高职院校的文化，深深融合于高职院校内质之中，难以被他人所模仿和替代的一种基础性的能力，是高职院校能够基业长青的关键因素，是竞争力各要素中最重要、最关键、最本质的部分。规模的扩张、数量的增长只是高职院校在某段时期内的相对竞争优势而已，真正能够经得起时间考验的因素才有可能成为核心竞争力。

第二节　核心竞争力的基本特征

高职院校核心竞争力是提供高职院校竞争能力和竞争优势基础的多方面技术、技能和知识的有机组合。对核心竞争力本质特征的分析有助于进一步明晰核心竞争力的内涵并把握其基本特性，为构建核心竞争力分析体系提供依据。

一、延伸性

高职院校核心竞争力能有力地支持其延伸到整个院校文化中，延伸到更有生命力的新领域中。这一核心竞争力体现在整个教育教学过程中，并使相关的育人体系和服务社会能力体系以及相关专业技术领域获益。因为在这一过程中可将核心竞争力组合到不同的创新活动中，构成新的创造和发展的基础，继而使高职院校在某一领域建立起自身的竞争优势，不断地推出创新成果，极大地促进自己的发展。

二、不可替代性

高职院校核心竞争力应为其特有，不易被其他院校替代。它能使高职院校拥有特别的知识，或以信任为基础的关系。如果某种能力为整个行业普遍掌握，就不能成为核心竞争力，除非该能力水平远远高出其他院校。同类院校或专业中几乎不存在两个院校或专业都拥有准确意义上相同或相似的核心竞争力。这源于院校的核心竞争力是在其发展过程中长期培育和沉淀而成的，深深融合于高职院校的文化和血液中。院校文化、办学定位、办学模式、育人体系、运行体系、规章制度、管理模式、社会服务模式、专业发展与技术创新以及教师学生的行为与素质等共同支撑着一所院校的核心竞争力，这些都决定了其核心竞争力是独有的，而不能为其他院校所模仿。

三、价值性

一所院校的核心竞争力富有战略价值。院校核心竞争力能显著实现教育消费者看重的价值，为学校带来显著的、长期的竞争优势，为其创造超过同业平均利润水平的超额利润。区别核心竞争力与非核心竞争力的标准之一是它给社会、学生、家长的所提供的是核心的还是非核心的能力。核心竞争力作为学校独有的竞争能力，不能为他人所效仿，便于学校确立自己的优势，占领一个稳定的市场，并进一步发展。

四、变化性

核心竞争力的培育和建设取决于高职院校长期积累的经验、教训、知识、理念，需要一个漫长的过程，绝不可能一蹴而就。核心竞争力不像实物资产那样会随着时间的推移而丧失价值，但在社会需求快速转换、科学技术日新月异的社会大背景下，院校的核心竞争力是可变的，若不加以培养和保护，今天的核心竞争力到明天就会被淹没，成为非核心竞争力甚至还有可能成为制约院校发展的阻力。因此，核心竞争力需要很好地保护和不断发扬光大，高职院校要清楚认识自身的核心竞争力，不能轻易改变和放弃，越持久的核心竞争力越能使高校占据市场，并领先其他高职院校而成为佼佼者。

五、不可交易性

资源等资产可以通过市场交易获得，而核心竞争力是不能在市场上直接购买的。换句话说，凡是能够在市场上直接购买的资源以及其他资产都不是核心竞争力。因为，核心竞争力是一所院校的能力的集成，是与院校文化以及产生这一文化的生态系统联系在一起的。它可以被教师、学生、家长所感知，但是无法进行市场交易。学校不管从什么途径获取形成核心竞争力的要素，都必须通过其内部的有效整合，才能培育出该学校的核心竞争力。

六、融合性

核心竞争力是高职院校集体智慧的结晶，是整合了领导决策能力、组织领导能力、教职工队伍素质、思想政治工作能力、办学条件、科研能力、外部资源、各类教学和科研平台等各种要素后形成的一种综合能力。

第三节　核心竞争力的构成要素

一、品牌专业影响力

品牌专业是高职院校影响力和核心竞争力的关键，也是衡量其办学水平和学科地位的标志。品牌专业是高职院校在长期办学过程中，依据深厚的历史积淀、独特的专业建设文化，形成的社会声誉好、毕业生就业率高、具有较大社会影响和知名度的专业。品牌专业建设集中表现在三个方面，即品牌专业建设是教学改革的切入点，是学院办学特色的集中体现，是人才培养质量的保证。通过建设一批特色明显、质量过硬、具有示范作用的高水平专业，并以此带动学校专业结构的整体优化和专业建设水平的全面提升，是高职院校基础能力建设的重要组成部分，也是打造高职名校的核心。

二、文化竞争力

文化竞争力是高职院校培育核心竞争力的关键，处于核心地位，发挥着综合集成、融合能量、转化提升价值、汇聚特色优势的关键作用，将高职院校的各种要素资源融合转换成高素质的人才、高水平的成果、高价值的社会服务等产品形式，进而实现高职院校人才培养、科研创新、社会服务、文化传承等社会价值。

三、管理竞争力

管理竞争力是高职院校培育核心竞争力的根本，处于中枢地位，发挥着合理配置资源，优化高职院校运行，激发创新动力的作用，为高职院校核心竞争力的培育和形成提供发展方向、精神动力和激励约束。现代大学管理制度是高职院校核心竞争力的激励因素，为高职院校利用各种教育资源参与市场竞争提供了最有力的保障。高素质的管理人员以及高效的管理模式能够将有限的财力、物力统筹起来发挥最大的效用。从经济学角度来说，要素的最优结合会实现利润的最大化。剑桥大学副校长安妮·朗斯代尔在分析剑桥大学成功的秘诀时说，剑桥大学能够800年长盛不衰，是因为它能根据每个时代的特征调整其管理模式。高职院校的管理有其特殊性，一方面，它面向大量的知识分子；另一方面，高校生产出来的“教育产品”不像工业企业生产出来的标准产品，而是和教师个人素质、责任心、积极性和创造性等难以量化的指标密切相关。

因此，积极探索有利于形成自身发展特色的管理模式是我国高职院校管理者面临的重要课题。

四、科研影响力

高职院校的科研能力是指增加知识总量以及运用这些知识创造新的知识而进行系统性创造活动的能力，包含基础研究、应用研究与技术开发三个层次。知识和技能的创新是高职院校永恒的主题，也是高职院校非常重要的智力资源。高职院校的管理实质上是对知识和技能的管理，其核心是实现知识和技能的不断创新和增值，使学校保持持续的竞争优势。

五、社会服务能力

社会服务能力即服务社会、行业、企业、区域经济发展的能力。从专业本质来说，品牌专业具有明显的服务性；从功利性角度来说，专业是高职院校参与社会服务的基本单元。以专业直接参与社会服务，通过服务过程中所表现出来的专业理念的先进性、专业办学实力的优越性、专业教育质量的优质性等来获得市场对专业的认同已经是高职院校的共识。

高职院校的发展与区域经济社会的发展紧密相连，高职院校在专业设置、课程设置以及人才培养目标的制定和教学方案的设计等多方面都会结合区域经济发展的实际需要。高职院校社会服务能力体现在以下几个方面：第一，解决企业在技术研发、工艺优化、规模化生产以及管理等方面的问题。第二，高职院校在开展社会培训和职业技能鉴定方面具有明显的优势。高职院校通过与企业合作，开展企业员工职业技能培训，提高员工的职业技能和职业素养。第三，通过与政府紧密合作，高职院校可以开展社会人员技能培训，帮助这一群体掌握一技之长，顺利实现就业。第四，在我国城镇化过程中，高职院校可以加强与政府的合作，开展农民工职业技能、文明礼仪及综合素质的培训，帮助他们顺利实现身份及心理状态的转变。第五，高职院校通过与政府及行业协会合作，开展职业技能培训、职业技能鉴定服务，构建职业技能培训与鉴定综合服务体系。

第四节　核心竞争力的形成机制

核心竞争力的形成是需要时间积淀的，其关键在于管理、文化、教学、科研一以贯之。因此，除了学院高层管理者保持稳定以外，学院还应进行系统性的顶层设计，对自身的优势和特色、基础条件、外部环境等进行分析研究，以此为基础，制定核心竞争力发展规划。

一、分析现有基础和优势

高职院校对于长期以来在办学条件、办学环境、办学理念、办学特色、专业设置、人才培养模式、学院管理、学生就业等方面形成的办学优势和存在的不足进行系统、客观、科学的分析，分析支撑办学优势的环境和产生不足的深层次原因，对高职院校的竞争环境进行全面透彻发展分析，确定自身独特的核心竞争力，形成调研报告，为核心竞争力的发展规划提供依据。

二、制定发展战略规划

高职院校的发展战略规划是指学校通过对外部环境和内部能力进行全面估量与分析，研究制定长期性总体发展方向、目标，以及为实现这些目标的总体策略与规划，保证学校的所有活动都围绕这些目标展开，使学校的整体资源环境与外部环境相匹配，达到学校相关利益者的期望。高职院校在科学分析有关政策、方针的基础上，结合院校所在区域的特点对关系学校改革的重大问题做出系统的策划，包括战略思想、目标与举措，其关键点就是具有战略特色，用战略特色来形成核心竞争力。发展战略是高职院校较长时期从发展全局出发所做的总体谋划、方略，是决定学校兴衰甚至是生死存亡的最高纲领，战略一失全盘皆输。战略是不断创新竞争优势和获得核心竞争力的关键，没有一个科学合理、切合学校发展实际的发展战略，就不可能形成核心竞争力。高职院校的发展定位包括学校的发展方向、发展重点、发展规模、发展方式、发展位置等一系列重大发展定位与举措。

三、打造品牌专业及可持续性的支持体系

打造品牌专业及其可持续性的支持体系需要探索符合岗位需要的人才培养模式。人才培养模式是核心竞争力构成要素中最难以被其他专业模仿的要素，具有特色的培养模式是特色专业建设的核心。高职院校人才培养目标应是培养适应岗位群发展需要的具有较高专业素养的实用型、技能型人才。岗位能力的培养模式是打造品牌专业的关键，因此，高职院校要加强与市场、企业的联系，准确把握市场和企业的要求，从而使自己的培养目标符合社会和企业的实际，形成个性化的培养模式，明确专业建设的重点，确定专业建设的方向。同

时，通过现代学徒制、订单培养和“1+X”证书制度，建立人才培养的外部延伸机制，建立与企业深度融合的人才培养机制，形成品牌专业人才培养的可持续性的支持体系。

四、建立现代大学管理制度

借鉴现代企业的运作模式，建立现代大学管理制度。现代大学管理制度的核心包括：①现代大学无论采取什么样的制度形式，都应是一个自主运转的主体，都应具有自主经营、自负盈亏、自我发展、自我约束的自主权。大学应该拥有学术自由的权力，它是现代大学制度中最基本的权力，必须有制度保障其实现。这一制度就是教授治校的制度。由教授组成的学术委员会拥有学校基本的学术决策权，管理和教学科研中的重大问题决策权，以及教师聘任等权力。要建立现代大学制度，最为重要的是制度创新和文化更新，克服行政化、官场化的弊端，建立以教师为本、以学术带头人为中心的管理制度，建立公平、公正、公开的学术评价和人才竞争机制，从而营造有利于创造型人才生存、发展的环境。②现代大学必须具有明晰的产权关系和确定的产权制度，保证大学各方面关系的制度化，保证大学拥有发展的内在动力，保证大学具有顽强的生命力和充分的自主经营权。建立现代大学制度的关键是建立起明确合理的产权制度和产权关系。全面理解和把握大学作为法人实体和办学主体所应具有的权力和责任，处理好大学和政府、社会的关系以及大学和大学的关系。现代企业制度要求企业与企业之间建立公平、有序的竞争机制，从而实现资源的有效配置，生成企业的发展动力。应用于现代大学制度，就要求大学与大学之间也要建立公平、有序的竞争机制，从而实现高等教育资源的有效配置，生成大学的发展动力。

竞争是促进大学发展的一个重要机制。大学之间的竞争包括多方面的内容。首先是产品质量的竞争。大学培养的人才是否为社会所接受，是否受社会欢迎，直接关系到学校的生存和发展。其次是要素市场的竞争，包括劳务市场、资金市场和技术市场的竞争。这关系到大学能否吸引到最好的资源，如招聘到自己需要的教师并把不合适的教师辞退；关系到大学能否以较低成本从社会上筹集到所需资金；关系到大学能否得到自己所需的新技术成果并通过转让自己的技术发明而获利。最后是产权市场的竞争。我国的大学虽然大都是国家所有，但由于种种原因，学校的办学状况是不同的。应当鼓励优势明显、管理能力强、发展趋势好的大学不断壮大，鼓励另一些学校为自己的生存发展自愿向这些大学靠拢，与其联合、重组甚至合并，实现产权流动。企业有生有灭，遵从优胜劣汰法则，大学也应如此。产权市场的存在迫使大学增强联合意识，增强在市场竞争中生存发展的本领，否则就有可能被淘汰出局。

现代大学必须形成行之有效的相互制衡的领导体制和内部治理结构。在大学内部，各方利益主体应权责分明、关系明确、利益分配合理，各方的权责利既相互制衡，又协同一致，使大学拥有充分的活力。现代大学还应该拥有一套严格、科学、系统的，包括财务制度、分配制度、劳动用工制度等大学内部管理制度的制度体系，使得现代大学的整体要素具有更大的生产能力。这就必须全面理解和把握大学作为法人实体和办学主体所应具有的权力和责任，处理好大学和教师、学生的关系。

现代企业制度下企业和职员之间是劳动合同关系。应用于现代大学制度，教师为学校所用，不一定要求为学校所有。学校按建设与发展需要招聘教师。教师按能力和意愿受聘于学校。高职院校应建立教师有专有兼、能进能出的用人机制，优化人力资源配置，激发教师身上的创新活力。

在分配方面最主要的是要体现按劳分配、多劳多得、优劳优酬的原则，特别是在校内津贴部分、增量分配部分。高职院校作为知识密集型组织，必须围绕高职院校人才培养目标，主动适应内外部环境变化，最大限度地优化内部组织结构，合理配置系统资源，创新管理机制，提高组织运行效率。流行于发达国家的扁平化管理模式在我国企业管理实践中已得到普遍认同。院校的管理实际上是一种知识管理或知识生产管理，使得高职院校组织结构具有两维特征：一维是围绕知识体系和学术业务形成的学术机构，另一维是围绕资源管理和行政事务形成的矩阵式组织结构。然而，现实中院校管理的组织运行，基本上是学术属性附属于行政属性，没有体现真正意义上的两维。同时，扁平化管理就是要实行院系两级管理，这一模式在本科院校已实行多年，并有成功的经验，但在高职院校推行起来却困难重重，说明高职院校在管理理念和管理水平上与本科院校差距较大。在分配上要真正实现按岗位、任务、业绩、贡献分配。岗位、任务、业绩、贡献面前人人平等，竞聘上岗，同工同酬，把以往的花钱养人转变为花钱办事，把以往的“人头费”转变为“事业费”，提高投入产出效率。现代企业制度要求以市场为中心，而现代大学制度则要以学生为中心。以学生为中心是大学面向市场行为的具体化，大学的一个主要特征是通过培养输送毕业生为社会服务。以学生为中心，就是要使大学培养的毕业生符合社会发展的需要，不仅是合格的就业者，而且是工作岗位上的成功者、创造者。高质量的毕业生不仅有更多的就业机会，而且能创办新的企业对未来劳务市场做出贡献，为社会提供更多更好的就业岗位。以学生为中心，就是要以学生为本，采取积极主动的态度、灵活多样的做法，在入学机会和办学方式方面，在授课制度和学籍管理方面，在教学内容和方法方面，进行全面深入的改革。大学管理理念和管理模式也要围绕服务学生、服务社会而转变。高职院校要真正确立起学生的主体地位，着眼于学生的个性发展、全面发展和长远发展，让学生拥有更多的选择、更多的时间、更多的发展机会，使学生不仅在专业领域内具有创造性，而且变得更加理性，富有爱国心、责任感和使命感，成为更完美、更成功的人。

五、铸造校园文化

高职院校校园文化建设影响着高职教育的长远发展。高职院校校园文化是指学校在其建设与发展过程中经过长期积淀形成的、以校园人（学校管理者和广大师生员工）为主体不断创造并共享的校园精神和物质文化的总称。它包括师生员工的价值取向、精神境界、思维方式、行为准则，包括学校的传统习惯、校园风貌和文化氛围，以活动形式及一定的物质形态存在。

校园精神文化是校园文化的核心与灵魂，影响着校园物质文化、制度文化、行为文化的形成。校园精神文化对内体现在它能创设一个积极健康、奋发向上，影响校内成员价值选择、人格塑造、思维方式、精神气质、道德情感、行为模式的大学氛围；对外表现为大学的价值观和理想追求、精神风貌以及学校的个性和魅力。从某种意义上来看，一所学校的精神文化是否能够形成，或精神文化建设的优劣程度，往往是评判整个学校校园文化优劣的重要标准。因此，高职院校校园精神文化建设在整个校园文化建设中占据了举足轻重的地位。高职院校校园精神文化是校园文化的深层表现形式，是高职院校师生员工在学校发展历程中、在长期的教育实践中、在日常的工作学习生活中所凝练，受一定的社会文化背景、意识形态影响形成的、共同认同和遵循的精神成果，表现为学校风气、校园传统、群体意识、价值追求、理想信念等非实体性的精神财富。其特征表现在以下三个方面：①形成过程的长期性。高职院校校园精神文化的形成是一个长期的过程，它是师生员工在长期的共同实践活动中，经过历史地选择、集聚、传承发展而成的，是对群体的办学理念、价值追求、奋斗目标进行不断内化与升华的理论抽象与价值凝练结果。它是一个介于情感与理性之间的范畴，它的形成是多重因素长期相互撞击的结果，这些因素包含了社会传统、民族文化、历史衍变及学校内部的文化传统等。所以，高职院校校园精神文化是在日积月累中发展起来的，并且历久弥坚、历久弥浓。②发挥作用的潜在性。校园精神文化不同于物质文化产生的以直观感受为主的影响作用，也不同于制度文化通过明确的规章调整师生员工的行为，更不同于行为文化在文化主体身上的直接体现，而是隐藏在校园物质文化与制度文化背后的根本价值规范与精神支撑力量。校园精神文化营造了蕴涵学校共同价值追求和理想信念的精神氛围，塑造了高职院校师生员工的群体心理定式和思维方式，这种作用的发挥既看不见也摸不着，使身处其中的人不知不觉受到这种精神的制约。这正如南国早春随风潜入的夜雨，滋润万物而细无声。③影响作用的持久性。有人说："毕业后的学子可以离开大学，但永远离不去的是大学精神。"这种精神，就是校园的精神文化。校园精神文化是学校拥有的相对稳定的群体心理定式和精神状态，是一所大学在长期的教育实践中积淀的最富典型意义的精神特征，一旦形成便具有稳定性和持久性。每一所学校的精神文化，都熏染了一代又一代学子，在他们身上，可以看到学校的影子。无论是在他的学习生涯里，还是毕业后走进社会、走上工作岗位，这种精神上的影响会伴随着他的一生，这充分说明了校园精神文化的影响具有持久性。校园精神文化的内容主要包括办学理念、校风、校训等，并通过学校的规章制度和文化活动体现出来，使校园内的每个人在潜移默化中，在思想观念、价值取向等各方面与学校要求逐渐趋同，从而实现对师生的精神、心灵、性格塑造的目标。

高职院校校园制度文化是基于学校制度的制定和实施而在师生员工之间确立的行为准则和形成的文化理念。校园制度文化包含两个层次、四个方面的内容：第一个层次是基于校园制度的制定而形成的高职院校校园制度文化。制度是依据一定的指导原则制定的，体现了制定者的价值观念、行为准则等意识形态，所以，在制度制定的过程中所展现和形成的文化是校园制度文化的重要组成部分；另一方面，学校的规章制度本身就是一种文化的表征、符号和记载，是高职院校校园制度文化的外化和载体。第二个层次是基于校园制度的实施而形成的高职院校校园制度文化。一方面，人是制度实施的操作者和监控者，我们常说，制度是死的，人是活的，也就意味着制度的实施在很大程度上体现了实施主体——人的观念、意识和情感，这些在制度实施过程中所体现出的文化意识就构成了高职院校校园制度文化的重要部分；另一方面，对师生员工的行为进行规范和约束是制度实施的基本目标，但制度实施的终极目标是使条文性的规定内化为师生员工的行为准则、道德准绳和判别是非善恶的标准，使师生员工可以做出正确的行为选择，这些内化了的精神意念是高职院校校园制度文化的核心部分。作为学校发挥教育和管理职能的手段，作为校园师生员工进行文化活动的准则，校园制度文化发挥着以制度育人的作用，对高职院校整体建设和发展具有重要的意义。其意义主要体现在：①提升学校管理水平，促进学校顺利发展。②激发师生员工的进取意志，培养师生员工的道德观念。③协调各方面关系，形成和谐的校园氛围。制度文化是人们言行举止、交往互动的准则，它实际上是个体、群体和社会之间的一种内在凝聚力。而在高职院校，规章制度是协调校内外各种关系的基础，健全成熟的规章制度与高效民主的科学管理可以将学校各方面的力量优化集结。所以，校园制度文化能有效协调各方利益，化解矛盾，为高职院校的建设发展营造和谐的人际氛围。

高职院校校园文化中的行为文化是学校全体师生员工在教育实践和人际关系中产生的活动文化，是学校精神面貌和人际关系的动态体现。它主要包括两大类：一类是学校进行教育实践的活动，如教学、实习和科研活动；另一类是学校内部人与人之间的行为活动，如人际关系的协调、教育宣传活动、文娱活动等。行为文化作为校园文化的一个方面，是一所学校历史文化积淀在现阶段的显露，是学校文化“动态”的部分，需要维护，也是可以塑造的。行为文化需要全体师生员工的参与和坚持才能传承和发扬，才能达到文化育人之境界。校园行为文化，是一种较为特殊的文化形态。它不像校园精神文化、制度文化和物质文化，以既成的静态形式作为文化成果存在，而是以动态的形式作为文化成果存在，是创造其他文化的活动文化。行为文化一方面受精神文化的指导，另一方面又在各种活动中影响和创造着精神文化。它的行为主体包括两大类：高职院校和高职院校人。从狭义上理解高职院校行为，一般是指高职院校人的行为，即校领导、优秀代表和师生职工群体等。因为，高职院校作为一个组织，其行为也是由人来完成的。因此，高职院校行为文化的内容包含了两方面：高职院校的整体行为和高职院校人的行为。例如，校领导在学校管理过程中的具体行为活动、教师在教学过程中的表现、学生在校园社团文化活动中的行为等，都属于高职院校行为文化的内容。

高职院校校园物质文化是指在高职院校发展过程中，学校师生员工在教育实践过程中曾经或正在创造的，体现着学校办学思想、教育理念、校容校貌等的所有物质存在的总和。作为校园文化的物态载体，校园物质文化起着形成校园文化氛围、沟通信息、拓宽人际关系、为师生提供良好的育人设施和丰富校园生活等作用。校园物质文化不仅包括了学校大门、教学大楼、图书馆、教研设施等建筑，还包括了亭台楼阁、雕塑壁画、花草树木、景观广场等校园中看得见、摸得着的各种物质形态。它集中体现了高职院校校园文化建设的物质成果，标志着高职院校的硬件水平和办学实力，物质性是它的第一属性。与此同时，与师生员工相互作用或由师生员工创造的这些物质成果是制度文化和精神文化建设的物质载体和平台，体现着一所学校的精神境界与文化品位。所以，校园物质文化既是高职院校校园文化建设的物质成果，又是高职院校校园文化的精神载体，它是物质性与精神性的统一。校园物质文化具有相对比较集中的范畴，是指学校为开展教育教学活动而具有的物质条件的总和。从整体看，高职院校良好的校园物质文化包含了校园环境、校园设施和校园标识三方面的内容。①校园环境。联合国教科文组织指出："除了正规的课程以外，学生置身于其中的环境也是一种教育要素或反教育要素。一个肮脏的环境培养不出环保意识和美学意识。""每当步入著名学府，总能感到校园里有种奔腾的、富有生命的东西在撞击你的心灵，它使你感动、兴奋、激越、升腾，这种东西不是其他，就是大学特有的无形之精神文化和有形的物理环境文化的复合。"因此，高职院校也决不能忽视环境文化对人的影响作用。校园物质文化有几个核心要素：一是校区选址。优越的地理位置可以缔造优美的校园自然环境，对身处其中的师生员工产生极大的陶冶作用，所以古今中外的教育家都十分注重学校的选址。蒋梦麟先生作为杭州大学董事会成员，曾主张杭州大学的选址应当以凤凰山为主体，理由是该地旁及附近各山，面积达数千亩，而且官地很多，仍有不断扩充的余地。他表示，"此地带江襟湖。登山四望，鸟瞰四境。一日之间，旭日初升，夕阳西沉，均无障目之物。钱江怒潮，西湖游艇，万家灯火，隔岸之树，均历历在目。诚天然胜境，修养身心，研究学术之喜也。"在西方，许多古老的大学都选建在远离喧哗都市的美丽乡村或小镇，因为这样不仅能尽量避开各种政治纠纷的干扰，还能借助优美环境的熏陶，美化人的心灵，让更多学者能潜心追求真理。二是规划布局。规划布局是校园文化建设基础性的内容，用全局性的眼光，科学合理地划分学校的教学区、生活区、活动区，才能为校园今后的进一步建设奠定了良好的基础。有些学校没有全局思想，盲日地进行校园建设，不合理的布局不仅影响当前视觉效果和使用效能，还会使未来的建设陷入被动局面。三是校园建筑。校园建筑首先应该具有实用性，必须先满足师生员工学习、工作、生活的需要；其次，应该具有一定的审美性，通过其巨大的空间形象，表现特定时代或民族的精神风貌、思想情感和审美趣味。因此，校园建筑起码要实现实用性与审美性相统一，同时，这本"立体的书"还肩负着对学校师生员工进行教育的职责。四是校园绿化。校园绿化是校园人与自然和谐共处的表现，是校园文明建设的橱窗，是校园物质文化建设的重要内容。如果校园内没有绿树红花，只有裸露的黄土、漫天飞舞的纸屑、随处可见的垃圾，这样的校园，一点也不美丽，更谈不上深厚的文化底蕴了。如果我们的校园能够将两侧植上绿篱，房前屋后栽满花卉，零星隙地开辟成植物园，春天来了繁花似锦，夏天到了绿树成荫。试想在这样的环境里，所有师生员工都会忘却烦恼，感到心境豁然开朗，达到环境改变人的效果。代表学校独特风格的建筑物、别具匠心的人文景观、精心修剪的花草树木、整洁干净的校园小道、四季如春的百花园，这些不是自然的恩赐，而是师生员工共同努力的成果，凝聚了全校师生的智慧，寄托了所有师生的理想与追求。②校园设施。校园设施是学校硬件建设的成果，与学校的科研教学、人才培养、社会服务有着重要关系，集中体现了学校的办学水平和实力。它包括三类：一是教育设施，即教学设施、科研设施、文体设施等，如实验设备、图书馆、体育馆、学生活动中心等，对于以技术型人才培养为目标的高职院校来说，实训基地和实训设备是至关重要的。随着社会的发展，学校的教育设施要跟上时代的潮流，如建设多媒体教室、计算机中心、心理咨询室等，不断满足高职院校师生员工多方位的要求。二是文化传播媒介，文化传播媒介在校园物质文化中占有重要的地位。文化只有在不断传播和交流中才能迸发出新的火花，校园文化也是如此。校园文化传播不仅促进了信息的传递和人们的沟通交流，还能对师生员工产生化育作用。校园中传统的文化传播媒介主要包括宣传栏、宣传板、校园广播、校报学报等，如今，文化传播媒介随着信息技术的发展不断更新。多数高校已经拥有了校园电视台、校园网络和校园 DV 等文化传播媒介，使得校园文化传播的速度更快，方式更直观，作用也更明显。三是生活设施，生活设施是为了满足师生员工生活需要而建设的设施，例如学生宿舍、教工家属楼、食堂、商务中心。生活设施齐全，可以为师生提供更加舒适的工作、学习环境。③校园标识。标识是表明事物特征的记号，它由显著、直观的物像、图形、文字符号构成，表达一定的含义，传达明确的信息。校园标识是校园文化的载体，一个成功的标识往往会成为学校形象展示的窗口、精神的象征和价值的代表。校园标识包括校牌、校徽、校标、校服、校旗以及学校的明信片、宣传册等。

构建高职院校校园文化的方法途径。①以鲜明的办学特色建设校园精神文化。精神文化包括办学理念、学院精神、校训、校风、教风、学风、校徽、校歌等。办学理念是高职校园文化建设中统揽全局的根本性指导思想，而学院精神是对办学理念的进一步升华，它们与校训、校风、教风、学风等一样，都是师生员工经过长期努力积淀而成的相对稳定的理想、信念、道德、情操与追求。校徽是一个学校的象征，也是学校办学理念、办学特色、人文精神的集中体现。校歌是学校的重要文化标志，是学校精神文化的重要组成部分，它对于弘扬学校精神、凝聚师生力量有不可替代的作用。在建设精神文化时，要以优良的校风、严谨的教风、浓厚的学风、文明的班风来诠释校园精神文化建设的内涵，体现学校的精神。构筑特色鲜明的院系文化。不同的院系文化构成了丰富多彩、各具特色的校园文化。各院系要在学校文化建设规划的统一要求下，突出建设和发展各自的院系文化，并逐步形成自己鲜明的特色。各院系要突出自己的形象文化建设，加强教学、科研、师资队伍、实验室建设，以及各种活动和一些重大成果的宣传报道，建立院系形象展示窗，制作本院系介绍材料，力争办出院系文化精品，形成具有不同专业特色的学术文化、科技文化、教师文化和学生文化等。②建设管理制度文化。一要构建管理制度。依章治校，依规治教；有章可循，有规必遵。这必须成为师生员工共同遵守的信条。学校必须对办学宗旨、办学理念、办学性质、办学任务、管理理念、管理体制、管理机构、奖惩形式等制定科学的规范，并以制度的形式明确下来，为全体成员所认同。二要以人为本。制定学校规章制度时一定要注意原则性与灵活性的和谐统一。以学生发展为本，以教师发展为本，以调动人的积极性为本，让师生真正成为学校的主人，对学校产生归属感、认同感，与学校共荣辱。三要有创新。既要保持制度的连续性，又要注意制度的创新性。四要建立产学研合作制度。产学研合作是高职院校办出特色、培养学生“职业人”意识、提升学生就业竞争力的必由之路。只有让企业参与学校育人的全过程，才能培养出企业需要的高技能人才，才能增强学校服务区域经济的能力。为保证产学研一体化的建立与运行，应加强校企合作、专业建设顾问委员会、订单培养、社会调查、毕业生跟踪调查等有关方面机制的建设。此外，还应健全实训基地的工作管理制度，完善校内外实训基地的运行机制，在满足合作企业和人才培养需求基础上，实现校企互惠双赢。③引入企业文化以丰富校园文化。引入企业文化，使其成为高职院校校园文化的重要组成部分和鲜明特色。首先，强化专业知识，提升其与企业文化的联系。在理论教学中，通过对理论倾向明显的校园文化与实践性突出的企业文化的比较，强化学生对文化的理解。其次，利用各种机会阐释企业文化。让学生通过到企业实习、实训的理解企业文化；邀请企业文化工作者到学校进行专题讲座；通过企业的厂景、厂貌、文化宣传、企业发展和行业发展介绍，让学生与企业文化零距离接触；将某一企业的文化作为专题在校内进行展示，或将几个或多个企业的文化成果进行综合展示，实实在在地把企业文化引入校园。企业文化与校园文化通过相互渗透、彼此借鉴，共同发展成为一个相互包容的和谐整体。最后，通过产学合作实现校园文化与企业文化的融合。一是通过建立校企合作长效机制，定期聘请企业一线技术人员讲授专业知识，使学生深入了解所学专业的工作性质、工作过程和技能要求，并使学生通过实训，掌握必需的基本操作技术，获得初步的实际工作能力，为专业课教学和毕业实习、就业打下良好基础。二是通过安排专业教师到企业挂职锻炼，使教师深入了解一线岗位的技能要求，增强自身的实践能力，在教学中更好地实现理论与实践的结合。三是通过为企业培训员工，参与企业技改项目，解决生产实践中的问题，提高教师科研水平，使其更深地理解企业文化的内涵。④按照职业要求加强校园物质文化建设。高职院校不一定有雄伟气派的教学楼、体育馆，但必须有设备先进的实验楼、实训楼；不一定有一流的专业理论，但必须有一流的专业实验实训室。高职院校学生的核心竞争力不仅体现在理论水平上，更体现在职业实践水平和动手能力上，因此，职业教育有关的设施建设应该摆在首要和突出的位置。高职院校的人才培养目标要求学校要根据企业对人才的需求，将职业技能、职业道德及企业家精神引入校园，按照职业要求建设好校园的物质文化。职业教育设施建设应放在校园物质文化建设的突出位置。高职院校应尽可能将教学环境设计为教学工厂模式，建立理论与实践一体化教学的专业教室，融教室、实训、实验、技术服务与生产为一体，使专业教室具有多媒体教学、实物展示、演练实训、实验、技能考核训练和技能考核等多种功能，营造出良好的职业氛围和环境。教学环境建设融入职业因素。高职院校教学环境布置，除有名人画像、格言警句外，还应有市场人才需求信息、行业与专业的发展趋势、业内成功人士的资料等与职业相关的知识，让学生从行业日新月异的变化中体味职业精神和专业思想，提高学习动力。校园内的楼、路、灯、教室、实训基地、设备仪器、广场等都可以人名、企业名命名，如顺德职业技术学院的“美的”大道是以美的集团命名的，“碧桂园湖”是以碧桂园集团命名的。校园内还应增加名人石雕，修建名人文化长廊，集中展示建校以来对学校有贡献的名人、优秀校友、优秀企业家并力求精致、美观、有品位。

六、科研与社会服务能力

在当前我国产业转型升级的大背景下，产业的技术革新速度日益加快，对人才的需求变化也随之加快，为了保障职业院校的人才培养与产业转型升级的需求相对接，必须对产业发展趋势做出科学的预判，深入分析行业发展规划，建立完善的职业院校专业发展规划机制，实现专业发展规划与行业产业规划相协调。

职业院校专业设置要紧紧围绕产业转型升级。职业院校专业设置与调整既要关注产业发展的需求，又要引领产业转型升级。为了提升专业服务产业发展的能力，职业院校必须合理配置专业资源，加强专业内涵和品质建设，突出专业价值，最为关键的是构建适应产业转型升级需要的专业动态调整机制。对此，要从构建专业发展规划机制、专业评估机制、专业预警与退出机制、双向对接的协调机制以及专业资源共享与协同机制等入手，推动职业院校专业的调整优化，实现专业与产业转型升级的互动对接。

产业转型升级要求职业院校科学合理地配置其专业资源。产业转型升级是产业结构由低级向高级升级与转换的过程，与其相对应的人才培养和供给层次也要从低层向高层次转移。专业作为职业院校开展人才培养工作的基本单元，也是连接学校人才培养与产业需求的纽带，是学校教育与产业需求的集合，根据产业转型升级的发展规律，在市场的基础性调节和政府的宏观调控下，实现职业院校专业资源的优化配置。通过对职业院校专业结构的动态调整，进一步优化人才供给结构，在满足产业转型需求的基础上，实现对劳动力人才供给方向的科学引导，保证职业教育人才的充分就业。

第五章　专业建设研究

高职院校的专业建设是一项系统工程，是学校适应社会人才需求、引导社会人才消费的一个基本尺度，反映了学校对经济、社会发展和职业岗位的适应程度。对高职院校而言，专业建设直接影响到学校的招生和学生的就业，事关学校生存和发展的大局。

《国家中长期教育改革和发展规划纲要（2010—2020年）》提出，未来十年我国职业教育改革的重点是“提高质量”。《教育部关于推进高等职业教育改革创新引领职业教育科学发展的若干意见》（教职成〔2011〕12号）指出：“高职教育必须自觉承担起服务经济发展方式转变和现代产业体系建设的时代责任，主动适应区域经济社会发展需要。”专业建设和专业结构的调整和优化要依据国家的产业结构变化和国家发展改革战略，国家以高等职业技术教育的信息平台为依据，整合发布全国各高等职业院校专业建设、招生就业以及各地、各行业劳动力市场供需等方面信息，引导各地政府和院校根据国家产业政策导向、区域经济社会需求和毕业生就业等实际情况，及时调整专业建设，优化专业布局，主动适应市场需求。可见，在政策导向上，国家高度支持高职院校的专业建设，要求其建设符合当地市场需要的高职专业。

普通高校专业建设的一般指导思想是“以学科建设为基础、以基础学科专业为依托、以社会需求为导向、以课程建设为核心”，专业建设中尤为注重学科的建设和发展，这与它主要培养理论型、研究型人才的目标是相契合的。相对而言，高职教育专业具有更大的可变性和开放性，更容易受到市场变化的影响，这主要是由于高职教育培养的是高等应用型技术人才和管理人才。较之理论型、研究型人才，这类人才与一定区域的市场、职业、行业、产业、技术等有着更直接、更紧密的关联，其专业具有较强的职业定向性和针对性。

深圳职业技术学院专业设置原则具有较好的借鉴参考价值，即“以市场需求为导向、以职业岗（群）为依据、以技术含量为参数、以学科专业的交复合来综合研究专业的设置”。①以市场需求为导向，就是面向区域和地方经济发展，面向生产、服务与管理第一线设置专业，将当地产业结构和社会人才需求的变化趋势作为确定专业体系主体框架的依据。②以职业岗位（群）为依据，就是或针对一个行业岗位（如广告设计），或针对一组相关的职业岗位来设置专业。如针对深圳市的大、中型商场较多，但缺乏既懂软件管理，又懂硬件管理的商场管理人才的现状，深圳职业技术学院就开设了商场管理专业，而没有像普通高校那样去设置商业管理专业。虽然只有一字之差，却反映了高等职业教育与普通高等教育在培养目标及专业设置上的较大差异。③以技术含量为参数，主要包括两层意思：第一，有些专业的设置不完全是针对某个特定的职业岗位或岗位群的，而是根据技术领域（包括管理技术）设置的，如电子技术专业、通信技术专业、印刷技术专业等。第二，即使是针对职业岗位（群）设置专业，也要考虑其应具有较高的技术含量。技术含量较少的专业应由中等职业技术学校开设，或通过短期培训解决，而不必放在全日制的高职院校。④由于通过生产第一线的工作往往是综合性的，必须结合多学科的知识和多种技能才能解决，高职教育在专业设置时经常要根据生产第一线的特点，将生产第一线工作的外在要求和学科之间的内在联系结合起来，设置复合型专业。事实上，随着现代生产、科学研究和技术中综合化趋势的不断增强，技术岗位的智能内涵不断丰富，培养复合型人才已成为世界高等教育发展的共同趋势，高职教育也要向培养复合型人才的方向发展。深圳职业技术学院在近几年设置的专业中，也采用了学科专业交叉的方法。具体方法有三种：一是将不同的学科专业复合起来，例如，商务英语、商务日语与其他学科，物业机电与综合布线，外贸与国际结算，航运与港口管理结合等。二是将专业知识与专业技能复合起来，如服装设计与工艺、酒店餐饮管理与制作、计算机辅助设计与制造结合等。三是先合后分，即把一些技术成分较复杂的相近专业先复合起来，然后根据市场的需求情况和学校的办学条件，逐步分设若干专业方向，待时机成熟时，再将某些专业方向设置为独立的专业。通过上述原则建设起来的专业群体初步显示出了以下特色：第一，专业口径宽窄并举；第二，具有快速反应能力，能够较快地适应社会职业需求热点的转换；第三，重点突出，特色较为明显，能够较好地适应行业或产业结构变化和发展的趋势。

专业建设作为高职院校的中心工作和发展核心，学校如何通过管理框架和制度设计，有效整合有限资源，形成队伍建设的良性机制，保障应有的经费投入和硬件支持，就显得十分重要。专业建设的要素主要包括人才培养目标的确定、专业师资队伍建设、专业课程体系及实践教学体系建设、课程及教学资源建设、质量标准与监控体系建设，等。就目前高职院校的现状来看，加强专业建设的首要任务是在人才培养定位和目标明确的前提下进行规范化建设，并在此基础上，强化人才培养模式的创新。促进产教双向供需对接，建立健全教育与产业人才供需共享平台，破解就业市场人才供需结构性矛盾。推进校企协同创新，着力推进特色高水平专业群建设计划，充分发挥其引领作用，打造职业教育品牌。

第一节 专业人才培养目标

确立专业的人才培养目标是专业建设的基础性工作，然而，仍有不少的高职院校对各专业培养目标的表述还停留在一般性目标上，对各专业到底要确立一个什么样的具体培养目标，对专业与社会职业群的内在联系，对全球化、信息化、市场经济背景下所需人才的知识、职业能力与职业综合素质的新要求缺乏应有的研究。

高职教育作为高等教育的一个类型和职业教育的一个重要组成部分，有着自己独特的培养目标和教育模式。有关专家认为，“高等性”是其培养目标定位的基准，“职业性”是其培养目标定位的内涵，“区域性”是其培养目标定位的地方特色，“社会性”是其培养目标定位的价值取向。概括地说，在界定高职教育的人才培养目标时，应考虑人才层次的高等性、知识能力的职业性、人才类型的技术性、毕业生去向的基层性和一线性等。

研究高职专业的培养目标，离不开对社会经济发展、产业结构调整以及科技发展的特点和趋势的研究。当前社会呈现出全球化、信息化、高科技化的趋势，在国际竞争中，技术型人才的重要性正在不断提升，不仅职业和岗位变化更加频繁，个人择业、创业的自由度日益增大，而且现代社会的职业岗位体系还是一个不断向高新技术趋近的动态系统。如美国近 5 年中有 7 000 多个职业岗位消失了，但又新增了 8 000 多个具有较高技术含量的岗位。人际交流和合作的要求大大提高，这意味着每个人必须与具有各种不同专业背景的人进行交流与合作，个人的工作不可能孤立地进行，也不可能是纯专业性的，而必须接触和处理大量对于本人来说是非专业性的问题。这些特点和趋势对高职教育的影响集中反映在社会对高职院校人才培养要求的变化上。高职院校只有更加注重人文素质教育，重视学生解决实际问题的综合技术应用能力和创新、创业能力的培养，注意学生的个性化发展，才能真正培养出掌握专业基本理论、专业技能技术，具有创新、创业能力的高等技术应用人才。以上都只是高职院校各专业培养高等技术应用性人才的共同要求。高职院校所培养的人才是社会财富的直接创造者和社会生产力的具体推动者，具有较为明显的职业定向性和针对性，因而不同专业还要根据各专业的具体情况，进行职业分析，确定其具体的知识、能力结构和职业素质要求，将各专业培养目标进一步具体化、个性化，使专业与产业群和社会职业群的内在联系及教育过程与职业活动过程的内在联系显现出来，以增强其适应性和针对性。

第二节　专业建设支持环境

一、建立全新的教育教学理念

深化以学习者为中心的教育教学改革。由教主导学，向以学习者为中心的人才培养理念转变，是高等职业教育回应“受教育者”个性化需求的必然之举。教育教学改革是人才培养改革重中之重。当前，深化教育教学改革需要以“课堂革命”更新教育观念、教学方式，以校企共建打造优质教育教学资源，实现人才培养从标准化向差异化、多样化、个性化转变，以教学改革推动以学习者为中心的学习新范式建构。高职院校要坚持立德树人、弘扬工匠精神，坚持工学结合、知行合一，既要注重学生严谨专注、敬业专业、精益求精、追求卓越的品质养成，也要着重提升学生职业素养，加强学生认知能力、合作能力、创新能力和职业能力的培养。

二、以先进性为要求提升综合办学条件

只重视硬件建设而不重视软件建设，内涵建设就会失去灵魂；只重视软件建设而不重视硬件建设，内涵建设就会失去基础。既拥有前瞻性的规划、完善的基础设施、完备的实训（模拟）设备及良好的实习实训环境，又拥有先进的办学理念、深厚的历史文化、特色鲜明的品牌文化、高效务实的管理文化、丰富浓郁的产业文化，才能形成独具校本特色的团队精神、价值追求、制度体系和发展愿景。高职院校应完善信息化设施，构建信息化环境，充分运用信息技术改造传统教学与评价方式，改进管理方法与手段。

三、以学校为责任主体构建内部质量保证体系

高职院校在过去一段时期内多采用绩效指标以及与资源分配相关联的等级评分规则进行建设成效评价，这在一定程度上强化了学校间的相互模仿，弱化

了多样化发展。作为人才培养的第一责任主体，各个高职院校要以实现质量自治为目标，建立健全内部质量保证制度体系，切实推进教学工作诊断与改进制度建设，建立常态化的院校自主人才培养质量保证机制，通过对质量生成过程的分析，寻找教育教学质量的关键控制点（环节），通过制度规范、程序支持、文化自觉等，实现质量持续改进和提高。

四、以适应现代产业发展为宗旨建设高水平专业群

单个专业建设向专业群建设的转变，是高等职业教育回应产业需求的必然之举，是为了更好地适应产业结构转型升级，形成与现代产业发展需求相适应的专业新形态。专业集群发展是高等职业教育优化资源配置、创新服务模式、实现专业复合发展的重要策略，也是技术技能积累与创新的增长点。为抓好高水平专业群建设，高职院校要从市场需求侧和人才供给侧入手，尊重办学积淀，立足服务面向，对接产业结构，厘清群内专业关系，明确管理运行方式和评价机制，画好专业群与产业群（岗位群）的映射图、群内各专业关系的逻辑图、主要建设内容的鱼骨图和建设进程管理的甘特图。

五、以“双师型”为主题培育卓越教师队伍

从一定意义上讲，教师的能力决定了一所学校履行自身社会角色职责的能力。如何培育自己的名师巨匠、建设高水平的“双师型”师资团队，是高职院校亟待破解的难题。高职院校应围绕“双师型”主线，坚持引进与培养相结合、专任与兼职相结合，在引进高层次人才、完善教师培养培训体系、建立教师专业化发展激励机制和兼职教师有效管理等方面采取切实可行的新理念、新模式；以校企合作为切入点，推动高职院校和大中型企业共建“双师型”教师培养基地，强化教师到企业实践的效果。

六、以服务需求为主导锻造超强社会服务能力

所谓“超强”，就是要体现职业教育特点，实现职业教育的不可替代性。所谓“社会服务”，就是要紧盯“中国制造 2025”“一带一路”倡议、“大众创业，万众创新”“互联网+”、精准扶贫等国家重大战略，扎根地方经济社会发展，强化技术技能积累，支撑国家经济转型升级，精准对接服务社会发展。院校发展及其专业建设要立足服务区域经济社会发展，持续扩大影响、赢得支持、汇聚资源，进而实现社会服务能力再提升，为高职院校可持续发展提供持续动力。

七、以内涵特色为名片打造市场辨识度

特色是建立在质量基础上的特色，没有质量的特色只能是包装出来的特色。在高等职业教育发展初期，特色是笼统的、模糊的，如“就业率高”“录取分数高”“社会影响力大”等。在示范（骨干）校项目建设阶段，特色是学校抽象的、局部的，如“示范校”“骨干校”“验收优秀”等。在高等职业教育创新发展阶段，特色已经走向具体化，其评价主体由教育部门转向外部社会，评价对象也从院校整体走向专业群。因此，学校应研究如何实现专业链和产业链紧密对接，找准专业群服务地方和产业的切入点，坚持长期投入、持之以恒的建设，通过提升专业群建设水平来彰显特色，打造市场辨识度。

第三节　专业师资队伍建设

师资队伍建设是教育质量提升的关键因素和前提条件，高职院校师资队伍的水平决定了高职院校人才培养的质量。《国务院关于加快发展现代职业教育的决定》明确提出：要建设专兼结合的“双师型”教师队伍，实施教师专业标准，落实教师企业实践制度，完善企业工程技术人员、高技能人才到职业院校担任专兼职教师的相关政策等。将高职教育建设成符合中国特色，突出职教性、彰显高教性、凸显行业性的现代职业教育体系，满足新时代诉求，其核心就在于高职师资队伍的建设。2015 年 10 月教育部发布《高等职业教育创新发展行动计划（2015—2018 年）》指出：要围绕提升专业教学能力和实践动手能力，健全专科高等职业院校专任教师的培养和继续教育制度。高职教育培养的是适合社会和企业需求的高端技术技能型人才，而高职教育人才培养的关键和基石就是师资力量，高职院校唯有打造一支优秀的专业知识和技能过硬的教师队伍，才能担负起培养合格人才的重任。2017 年 3 月，教育部印发的《职业院校教师素质提高计划项目管理办法》明确提出，要“造就一支师德高尚、素质优良、技艺精湛、结构合理、专兼结合的高素质专业化‘双师型’教师队伍”。

一、高职院校师资队伍建设存在的问题

1. 职业教育教师资格标准缺失。顾明远先生提出，“社会职业有一条铁的规律，即只有专业化才有社会地位，才能受到社会的尊重”。但长期以来，职

业教育缺少独立的教师资格标准，资格准入相当宽泛。虽然早在2006年就要求“逐步建立‘双师型’教师资格认证体系，研究制定高等职业院校教师任职标准和准入制度”，但截至目前，高职院校教师任职标准依然参照本科院校执行，很大程度上迟滞了高职院校教师队伍建设的专业化进程。20世纪90年代末本科院校大办高职教育的时期，往往是二级院系不续聘的教师被安排到职教学院任职。反观职业教育发达的国家，对高职教师的要求相当严格。如德国《联邦职业教育法》规定，“只有具备相应的人品和专业资质者，才能教育受教育者”，并对“人品资质”和“专业资质”做了具体规定。在澳大利亚，则要求高职教师必须取得培训行业四级以上的证书，而即使具有丰富工作经验的人，要获得这样的认证也必须经过一系列的培训学习与考核，培训时间一般要在一年以上。

2. 高职教师专业技术职务（职称）评聘导向有失偏颇。教师职称是对教师业务成绩与能力的一种证明，也是引导教师专业发展方向的指挥棒。当前，全国大部分省（区、市）一直沿用普通高校职称评审体系开展高职教师的职称评审工作，容易将高职骨干教师的注意力和努力方向引向学术论文和纵向课题。如《山西省高等学校教师专业技术职务评审条件》规定，无论哪一类教师晋升教授必须有核心期刊论文，且在规定的论文篇数内至少包含一篇教研、教改文章。《天津市高等学校教师职务评审条件》规定，理工农医类教师申请副教授职称必须具备“一篇论文被SCI、EI或IM所收录”“公开发表论文三篇，其中一篇在重要学术刊物上发表”“正式出版5万字以上学术著作（或主编较高水平的教材）一部并公开发表论文一篇以上”三个条件之一。高职教师本应倡导的应用技术研发与成果转化、技术技能积累与创新、社区教育与终身学习服务、服务企业特别是中小微企业的技术研发和产品升级无一例外地被严重削弱。

3. 高技能人才到高职院校兼职的政策渠道不畅。各级政府一直提倡高职院校要“增加专业教师中具有企业工作经历的教师比例”。为此，高职院校一方面根据《现代职业教育体系建设规划（2014—2020年）》关于“专业教师每两年专业实践的时间累计不少于两个月”的要求，安排专业教师到企业顶岗实践，积累实际工作经历，提高实践教学能力；另一方面，积极引进具有企业实际工作经历的能工巧匠担任专任教师，以改善专任教师队伍结构。但在实践中，企业编制几乎无法转为事业编制（除非取得省级人力资源和社会保障厅出具的调动证明）。这已经那些成为在企业资历较深的高技能人才转为专任教师时一道不可逾越的门槛，导致高职院校很难从企业引进急需的人才。而如果仅仅是兼职聘请，又难以保证外聘教师全身心投入学校工作。这种政策阻碍也使得关于“新增教师编制主要用于引进有实践经验的专业教师”的要求在现实中难以落实。

4. 师资结构距离技术技能积累的要求差距大。《国务院关于加快发展现代职业教育的决定》中首次提出“技术技能积累”概念，要求“强化职业教育的技术技能积累作用”“促进技术技能的积累与创新”，以一个从未有过的高度将职业教育与经济活动中最活跃的因素结合起来，对职业教育在促进经济社会发展中的作用给予了更高的期望。要实现现实中的技术技能积累，学校就必须实际拥有掌握技术技能的人才，这在当下已属不易。但这还不是技术技能积累的全部，关键是通过积累的“量变”实现创新的“质变”，从技术技能的跟随者逐步过渡到技术技能的引领者。要实现这一目标，高职院校教师队伍的不足显而易见。

二、高职院校师资队伍建设存在问题的成因

对于高职院校师资队伍建设中存在的诸多问题，认识不到位造成的制度不完善是主要原因。长期以来，高职教育一直被充作“分母”，提到高等教育大发展的成绩时把高职教育收列其中，而在实际的教育投入分配中高职教育占比却连年下降就是很好的证明。首先，以管理传统高等教育的思维管理高职教育的惯性依然强大，即便意识到高职教育具有自身的特殊性，也觉得可以通过小修小补加以解决，缺乏对不同教育类型、不同院校体系的深刻理解。其次，当前社会整体转型升级，旧的体制不断被打破，新的体制建设滞后，处于弱势地位的高职教育没有得到应有的关注和支持。最后，长期投入不足致使高职院校面对国家加速转型升级的要求力不从心。

三、高职院校师资队伍建设路径

1. 宏观层面，完善教师资格标准和职称评审制度

2019 年 1 月 24 日公布的《国家职业教育改革实施方案》明确指出，要发挥标准在职业教育质量提升中的基础性作用。按照专业设置与产业需求对接、课程内容与职业标准对接、教学过程与生产过程对接的要求，完善中等、高等职业学校设置标准，规范职业院校设置；实施教师和校长专业标准。《现代职业教育体系建设规划（2014—2020 年）》更是要求“根据职业教育的特点完善教师资格标准、专业技术职务（职称）评聘办法”。因此，要加速教育主管部门职能转变，加快完善包括高职院校教师的职业教育教师资格标准，建立高

职教师准入制度和标准。针对高职教师的特点和业务导向，制定并执行专门的职业教育专业教师技术职务（职称）评聘办法，实行教师专业技术职务分类评审制度，是解决高职教师资资格标准和发展导向问题的根本。

2. 中观层面，加强国家、省两级系统培训，培育一批职业教师培训实训基地，强化培训质量

2016 年 10 月，《教育部　财政部关于实施职业院校教师素质提高计划（2017—2020 年）的意见》明确提出：“组织职业院校教师校长分层分类参加国家级培训，带动地方有计划、分步骤实施五年一周期的教师全员培训，提高教师‘双师’素质和校长办学治校能力；支持开展中职、高职、应用型高校教师团队研修和协同创新，创建一批中高职教师专业技能创新示范团队；推进教师和企业人员双向交流合作，建立教师到企业实践和企业人才到学校兼职任教常态化机制，通过示范引领、创新机制、重点推进、以点带面，切实提升职业院校教师队伍整体素质和建设水平，加快建成一支师德高尚、素质优良、技艺精湛、结构合理、专兼结合的高素质专业化的‘双师型’教师队伍。”同时制定了一揽子各类人员的培训计划，通过专业带头人领军能力研修计划，重点提升教师的团队合作能力、应用技术研发与推广能力、课程开发技术、教研科研能力，培养一批具备专业领军水平、能够传帮带培训教学团队的“种子”名师。通过“双师型”教师专业技能培训，重点提升教师的理实一体教学能力、专业实践技能、信息技术应用能力等“双师”素质。通过优秀青年教师跟岗访学，全面参与培训院校教育教学实践和管理工作，帮助教师更新教育理念，提升教学能力、研究能力和管理能力，解决教育教学中的实际问题。通过卓越校长专题研修，围绕集团化办学、校企合作、现代学徒制、学校治理、中高职衔接、专业设置与建设、教师队伍建设等内容，重点提高校长改革创新意识、决策领导能力、依法办学和治校能力，为各地培养一批具有较高知名度、精通现代学校治理的教育家型名校长。

同时，《教育部　财政部关于实施职业院校教师素质提高计划（2017—2020 年）的意见》还推出了以下项目：①中高职衔接专业教师协同研修。遴选国家级（省级）中高职示范学校具有教学专长的专业带头人、教学名师等主持建立“双师型”名师工作室，牵头组织区域内学校中高职衔接专业教师，采取集中面授和网络研修相结合的方式，进行为期不少于四周的团队研修。重点开展理实一体课程开发、行动导向的教学实践与演练、教科研交流与项目合作，协同提升教师实践教学能力、科研教研能力、研究协作能力等，共同研究开发中等和高等职业教育人才接续培养课程、教材及数字化资源。②紧缺领域

教师技术技能传承创新。面向装备制造、高新技术、传统（民族）技艺等紧缺专业，遴选具备条件的优质职业院校、应用型高校、职教师资培养培训基地建立教师技艺技能传承创新平台，组织具有绝招绝技的技能名师、兼职教师领衔，采取集中面授、项目合作研发相结合的方式，面向区域内中高职教师进行为期不少于四周的技术技能实训。重点开展新技术技能的开发与应用、传统（民族）技艺传承、实习实训资源开发、创新创业教育经验交流，提升教师专业实践操作技能、技术应用与创新能力等。③骨干培训专家团队建设。面向承担计划任务的单位、基地管理人员和专兼职培训者，采取集中面授、网络研修、课题研究相结合的方式，进行为期不少于两周的培训组织实施能力专项研修，提升培训者的培训需求诊断能力、教学设计实施能力、课程与数字化资源开发能力、核心技能创新与推广能力、工作室（平台）主持能力和绩效考核评估能力。④选派教师到企业实践。采取考察观摩、技能培训、跟岗实习、顶岗实践、在企业兼职或任职、参与产品技术研发等形式，组织职业院校专业课教师进行为期不少于四周的企业实践。重点学习掌握产业结构转型升级及发展趋势、前沿技术研发、关键技能应用等，以及企业的生产组织方式、工艺流程、岗位（工种）职责、操作规范、技能要求、用人标准、管理制度、企业文化、应用技术需求等内容，推进企业实践成果向教学资源转化，结合实践改进教学方法和途径，发掘学校技术服务企业发展的方式和途径。各地要遴选代表行业先进水平、有较强影响力、覆盖专业面广的企业，完善校企共建教师企业实践流动岗（工作站）机制，支持企业常设一批教师企业实践岗位。⑤校企人员双向交流合作。各省（区、市）要联合行业组织，遴选、建设教师企业实践基地和兼职教师资源库，将实施教师企业实践和兼职教师聘用有效对接，完善教师定期到企业实践、企业人员到学校兼职任教的校企人才双向交流机制，促进产教深度融合。⑥设立兼职教师特聘岗。重点面向战略性新兴产业、高新技术产业等国家亟特需专业及技术技能积累、民族文化传承与创新等方面专业，支持职业院校设立一批兼职教师特聘岗位，聘请企业高技能人才、工程管理人员、能工巧匠等到学校任教，兼职教师每人每学期任教时间不少于80学时。各地要建立本地区对接产业、实时更新、动态调整的兼职教师资源库，开展兼职教师教育教学能力岗前培训，支持兼职教师参与“双师型”名师工作室建设、校本研修、产学研合作研究等。各地根据本地区实际需要、行业特点、人力资源成本等，具体确定兼职教师聘用人数和补贴标准。

3. 微观层面，正确引导教师进行应用技术研究与创新

《国家示范性高等职业院校建设计划管理暂行办法》明确规定，“中央专

项资金用于师资队伍建设部分的经费一般不超过中央专项资金总额的15%”，该项目中央财政平均每校实际投入2 000万元，照此计算，建设院校三年建设期内可用于教师培训的经费为300万元，很好地保证了国家示范校建设项目重点建设专业的教师培训，但该政策能否持续也引起高职院校的担忧。因此，一方面，尽快落实《国务院关于加快发展现代职业教育的决定》关于“各级人民政府要建立与办学规模和培养要求相适应的财政投入制度，地方人民政府要依法制定并落实职业院校生均经费标准或公用经费标准”的要求，克服高职院校办学经费不足的瓶颈，保证高职院校办学质量；另一方面，由于高职院校教师学历层次已得到显著提升，提高教师的教育教学水平特别是实践教学和课程设计开发能力则应成为高职院校专业骨干教师培训的主要内容。

正确引导教师进行应用技术研究与创新。高等学校“人才培养、科学研究、社会服务”的基本职能对于高职院校依然适用，但这里的“科学研究”应定位为“重点服务企业特别是中小微企业的技术研发和产品升级”，这也是高职院校实现技术技能积累的必由之路。对此，高职院校应提前谋划，在学校内部制度设计中积极引导教师从事应用技术研究与创新。同时，处理好人才培养与科学研究的关系，使高职教师的应用技术研究与技术技能人才培养紧密结合，提高高职院校社会服务的技术含量和附加值，提升高职院校的专业教师和毕业生在行业中的影响力。①建立激励机制，激发教师科研与技术开发潜能。引导教师从传授知识、培养人才的框架中走出来，进入研究知识、生产知识、服务社会的体系中，引领高职院校的科学研究。教师通过研究知识和技术，把握学科和技术发展态势，进而产生新知识和新技术，为社会人才培养进行服务。②通过教学改革和管理下沉，激发教师进行以真实企业工作任务为载体的工学结的合人才培养模式的改革，进行课程体系、教学内容以及教学模式的变革。随着社会经济的发展，大量技术型的中小企业应运而生，中小企业提供了我国75%的就业机会，由此而产生了新兴岗位群，并呈现出小批量、多元化的特点。这些都对传统的人才培养模式和刚性化教学管理提出了挑战，几年前制定的人才培养教学方案已很难持续满足市场以及学生自身发展的需要。因此，高职教育应构建一种能够灵活配置教学资源、提供定制服务的教学管理机制与教学质量监控体系。

在教师专业能力和教学水平的提升方面可采取以下几个方面的措施：①结合大师工作室，打造专业领军人才建设工程，围绕打造学校专业群品牌的发展战略，通过承担行业的科技支撑项目、深化现代学徒制的智能型“自动监测”类专业教学改革、建设培养复合型人才的特色型“环境工程”类专业，培养环境专业领域和环境教育领军人才。②将教研室主任与专业带头人培养有机结合，打造专业建设的灵魂人物和国家级职业教育教师教学创新团队，通过实施国家级精品资源共享课、省级精品资源共享课、省级精品在线课程、校级双语课程、教师职业能力水平竞赛、国家和省级教学名师、“省121人才”、“芙蓉学者”等建设项目，推进教学改革深化和资源建设，并以此带动教师能力水平和影响力的提升。③建立以青年骨干教师为核心的青年示范教学团队，充分发挥青年教师思想活跃、敢想敢冲、敢打硬仗的优势，为他们提供机会和舞台，提供基本的制度保障和物质条件，深化教学方法改革。④培育一支兼职教师队伍。作为校企合作主要内容之一，以事业激发、感情感染、物质吸引等方法引导一线能工巧匠到教学一线，将他们在一线工作中积累的职业素养、职业技能带到课堂，带到教育教学的全过程。对兼职教师也要加强教育教学方法的培训并要求他们参加教研活动，通过共同制定人才培养方案和共同备课等措施，建设一支稳定的高水平兼职教师队伍。⑤建立学生实习实训教师团队。针对课程实训和专业综合实训以及毕业实习等不同时段的实训要求，与合作企业研究制定一整套实训教学计划，并确立企业实训教师，明确其教学标准、任务和相关待遇。

4. 引进激励竞争机制，完善教师管理制度

在教师的管理方面，借鉴现代企业人力资源管理制度，建立一套科学的用人管人激励机制，打破现有吃大锅饭，常年守着一本教材、一份教案、一个PPT教学，“两耳不闻‘企业事’，一心只教圣贤书”，排斥任何教育教学方法的创新和改革的传统。有的教师不屑于“下企业”，不习惯在生产线上做产品，羞于向行业、企业顶级人才学习，传授的知识和技能已经远远落后于企业需求而不自知。解决目前高校存在的人浮于事、人员素质偏低、工作压力不均衡、干部职务终身制等问题需做好以下三点：①切实实施“能进能出”专业教师聘用制，改变“铁饭碗”“大锅饭”观念，对新进教师实行聘用制，其待遇与工作效果和态度挂钩。②完善考核与奖惩制度。对教师教学工作（包括课时和授课效果）、科研工作以及完成的其他工作进行量化考核。③实行人才合理流动制度。对优秀的教师要想办法用待遇留人，对考核不合格的要能够及时解聘，通过人才双向流动制度实现优势资源共享，逐步实现高职学院教师由“单位人”向社会人转变。

四、国外教师队伍管理与建设情况

1. 师资资格

美国、德国、日本对高职教师的具体要求不同，但有一点是共同的，即都建立了高标准的教师资格制度。从事高等职业教育的教师，需具备三个条件：拥有教师资格证书、符合职业教育教师的一般条件、满足高等职业教育的特殊要求。获得教师资格证书应具有教育学、心理学等专业知识并通过考试；从事职业教育的教师除具有教师资格证书外，还要求有实践经历及必要的职业修养；从事高等职业教育的教师除具备职业教育教师的资格外，在受教育程度和实践技能等方面要求更高，就受教育程度而言，要求必须受过高等教育，且一般要求有硕士或博士学位。美国各州对职业教育教师的资格要求，共同的标准有：在所教范围内取得学士以上学位，并有所教技术课（专业课）1 年以上工作经验，或者在合适的技术领域有 5 年以上实践经验，有单独谈判与研究的能力；高职教师要求有硕士以上学历。德国高等专科学校的专职教师任职资格：有 5 年以上的工作经历，其中至少在相应专业岗位上工作 3 年；有 2 年以上的教学或培训经历，有较强的科研能力；原则上要有博士学位；具有教育学、心理学等专业知识；有运用现代教学媒体的能力。应聘终身教授岗位者年龄一般不能超过 50 周岁。同时，还要考察应聘者与企业界的联系能力，实际上，这个能力已成为大多数高等专科学校招聘教授的标准之一。

2. 师资的构成

与综合大学一样，高等专科学校的师资主要由教授、教学专业人员和兼职教师组成。①教授。高等专科学校的教授一般均为 C2、C3 级，只有极少数教授为 C4 级。高等专科学校 C3 级教授占这类学校教授总数的一半，为了区别大学教授和高等专科学校教授，大学教授的称呼在教授前冠以“大学”，高等专科学校教授仅称教授。②教学专业人员。除教授之外高等专科学校专职教师还包括其他教学专业人员。教授与教学专业人员人数一般为 9∶1，但实际上教授与教学专业人员人数比例各学校不尽相同，有的差异很大。教学专业人员的聘用由学校决定。③兼职教师。学校依靠企业兼职教师，可以把生产中的最新技术引入课堂，还可以与企业进行联系，协助解决生产实习、毕业设计及毕业生就业等方面的问题。兼职教师往往要多于专职教师，高等专科学校专职教师通常只占 40%，兼职教师占到 60%。兼职教师中，教授所占比例相当少，而教学人员占主要部分，另外还有一部分是助教，承担教学或科研的辅助工作。兼职教师至少要有大学文凭。

3. 教师的工作量

大学教授每周的授课时数一般为 8 学时，而高等专科学校教授每周授课时数一般为 18 学时。各高等专科学校教授的工作量不完全一样。有的学校如德国沃尔芬比特应用技术大学规定教授每周的教学工作量是 18 学时，每学期为 18 周左右。如果有特殊的研究任务，可以减免教学工作量。在德国柏林技术和经济高等专业学院，教授的教学工作量是每周 18 学时，每年计 36 周，其中每学期有 1 周为考试时间。如果教授还从事特定的工作，如专业负责人、专业顾问或者考试委员会主席，可以减免一定的教学工作量。除了教学任务，教授还承担应用研究和开发任务，德国安贝格-魏登应用技术大学的教授的教学工作量是每周 19 学时，每学期为 19 周，此外，还要承担一定的科研工作，并要从校外争取资助。巴伐利亚州的高等专科学校规定教授每周工作 19 学时，另外还要参加学校管理工作（学术委员会、专业咨询、考试委员会以及学校领导人员的选举等）。其他专职教学人员的教学工作量相应地就少一些。例如，德国勃兰登堡高等专业学院教授每周授课 18 学时，而其他教学人员如科研助教每周授课时间只有 4 学时，授课内容是练习、实验等。因为他们的主要任务是帮助教授做科研工作，同时还要写自己的博士论文。各兼职教师的教学工作量一般也不多，如德国柏林技术和经济高等专业学院规定最高不超过 8 学时，但同时也要求全校总的教学工作量由兼职教师来承担的比例须达到 25%，并且这些兼职教师须来自社会或企业界，这样做的目的是加强学校与企业或社会的联系。

4. 教师的进修与专业发展

根据德国高等专科学校的相关法律规定，专职教师须参加继续教育和专业发展培训，各学校的继续教育和专业发展进修活动形式多种多样。许多学校设有专门供自己学校教师学习的培训和进修机构。安贝格-魏登应用技术大学规定，教授要定期在校外参加进修和继续教育活动，而且学校本身也设立了继续教育培训中心，以向专业教师和管理人员提供培训课程。巴伐利亚州设有高等专科学校教学中心，主要为巴伐利亚州的教师提供教学进修培训。为提高教师学术水平和教学能力，勃兰登堡高等专业学院还让教授每隔 4 年享有一个学期的学术假，以更好地开展自己的研究工作。柏林技术和经济高等专业学院通常会向教师提供教学法、教学改革、信息技术等方面的进修或培训课程，近年还提供向教师开展英语培训。

高职院校团队建设，要坚持培育和使用并重的理念，营造环境、创造条件，扩展教师成才空间，健全教师培养、培训制度，为教师创设专业化、个性化和多元化的职业发展路径，细化岗位分类管理，健全考核机制，着重培养与培育教师的“行业气质”与“工匠特质”，挖掘、提升教师“科研”与“教研”的潜质与水平，锻造、铸就教师“行业”与“专业”的双重属性，全面提升教师教学创新、课程开发和技术服务的综合能力。同时，建设高层次人才协同创新团队，充分发挥高层次人才的引领和标杆作用，打造一批高标准且各具特色的协同团队。在教学评估方面，引入第三方评价主体，注重学生的学业成果。

第四节　案例——长沙环境保护职业技术学院办学实践

一、基本情况

长沙环境保护职业技术学院创办于1979年，前身为国家环境保护总局长沙环境保护学校。2002年升格为学院，现由环境保护部和湖南省人民政府共建。

学院有着深厚的职教文化积淀和优良办学条件。近年来，在秉承优良传统的基础上，学院开拓创新，不断进取，坚持校企合作的“技术服务社会，实践融入教学”办学特色，形成了工学结合的“技术服务融入教学，产学研结合培育人才”人才培养特色，坚持走产学研结合的办学道路，内涵建设不断加强，办学水平和办学实力得到质的提升。学院牵头组建了环境保护职业教育集团，并在实践中充分发挥省部共建学院的优势，通过“六个创新”，实现“六个示范”。

二、办学定位

1. 办学指导思想

在已形成的校企合作的“技术服务社会、实践融入教学”办学特色基础之上，学院借助省部共建和职教集团的平台，通过以下六个模式创新，实现六个示范：

（1）创新“技术服务融入教学，产学研结合培育人才”模式，成为技术服务社会、校企双赢合作办学的示范。

（2）创新行业职业准入体系研发模式，成为在职业标准融入专业标准、职业能力融入课程内容过程中同步构建行业准入体系的示范。

（3）创新学历教育与行业培训有机结合模式，突显行业办学特色的高职教育模式，实现学历教育与培训教育两个 1 : 1 目标的示范。

（4）创新环保高职教育人才培养模式和课程构建模式，成为全国环境类专业课程体系构建和课程开发的示范。

（5）创新环境保护国际交流与合作的职业教育办学模式，成为国际环境宣传教育、技术交流、技术合作、技术培训、联合办学的示范。

（6）创新学院管理体制机制，全方位借鉴现代企业管理经验，探索高职教育人力资源、教学质量、常规管理最优化模式，成为高职学院管理的示范。

2. 学院办学定位

（1）服务定位：面向全国环保基层一线，面向湖南经济社会建设，面向长株潭两型社会建设。

（2）类型定位：全日制高职专科学历教育、环保行业继续教育与职业技能培训并举。进一步加强对高等职业教育理论的研究，紧紧围绕高等职业院校应该“培养什么样的人才、怎样培养人才”这个根本性问题，不断深化教育教学和内部管理体制改革，形成符合高等职业教育规律的教育教学和管理体系，进一步提高学院的人才培养质量，增强学院办学的辐射能力和服务功能。

（3）层次定位：以全日制高等专科学历教育为主体，加强行业培训，兼顾成人教育。

（4）规模定位：坚持规模、结构、质量、效益协调发展，全日制高职专科学生稳定在 8 000 人左右；年行业培训与社会培训人次稳定在 8 000 人左右。

（5）专业定位：主动适应国家环保行业和湖南经济发展需求，培养满足环境保护一线岗位需求的高素质技能型专门人才，从课程、师资队伍、人才培养、实习实训基地等方面加大对主体专业的建设力度，提升学院办学的核心能力。建立以环保、气象与安全类和生物药品类为主体，环境艺术、环境信息技术、商贸旅游类专业协调发展的专业布局。

（6）培养目标定位：培养具备良好的职业道德，有一定的职业技能、可持续学习能力和应用能力，会做人、会做事、会学习，能胜任一个岗位、适应一群岗位，面向环保行业和湖南资源节约型、环境友好型社会和生态文明建设的一线高素质技能型专门人才。

（7）坚持教学工作中心地位和教师在办学中的主体地位，坚持通过教代会确保教师参与学院发展建设的重大决策，确保分配制度向教师一线倾斜；深入开展高职教育理念的学习和研讨，深化教学改革与创新，全面提高教学质量，在全院教职工中普遍树立现代高职教育的人才观、质量观、教育观。

三、人才培养目标

1. 准确定位人才培养目标

培养具备良好的职业道德和环境责任意识，有较强的实践能力、创新能力、就业能力和创业能力，会做人、会做事、会学习，能胜任一个岗位、适应一群岗位，面向环保行业和湖南资源节约型、环境友好型社会和生态文明建设的一线高素质技能型专门人才。

2. 人才培养规格与用人单位的要求相符合

各专业从职业岗位分析入手，在充分调查研究的基础上，形成人才培养规格要求和知识、技能、素养结构。使学生具备必需的政治素质、文化素质、职业素养、专业知识和专业技能，使学生毕业时能通过计算机和英语的等级考核，获得本专业相应的职业资格证书或职业技能等级证书，实现“双证融通”，成为具备一定管理协调能力、较强职业迁移能力、可持续发展能力的实践能力强、能迅速适应岗位需求的高素质技能型人才。

学院人才培养的具体规格主要体现为：

（1）思想政治素质：热爱祖国，拥护社会主义制度，拥护党的政策方针，具有良好的思想品德，具备“物我同舟，天人共泰”的环保精神。

（2）职业道德修养：具有环保责任感，诚信守法，乐业敬业，具备良好的团队协作能力和交流沟通能力。

（3）职业技能：熟练掌握本专业的基础知识和基本技能，获得专业相关的职业资格证书，能灵活应用 1～2 项核心技能，实践操作和应用能力强。能够独立开展工作，利用科学方法分析和解决在生产一线可能遇到的问题。

（4）发展能力：具备较强的学习能力和终身学习理念，具备创业精神和创造能力，有较强的适应能力，能够应对因技术的更新和工作岗位技术含量增加而面临的新挑战。

（5）交流能力：具有准确的中文表达能力，具有一定的外语交流能力；能读懂专业资料，能够与客户和专业人员顺利进行技术交流。

3. 教学内容与培养目标、培养规格高度一致

在“四四四六”办学模式的指导下，学院紧跟人才市场需求，以职业岗位能力和职业素养培养为主线，以人才培养目标和培养规格为依据，构建工作过程导向等多样化的课程体系，强化教学内容与工作实践的有机结合和统一，使教学内容与培养目标、培养规格高度一致。

四、人才培养模式

学院坚持校企合作的“技术服务社会、实践融入教学”办学特色，坚持工学结合的“技术服务融入教学，产学研结合培育人才”人才培养特色，坚持走产学研结合的办学道路，内涵建设不断加强，形成了“四四四六”的办学模式（见图 5-1）：以环境监测、环境工程、环境生态、生物技术应用四大实训基地为实践教学平台，以技术研究、技术推广、技术培训、技术服务四大功能为课程建设平台，以专业建设、课程建设、科研、技术服务四大团队建设为师资队伍建设平台，以学院与行业主管、环保科研学院、环境监测站、环保企业、生产企业、相关高职学院和中职学校六个方面长期稳定的合作关系为产学研结合平台，构建以学院为龙头的环境保护产学研一体化职业教育集团，形成学校、企业、行业三位一体，课堂、基地、现场相互对接，实训基地共建，资源优势共享，人才优势互补，全方位、全过程共同育人的人才培养格局。

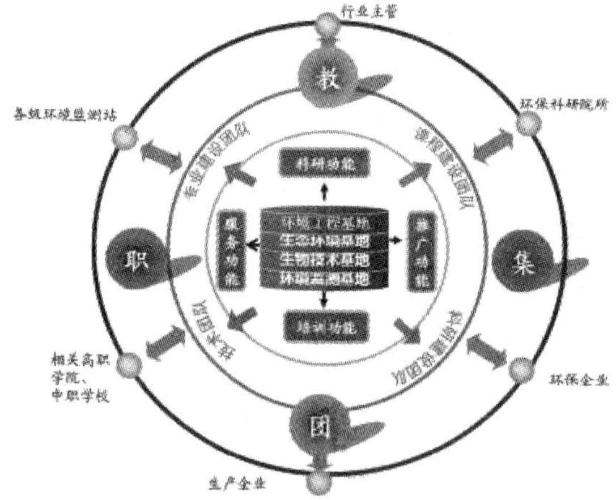

图 5-1　依托职教集团的“四四四六”办学模式

1. 校企合作人才培养模式

学院所有专业都实现了校企合作，如环境监测与评价专业、环境监测与治理技术专业分别与湖南省环境监测中心站和湖南省环境科学研究院联合共建，利用共建单位的优势资源，实现了仪器设备、人力资源、科研成果的共享，对方专家作为专业建设指导委员会的成员，全程参与人才培养方案的制定、专业建设及教育教学改革。通过专业共建，实现了教学过程现场化，教学内容随时吸纳最新的技术、规范、标准、方法，形成了“专业+实训室+现场”“专业+

设施+岗位”的人才培养模式，为培养学生毕业后就能立即适应一线工作的能力提供了有力保证。学院在长沙市环境监测站、长沙市第一污水处理厂、长沙力合科技发展有限公司、武汉天虹智能仪表有限公司等省内外109家企事业单位建立了实习实训基地。EPS中国公司等五家省内外企业在学院设立了奖学金。

2. 产学研结合人才培养模式

学院借助行业优势，把技术、咨询服务项目和科研项目融入教学内容，先后与中国环境科学研究院、华南环境科学研究所、南京环境科学研究所签订了合作框架协议，在教师培训、科研合作、技术推广、学生培养与实习实训等方面进行多方位的合作，形成了“专业+项目+服务”的人才培养模式。近三年，学院承担各类技术服务项目323项、科研课题143项，以这些项目为平台，90%的环境类专业学生以顶岗实习的方式参与了全国土壤污染状况调查、全国饮用水源地基础环境调查与评估、各类污染源产排污系数测算、污染源排放数据统计、全国污染源普查等环境保护基础性调查与技术监督工作，增强了学生的实际工作能力。

3. “订单式”人才培养模式

学院积极探索“订单式”培养模式，与环保类企业在专业建设、教学过程、毕业生就业等方面开展了广泛的合作。环境监测与评价专业同武汉宇虹环保产业发展有限公司、环境艺术设计专业与湖南宏通装饰艺术工程公司签订协议，分别开办了“宇虹班”“宏通班”，培养企业所需的紧缺人才。食品营养与检测专业同徐福记食品有限公司、酒店管理专业与湖南金怡酒店咨询管理有限责任公司等多家企业分别开展联合办学，采用“2+1”学习方式。学生在校学习两年后，全部进入公司顶岗实习，公司安排专业技术人员指导学生深入学习专业课程、进行专业实践，并提供住宿、生活费和奖金，毕业后大部分学生可在公司就业。目前，全院订单培养人数已达到在校生的30%，共计2 200多人。

五、专业建设

学院专业建设始终遵循“服务社会设专业、依托行业建专业、产学研合作强专业”的方针，专业特色鲜明。

（一）专业建设指导思想

学院以科学发展观为指导，坚持“以服务为宗旨，以就业为导向，工学结合，对接产业”的办学方针；坚持工学结合的“技术服务融入教学，产学研结合培育人才”的人才培养特色；以服务环保行业和地方经济需求为目标，主动适应行业和产业的发展需要，动态设置和调整专业。追踪国内外职业教育发展动态，遵循高职教育规律，适应现代高职教育的发展趋势，体现先进的教育理念。深化教育教学改革，继续探索多种形式的工学结合人才培养模式，坚持产学教研相结合的人才培养途径。学院制定并实施符合工学结合人才培养模式的人才培养方案，强调对学生的职业道德、职业技能和综合素质的培养，形成专业特色和人才质量特色，创造人才培养的良好环境。

（二）专业建设目标

1. 设置体现高职教育本质特征的专业建设指导机构，提高专业建设指导委员会的参与度和权威性；构建适应环保行业、地方产业结构调整和人才市场需求的、灵活有效的专业调整机制；以学院重点建设专业大类为核心，调整优化专业结构，到2011年，三年制高职专业发展至32个，增设专业方向5个，构建与环境保护、经济社会发展相适应，覆盖环保行业所有岗位的特色专业群。

2. 建设一支学术造诣高、实践能力强、科研成果丰硕，以省级专业带头人和教授为主体，能够满足专业建设和发展需要，得到省内同行高度认同的高水平专业带头人队伍；构建专业带头人的激励与评价机制，营造有利于专业带头人成长的良好环境。

3. 建设引领全国环保高职教育发展方向、与环境保护和经济社会发展相适应、覆盖环保行业所有岗位的特色专业群。省级教改或省级精品专业达3~4个，院级精品专业12个，每个省级教改和省级精品专业在校学生达600人。

4. 创新基于工作过程的课程体系和以任务、项目为导向的模块化课程体系；构建教、学、做合一，理实一体的教学模式；建成2门国家级、4门省级、20门院级精品课程，使学院课程建设水平位于全国高职院校环境类专业课程建设的前列；开发校本教材100本。

5. 形成具有职业教育内在特征、体现专业课程特点的多种教学方法和教学手段；对接岗位，以真实的任务设计为载体，教、学、做合一，构建具有开放性、综合性、生产性的实训教学模式。

6. 构建“顶岗实习与毕业实习合一”的新模式；形成实践教学课时比例适当，毕业作品能准确体现学生职业能力、职业素养，考核标准与职业标准相结合、考核环节与生产环节相结合、考核措施与工作过程相结合的专业实践教学体系。

7. 每个专业都有能满足实践教学需要的技能训练实验实训室；每个专业

都有2个以上的综合实训项目；每个专业都有3~5个相对稳定的能满足工学结合实践教学需求的校外实习就业一体化基地。

（三）专业建设模式

创新基于工作领域的专业特征与对应项目有机结合的人才培养模式，完善6个重点建设专业“专业+项目+服务”“专业+实训室+服务”“专业+检验室+企业”“专业+岗位+现场”“专业+仿真/案例+现场”“专业+车间+检验室”等多种形式的工学结合人才培养模式建设；在深化校企合作过程中不断拓展产学研合作空间，强化产学研结合的人才培养功能、技术服务功能、技术培训功能和技术推广功能；“订单式”培养学生比例达到在校生的40%。

（四）立足行业，紧跟市场，专业设置科学合理

学院始终坚持立足行业，紧跟市场，科学设置和灵活调整专业，形成了与经济社会发展相适应的专业结构体系。学院现有高职专业30个，涵盖环保、气象与安全，生化与药品，电子信息等专业大类，确立了环保、气象与安全和生化与药品两个重点建设专业大类。

（五）发挥专业建设指导委员会的指导作用，切实保证专业设置的科学性和合理性

学院高度重视专业建设，颁布了《关于成立专业建设委员会的指导性意见》。2005年，学院成立了由教师和行业、企业现场专家组成的环境监测技术与管理类、环境工程技术类、生态环境与规划类、商贸旅游类、计算机应用技术类5个专业建设指导委员会。2007年，学院依据专业大类分布情况和学院专业建设发展的实际需求，在调整原有建设指导委员会的基础上，新增了安全类、生化与食品类、设计类3个专业建设指导委员会。专业建设指导委员会作为专业建设咨询和指导机构，根据专业建设需要定期召开研讨会议，参与人才培养方案制定、实验实训建设、教材建设、教师培养、教学改革等方面工作。

（六）专业设置对接市场需求，学生就业前景广阔

学院以市场需求调查作为专业设置分析的必要前提。各系部、教研室根据学院的专业发展规划确定专业设置意向，设计专业人才需求调查问卷，组织人员深入相关行业、企业以及历年的毕业生用人单位开展广泛的人才需求调研，走访其他院校同类专业调查招生人数、就业情况和学历培养层次。通过网络查询、电话咨询了解人才需求总量、就业信息，由负责就业工作的系总支书记参加大型人才招聘会了解人才需求状况，组织用人单位论证课程设置方案和学生知识能力培养方案。通过充分的前期调研，收集大量准确、真实、可靠的信息与数据，为学院专业设置与人才培养方案制定提供科学的依据，明确专业就业

岗位（群），确定学生所需核心知识、技能，确保专业设置以市场为依据，与人才需求变化相适应。

学院各专业毕业生就业岗位明确。如环境监测与评价专业的毕业生就业岗位主要为各级环境监测机构的大气环境监测、水和废水环境监测、土壤与固废监测、噪声监测、室内检测、环境评价、城市污水处理与自来水厂的水质分析、环保企业的相关监测分析、其他行业分析测试以及环境监测仪器维护等岗位，学院每年向社会输送近300名优秀毕业生。环境监测与治理专业主要面向环境治理公司的废水、废气、固废污染处理设施的运营与维护。目前全国大部分县市级环境监测站站长都是学院毕业生，学院毕业生成为我国环境保护行业和大中型企业环境保护管理与监测的骨干力量。

（七）建立了面向市场的专业调整机制，发挥就业在专业设置中的引导作用

学院建立了以“行业、区域经济需求”为导向的专业调整机制，根据环保行业、地方经济和社会发展需求优化专业，根据人才市场需求调整专业，根据技术领域的变化调整专业，根据学院特点创建特色优势专业，调整专业设置，优化专业结构。

学院主动对接生态文明和两型社会发展战略，确定了专业发展战略。重点建设环保、气象与安全类专业，积极发展生化与药品类专业，适度改造市场需求前景好的其他专业大类，使其融入环境保护理念，体现鲜明的环保特色。

学院采取“走出去”“请进来”、毕业生就业情况跟踪调查等多种形式进行市场调研，在对人才市场进行分析和预测的基础上，结合学生就业情况，主动适应经济和社会发展的需要，开设社会急需的新专业，调整专业方向，停办就业率低的专业。近年来，适时增设了城市水净化技术、环境艺术设计、资源环境与城市管理、食品营养与检测、核辐射监测与防护等就业指向明确的专业，适时扩大了环保类、安全类、生化食品类等专业的招生规模；停办了法律事务等人才相对饱和、职业岗位群和就业指向日趋模糊的专业。2007年，根据环保行业的发展需求，学院又增设了地理信息技术、环境影响评价、生态环境保护3个专业方向。学院已形成了与环境保护战略相适应的、以环境保护类专业为主，涉及商贸、建筑、信息、管理、文化、农林等多个行业，覆盖环境保护行业主要职业岗位群的、特色鲜明的专业体系。

（八）内培外引，创造条件，打造专业带头人队伍

1. 充分发挥专业带头人的领头作用，专业带头人满足专业教学需求

为培养造就一批在教学、科研工作中起骨干、核心作用的专业带头人，加

快专业建设步伐，全面提高教师队伍的整体素质，学院相继制定了《师资队伍“十一五”建设规划》《专业带头人建设规划》《科研骨干队伍建设“十一五”规划》《专业带头人、课程骨干教师管理办法》《引进人才暂行规定》等规划和制度，采取培养、培训、引进等多途径、多方式的专业带头人培养措施，选拔和培养了41名具有高级职称的专业带头人，形成了省、院两级专业带头人建设梯队。在专业建设与发展上，各专业带头人是学院教学科研的领头人，在专业建设中主持本专业的整体建设规划，负责组织专业教学计划、教学大纲、实验实训大纲的制定与修订，负责组织教材编写、实验实训基地建设、制定教改方案，指导本专业青年教师的教学与科研，对专业建设和发展始终起着带头和把关作用。专业带头人以其较高的学术水平和专业技能，获得了省内外同行的认可，其中12人为湖南省环境工程建设项目招投标评审专家，2人为国家环境保护类规划教材评审委员会委员，2人为教育部高职高专教学指导委员会委员，6人为湖南省环境影响评价技术评估专家库专家，6人为湖南省环境应急专家库专家。

2. 在专业带头人队伍建设中，对重点建设专业重点扶持、优先保证

学院现设30个专业，经选拔和评审确定了41名专业带头人，保证了各专业均有1名以上与专业对口的具有高级专业技术职务的院级专业带头人。学院给每位专业带头人配套了4万元的专项经费，用于技术研发、技能提高、进修和培训。

学院现有环境监测与评价、环境监测与治理技术（原环境工程技术）两个省级教学改革试点专业和环境监测与评价、资源环境与城市管理两个省级精品专业建设项目。3个专业均有3名与专业对口的具有高级专业技术职称的院级专业带头人，且其中1名为省级专业带头人，1名为正高专业技术职务教师。

3. 重点建设专业大类主体专业的专业带头人学术造诣高、实践能力强

环保、气象与安全类和生化与药品类两个重点建设专业大类主体专业的专业带头人均具备教授或研究员级高级工程师专业技术职称，不但学术造诣高，实践能力强，而且应用技术开发、教研、科研成果丰富，获得了省内外同行的广泛认可。

环保、气象与安全类主体专业（环境监测与治理技术、环境监测与评价、资源环境与城市管理、工业环保与安全、城市水净化等专业）由郭正教授、姚运先教授、李倦生教授、孙蕾教授、周凤霞教授、程运林研究员、刘文英教授、谌永红副教授等组成专业带头人团队，该专业团队成员全部来自环保科研一线。省级专业带头人郭正教授担任教育部高职高专环境保护与安全气象类专业指导委员会委员，并获得中国首届环境科学学会青年科技奖、湖南省职业教育优秀

"双师型"教师荣誉称号；程运林研究员主持美国能源基金会资助项目《减少排放、控制污染、改善交通——长沙市机动车尾气污染源控制对策及实验方案》等重大课题；刘文英教授参与国家高新技术研究发展计划（863 计划）《滇池城郊面源污水综合控制技术与工程示范》等研究；省级专业带头人姚运先教授作为访问学者留学日本，为湖南省环境应急专家库专家、湖南省环境影响评价技术评估专家库专家；李倦生教授为中南大学和湘潭大学硕士生导师、兼职教授，国家核心期刊《环境科学研究》编委，湖南省环境应急专家库专家，湖南省环境影响评价技术评估专家库专家；孙蕾教授为湘潭大学硕士生导师、中国环境规划院特聘专家、中国环境科学学会水环境分会常务理事、湖南省环境影响评价技术评估专家库专家，获得中国首届环境科学学会青年科技奖。

（九）以重点专业为依托，构建相关专业为支撑的专业群，凸显专业特色

1. 形成了与学院核心能力和服务面向相符合的重点建设专业大类

学院立足环保行业，服务环保教育事业和地方经济建设，经过多年的建设，环保类专业在师资力量、教学条件、教学经验、科研水平、人才培养方面具备了独特的专业优势，在国内环保行业也拥有了相当高的知名度，形成了"环保、气象与安全"和"生化与药品"两个与学院核心能力和服务面向相符合的重点建设专业大类。两个重点建设专业大类的专业在校学生 3 745 人，占全院学生总数的 51.4%。学院专业设置紧密对接行业、产业需求，目前环保类专业基本覆盖了该行业各个岗位。如省级精品专业同时又是省级教改专业的环境监测与评价专业，2008 年招生人数 350 多人，占该专业全国招生人数的 25%，而且学院该专业的课程内容设置与其他院校相比更加全面，与各级监测站岗位和职业要求更加贴近。有些专业是其他本科院校和高职院校还没有或很少开设的，如环境地理信息技术、环境信息统计、核辐射监测与防护技术、自动在线监测技术、环境监测仪器设备维护维修、废物资源化处理处置技术、工业环保与安全技术、环境影响评价等专业。

2. 专业教学改革和精品专业建设成效明显

学院高度重视专业教学改革，积极推行专业教学改革试点工作，形成了以重点建设专业为龙头的专业群建设格局。2003 年，环境监测与治理技术专业（原环境工程技术专业）、环境监测与评价专业被列为院级重点专业进行建设，2005 年，两专业同时被批准为湖南省高职教育教学改革试点专业，2006 年，两专业分别与湖南省环境科学研究院和湖南省环境监测中心站联合共建，在人才交流、实验室共享、教材开发、课程建设、教学改革等方面进行了全方位的合作。2007 年，环境监测与评价专业被遴选为省级精品专业重点建设项目；

2008 年，资源环境与城市管理专业被遴选为省级精品专业重点建设项目。环境监测与治理技术专业、环境监测与评价专业在进行全面的人才需求和职业岗位规范调研后，初步构建了工作过程导向的课程体系，并已开始试点。环境影响评价专业在 2007 年就开始在部分班级引进注册环评工程师培训教材，并同步构建了“双证融通”的模块化课程体系，在 2008 年又进行工作过程导向的课程体系构建培训，并在 2009 年上学期开始在 2 个班试点。

3. 省级教改试点专业和精品建设专业办学效应好

环境监测与治理技术、环境监测与评价两个省级教学改革试点专业的在校生人数分别为 1 113 人和 702 人，资源环境与城市管理专业在校生人数为 749 人。学院以品牌专业为支柱，辐射带动相关专业建设，2007 年，资源环境与城市管理专业增设环境影响评价、环境地理信息技术和生态环境保护三个专业方向，2008 年，在环境监测与评价专业办学基础上，成功申报了核辐射监测与防护技术专业，形成了资源共享、优势明显、引领行业的重点专业群建设特色。每个专业都有相应的技术服务实体，充分体现了“技术服务融入教学，产学研结合培育人才”的人才培养特色。如精品专业环境监测与评价专业对应的分析测试中心，年承接业务量 200 多万，在此过程中，该专业学生以顶岗实习、课外科技服务小组活动、课程实习等形式参与环保一线工作，通过技术服务实成了项目教学、生产性实训等教学过程，取得较好效果。环境监测与治理技术专业利用污水处理平台进行生产性实训，系统运营完全由学生分组承担，每个岗位由 2 名学生值班，每个班组 10 人，体现了“专业+设施+岗位”的人才培训模式构建的内涵。该专业将顶岗实训作为课程设计环节，学生带着设计任务到企业顶岗实习，学生的职业技能有了全面提高。2007 年，有 120 多名学生在实习期间即与公司签了就业协议，占该专业应届毕业生人数的 21%。如 2007 届毕业生李红梅、王前等 20 余名学生与长沙市、怀化市污水处理厂签订了就业协议，王前现已是怀化污水处理厂厂长。

（十）以职业岗位和职业能力为本位，开发和重构课程体系

学院根据高职教育人才培养目标的要求，相继出台《关于教学基本要求的指导性意见》《关于专业教学计划制定的指导意见》，不断加强专业课程体系建设与改革力度。专业课程紧扣职业能力目标，坚持以职业岗位和职业能力为本位，开发和重构课程体系，形成了稳定灵活的专业课程设置调控机制。

1. 以职业岗位和职业能力要求为本位构建专业课程体系

各专业人才培养方案的制定坚持以能力为本位，以岗位分析为手段，紧扣人才培养目标和规格，将课程与培养目标及人才规格有机结合，根据职业岗位

要求，确定所需要的职业能力，由此分解出相应的能力要素，再确定专业课程及课程内容，形成以就业为导向，以能力为本位，突出技能与岗位要求的专业课程体系。如环境监测与评价专业按“基本能力、核心能力、综合能力和职业素质能力”四大能力和“环境监测、环境评价、监测仪器维护、环境管理与监察”四个职业岗位主要作业流程构建了以职业岗位和职业能力为本位的专业课程体系，该专业学生所应具备的能力有：基本素质、英语及计算机能力、分析与检验能力、环境监测综合能力、环境评价能力、专业拓展能力。在职业能力分析的基础上，确定教学内容和方法，经专业教学指导委员会论证后确定专业人才培养方案。职业能力分析与课程设置的关系见表 5-1。

表 5-1　职业能力与课程设置关系（以环境监测与评价专业为例）

职业能力	能力要素	课程设置
基本素质	具有科学的理想信念和人生价值观 具有良好的职业道德和文明礼仪 爱岗敬业、踏实肯干 具有良好的身体素质和心理素质 具有中文应用文写作能力 具有良好的知识更新能力	入学教育及军训、思想道德修养与法律基础、毛泽东思想与邓小平理论及“三个代表”重要思想、大学体育、应用文写作、心理健康教育、就业指导、毕业教育
英语及计算机能力	能阅读理解本专业一般性英语技术资料 熟悉计算机基本结构，掌握 windows 系统一般操作，能应用办公软件进行文、表处理，能进行数据库管理和简单的程序设计	大学英语、计算机应用（理论）、计算机应用（实践）
分析与检验能力	能对固废、土壤等环境样品进行预处理 具有化学分析应用能力 具有仪器分析应用能力	普通化学、普通化学实践、环境统计及分析质量控制技术、化学分析测试技术、化学分析综合实训、环境化学、仪器分析测试技术、仪器分析综合实训、样品预处理技术

表5-1(续)

职业能力	能力要素	课程设置
环境监测综合能力	能完成环境质量监测、验收监测、应急监测、室内监测、污染源监测等典型监测项目 具有分析的能力、处理数据的能力和准确表述结果的能力 能独立完成环境监测报告书的编写	环境保护概论、环境生态学、环境微生物、环境微生物实践、物理监测技术、环境质量监测技术、污染源监测技术、验收监测技术、生物监测技术、室内监测技术、环境监测综合实训、固体废物与土壤监测技术、应急监测技术、毕业实习（设计）
环境评价能力	具有开展环境评价的能力 能独立编写环境评价项目报告书	环境法规、环境影响评价、环境影响评价实践、环境影响评价实训、毕业实习（设计）
专业拓展能力	熟悉环境治理技术的应用	电工电子基础、电工电子基础实践、环境工程基础、环境工程基础实践

为构建符合高职教育内在特征的课程体系，学院组织36名骨干教师参加了湖南铁道职院举办的“基于工作过程导向的课程体系改革培训班”。老师们积极开展专业岗位调研，通过参与技术服务了解岗位需求，将学生的职业素养与课程学习紧密结合，已于2009年上学期在相关专业开始了教改实践。让学生进入工作实践过程，提高了学生学习的积极性，激发了学生的学习兴趣。学生清楚地知道所学知识有什么用、怎么学、怎么学得更好，学生的动手能力以及团队协作能力明显提高，职业能力得到发展。

基于工作过程导向课程体系强调以学生将来的工作岗位为核心，以工作内容为主线培养学生的专业技术能力、方法应用能力及社会适应能力。基于这个思想，各专业针对学生将来工作企业及岗位进行大量调研，了解企业所需人才类型及典型岗位群；通过进行典型岗位典型工作任务分析，划分行动领域；根据行动领域划分相对应的学习领域，设立专业课程体系方案及教学设备、实训基地等；基于工作过程导向课程体系开发流程示意见图5-2。针对具体的学习领域设立多个学习情境，通过情境教学培养社会、企业所需人才。

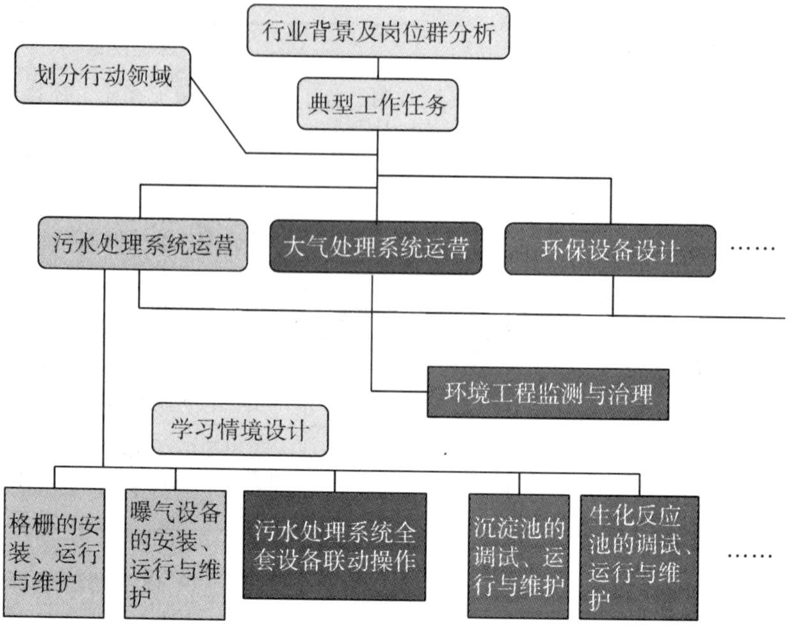

图 5-2 基于工作过程导向课程体系开发流程示意（以环境监测与治理专业为例）

2. 结合专业特色，构建模块化和基于工作过程的课程体系

学院与行业、企业合作共同开发专业课程，行业企业专家和学院教师共同组成课程建设团队。各专业针对职业岗位技能要求，组织行业专家及学院教师认真研究岗位工作过程，以工作过程为导向将职业岗位分解成一个个的工作任务（项目），一个项目或几个项目就构成一个模块，确定每个模块的职业能力，并依此顺序开设课程，实施模块化教学。如资源环境与城市管理专业的模块化课程结构见图 5-3。

3. 以职业资格标准为依据制定课程标准，突出学生职业能力的培养

专业课程的能力培养模式以职业能力标准和职业资格证书制度为依据，以岗位技能要求确定具体实施内容，注重学生技术应用能力培养。课程架构始终与行业、企业、职业资格标准相衔接，推行“双证书”教育。各专业课程按照职业活动过程，参照职业资格标准的技术规范，制定具体要求和标准，设置体现能力培养的课程内容。如环境监测与治理技术专业（原环境工程技术专业）将废水处理工高级职业资格标准与课程内容相衔接；环境监测与评价专业将环境监测工高级职业资格标准与课程内容相衔接；食品营养与检测专业将食品检验工高级职业资格标准有关应知、应会内容融入食品分析与检验、食品

微生物检验课程中。职业资格标准与课程标准的有机融合，培养了学生的职业能力，提高了学生“双证书”考试的通过率。

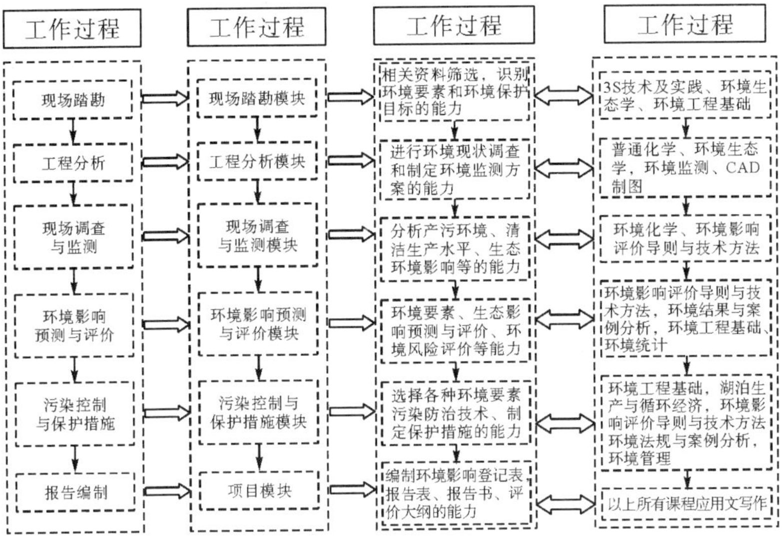

图 5-3　模块化课程结构（以资源环境与城市管理专业为例）

学院建立了国家职业技能鉴定所，开展废水处理工、环境监测工等 30 多项职业技能鉴定，现有专业 100%实现了“双证书”教育。

4. 以专业建设和课程改革为目标，狠抓教材建设

学院制定了《教材建设与管理办法》，狠抓教材建设，学院教材建设始终围绕专业建设与改革进行。近 3 年，共编写校本教材 243 本，出版 148 本，其中国家高职高专规划教材 110 本，出版教材发行量都在 5 000 册以上，学院主编的环保类教材被全国职业院校同类专业采用。2008 年，与科学出版社合作编制以工作过程导向、模块化教学、案例教学为基础，体现高职教育特征的专业教材。

（十一）教、学、做合一，创新教学方法

学院高度重视教学方法与教学手段改革，将教学方法与教学手段改革作为提高教学质量的切入点。学院成立了教育教学研究委员会和教育教学研究推进办公室，以推动、引导教学改革，制定教改计划、方案，并监督实施。

各专业根据各自课程特点，积极探讨现场教学法、模拟教学法、案例分析法、项目教学法、目标教学法、讲练结合法、情景教学法等多种教学方法，努力采用双向互动式教学方法，形成了适合各专业的以现场教学、项目教学为主要模式，教、学、做合一，多种专业教学模式并存的教学方法体系，并在教学

过程中予以贯彻。

1. 坚持教、学、做合一的原则

学院高职教育教学实践中，始终贯彻和坚持教、学、做合一的原则，学院先后制定了《实践教学管理规定》《教学环节目标量化考核管理办法》等指导性文件，为实现教、学、做合一提供了制度保障；建立了环境工程、环境监测、生态环境、生物技术四大实训基地和废水处理工、环境监测工、食品检验工三个省级职业技能培训基地，100 个校内实验实训室，109 个校外实习实训基地，为实现教、学、做合一提供了条件保障；形成了一支结构合理、执教能力强、“双师”素质高的教师队伍，为实现教、学、做合一提供了师资保障；积极探索项目引导、任务驱动、行动导向、情景模拟等多样化教学方法和手段，为实现教、学、做合一提供了方法保障。如大气监测、城市污水处理系统运营、环境影响评价等课程均实现了构建以学院为龙头的环境保护产学研一体化职业教育集团教、学、做合一。

2. 不断创新教学方法

学院建立和创新“工学结合、任务驱动、项目导向、顶岗实习”等为主要形式的教学模式，积极推行现场教学法、项目教学法、案例教学法、讨论教学法等符合高职教育规律的特色教学方法。

学院不断探索适应高职教育的教学方法和手段，在教学实践中积极尝试现场教学、项目教学等现代教学方法。如室内监测课程以教学楼、办公室、师生宿舍等室内环境为现场，教学中把仪器带到现场，监测现场就是课堂。教师将理论教学融入学生的实践操作中，每个工作任务完成后，根据学生各个过程操作熟练程度和理论应用情况，针对过程中的疑点和难点，结合理论现场进行分析，指出问题出现的原因，使学生掌握解决工作中常见问题的方法，并且对相关知识点的运用做到融会贯通、举一反三。教师以学院承担的生产实践项目为平台，实施项目教学，让学生在实战中成长。学生在教师和行业企业一线技术人员的指导下，通过项目全过程的学习和锻炼，接受职业岗位关键程序的培训，边学习边实践。做到以项目促教学、以生产促教学，突出职业教育人才培养的应用性、技能性，使课程建设服务社会、服务企业、服务职业岗位。近年来，各专业组织了大小 50 余个项目教学实例：2005 年，环境监测与评价专业的学生承担中国环科院东莞市环境污染控制规划课题的污染源监测调查工作，对东莞运河城区段水质、底泥和石马河寒溪河支流段水质、底泥采样 694 组，获得现场数据 12 000 多个，对 350 多家重点污染企业进行了现场调查和监测，对 28 万家企业按行业进行了资料普查；2004—2006 年参与国家“863 计划”

子课题项目——滇池面源污染社会调查；环境监测与评价专业、环境规划与管理专业120余名学生参加第一次全国污染源普查——生活污染源产排污系数测定长沙地区实测工作，历时半年，完成对百余家单位的污染源调查任务，采集废水样品近万个；资源环境与城市管理、环境监测与评价等多个专业的280余名学生参加了学院承担的深圳市、长沙市、长沙县和望城区等的污染源普查和技术报告的编制任务。安全心理学及事故分析课程通过采用丰富的案例开展案例教学和讨论教学，提高了学生分析和解决问题的能力。

3. 以真实任务来设计专业综合实训项目，提高学生的专业实践技能

在专业综合实训过程中，力求以真实任务来设计实训项目，通过案例或真实的任务强化项目教学，每门专业核心课程都设有1~2个综合实训周项目。如资源环境与城市管理专业的环境影响评价课，利用学院承接的“长沙市‘城市花都’房地产项目环境影响评价”的真实任务对学生进行专业综合实训，学生全过程参与该项目的产业政策符合性分析、现场踏勘、大纲编制、大纲论证与审批、工程分析及现场监测、数据分析与处理、报告编制等环节，并通过小组汇报、专家点评以及模拟环评上岗证考试等形式，使学生基本具备独立承担环境影响评价项目的职业能力和职业素养。由学生承担的“长沙市‘城市花都’房地产项目环境影响评价”项目顺利通过了专家评审，并得到了专家的充分肯定。参加该项目评审工作的环境影响评价资深专家、湖南环境科学研究院院长刘益贵研究员说：“由学生直接参与真实项目的做法，值得推广。”项目组组长周子炎同学感慨地说：“通过真实项目的学习，我对环评工作产生了浓厚兴趣，进一步明确了所学专业的发展方向，对未来求职谋业更有信心。”

项目教学既培养了学生分析和解决实际问题的能力，又使能力培养与技术服务有机地结合起来，培养的学生也得到了社会和用人单位的认可，如参与“东莞市城市污染源调查项目”的学生中有2人被中国环科院录用，10人被深圳环境监测站录用，4人被湖南省环境监测中心站录用。

4. 充分利用现代化教育技术和手段，增强教学效果

学院加大现代化教学的投入力度，建成了1栋现代化的多媒体教学大楼；积极推广现代化教学手段，建立了覆盖整个校区的校园网络，实施网络化教学；投入20多万开发了精品课程网络开发平台，所有精品课程全部上网，实现专业资源共享，在网上布置作业、思考题及实践项目，并建立专门的教学资源库，让学生能进行网上资料搜集、在线学习、研讨，部分课程进行网上答疑；鼓励教师使用多媒体教学，建有教师专用的电子阅览室，将多媒体教学纳

入教师业务考核范畴，采取多途径对教师进行多媒体课件制作培训，提高教师运用多媒体教学的能力。目前，所有专业核心课程均采用多媒体辅助教学手段，环境工程基础、环境工程微生物、环境监测等精品课程全部实现电子教案和课件上网。

学院对部分实训室进行改造，在实训室构建多媒体教学平台，启动计算机模拟现场操作，进行实验过程课件的开发，设计不同条件下的实训场景。

（十二）以技能培养为目标，加强实践教学

学院紧扣高素质技能型人才培养目标要求，坚持以技能培养为目标，加强实践教学，突出实践教学在人才培养过程中的主体地位，构建了与理论教学相辅相成又相对独立的实践教学体系。在实践教学环节上，突出职业性、技术性，实训项目、内容与职业技能鉴定融为一体，使学生掌握从事本专业领域实际工作的基本能力和基本技能。在实训、课程设计、实习等环节，毕业实习动员、实习带队老师配置、实习指导安排、毕业实习总结、毕业论文指导及答辩各个方面，都建立了相应的管理制度。

1. 以技能培养为目标，构建分层一体化的实践教学体系

各个专业根据岗位能力分析，确定技能培养目标，结合职业能力标准确定教学内容，构建以课程实验与实训、课程设计与综合实训、职业技能培训与职业资格鉴定、顶岗实习与毕业设计为一体的实践教学环节，按基本技能训练、专业技能训练和岗位综合应用技能训练三个层次，进行合理配置，由浅入深、循序渐进安排实践教学的内容。通过这种配置，实践教学的目标和任务都具体落实到各个实践教学环节中，每个层次都体现了技术应用能力培养目标，共同构成了一体化的实践教学体系。学院现有专业实践教学的授课时数达到规定要求，工科专业实践教学课时占专业课总课时的 50% 以上，文科占 35% 以上，各专业的顶岗实习时间不少于半年，实验实训课开出率达到 100%。

2. 实训、毕业实习实践教学方案完善，形成了以学生作品为主的毕业实践教学制度

每一个实践教学环节都制定了完善的教学方案。实践教学环节以实训和综合训练为主。实训方案主要包括实践教学计划、实践教学课程大纲、实训项目教学文件等。

各专业都编制了毕业实习任务书、制定了完善的毕业实践教学方案。学院为各专业学生都安排了半年以上时间进行对口顶岗实习，于第五学期确定各专业顶岗实习内容、实习地点，选派好实习指导老师，制定毕业实习任务书。实习前下达毕业实习任务，公布毕业实习工作要求、评分标准等有关规定，做好

指导教师和实习学生的思想工作，加强实习期间和往返路途的安全教育，确保学生人身安全。

每个学生的毕业实习都有一名具有中级以上职称的现场专家参与指导，学生在带队老师和现场专家的共同指导下，完成毕业实习任务。毕业实践教学成果以学生上交作品为主，以实习报告、毕业设计、论文为辅，作品主要有分析报告、检验报告、品控报告、治理工程设计等，保证了学生毕业教学环节的质量。

3. 顶岗实习专业对口、管理规范，保证了顶岗实习的针对性与有效性

学院制定了《学生顶岗实习管理办法》，科学设计了各专业顶岗实习方案。顶岗实习专业对口率在90%以上。学生毕业实习期间，实习任务书中明确规定了每个环节、每个时间段的实习任务和目标，并由带队老师和指导老师负责落实、管理与检查督导。学生完成实习后，必须提交实习鉴定、实习日志、实习总结和实习作品，由各专业教师按照大纲及管理规定的要求给予实习成绩，并存入学籍档案。

学生通过参与国家环境保护各项基础性调查、前沿科研、科技工程等，及时了解环境保护的新形势、新政策、新技术、新内容，增强了学习的自觉性，调动了学习的积极性、主动性、创造性，综合能力得到提高。2008 年，学院环境工程系、环境监测系、环境科学系 200 余名应届毕业生以顶岗实习的方式承担了深圳市龙岗区、长沙市芙蓉区、长沙县和望城区的全国污染源普查工作，按照全国污染源普查方案、技术大纲，在专业指导老师和环保一线专家的指导下，通过入户调查、数据采集、数据录入、数据分析、报告编制等环节，历时 6 个月，高质量完成了污染源普查工作，其中望城区污染源普查工作获得了国家污染源普查办公室的表彰，深圳市龙岗区污染源普查分队荣获广东省污染源普查工作先进集体。环境监测系先后派出 120 多名学生承担全国污染普查——生活污染源排污系数测试和锅炉排污系数的测试、全国饮用水基础环境调查与评估、长沙高新开发区监督性环境监测、“三一重工”建设项目三同时验收监测等。

（十三）以实践技能教学需求为依据，建立实习、实训基地

1. 校内实训基地建设领先国内同类院校

学院实训基地现有 5 栋实验实训楼，具有环保专业特色的校园污水处理系统及生态水塘 40 亩（1 亩≈667 平方米，下同。），有 275 亩的昭山、跳马 2 个生态实训基地。实验实训建筑及实训场地总面积 69 197 平方米，生均 9.5 平方米，共计实验（训）室 100 个，每个专业都建立了实验实训室。现有教学仪器

设备总价值近 3 589.6 万元，生均为 4 928 元。

学院实训基地建设体现教室、实验实训室、生产现场三位一体，实践教学上体现教、学、做合一，教学内容与生产实际紧密结合。设备利用率高，实验实训室配置的仪器设备价值达标率在 80% 以上，设备完好率 90% 以上，重点专业实训项目的达标率和开出率达到 100%，完全能模拟生产一线或就业岗位环境。学院拥有全国高校中唯一的融教学、科研及废水处理于一体的校园污水处理平台；拥有体现环境监测最新技术的大气自动在线监测系统、水质自动在线监测系统；拥有气相色谱仪、液相色谱仪、色质联用分析仪等现代化仪器设备，实训基地建设达到国内同类院校领先水平。

2. 校内实验实训基地形成了真实或仿真的职业环境

学院实训基地建设力求科技示范，引领同行，全力打造一流的实验、实训环境。自行设计建设的校园污水处理平台、大气自动在线监测系统、水质自动在线监测系统完全形成了真实的职业环境，技术水平处于国内领先地位，其中污水处理平台为全国高校唯一；环境监测实训仪器设备达到了国家二级监测站标准；环境监测与治理技术、环境监测与评价专业分别与湖南省环境科学研究院、湖南省环境监测中心站联合共建并共享了他们的国家重点实验室。这种实验实训条件在国内同类高校中是独一无二的。学院实训条件不仅能满足实训教学需要，而且还承担环保部、湖南省环保系统上岗人员培训及对外技术服务，湖南省内其他行业分析测试技术人员培训，对外承接环境验收监测、样品分析测试、工程技术服务、环境评价等技术服务项目，形成了真实的职业环境。近三年对外技术服务一项就为学院创收 1 881 万元。

3. 开发了突出专业技能培养的综合实训项目

为强化学生的技能培养，每个专业根据专业所对应的职业岗位（群）特有的工种要求，同时结合职业技能资格鉴定，开发了 1 个以上综合实训项目，如环境监测与治理技术专业开设了废水处理实践、化学检验实践等项目，环境监测与评价专业开设了环境监测实践、化学分析实践等项目，资源环境与城市管理专业开设了环境影响评价综合实训、环境规划实训等项目，食品营养与检测专业开设了食品分析与检验技术实训、有机食品加工设计实训等项目，工业环保与安全技术专业开设了安全防范设计评估实训、安全技术工程实践等项目。每个综合实训项目都有明确的实训目标、实训内容、组织形式、考核评价方式，既便于教师把握与示范，又便于学生理解与运用，保证了实践教学的针对性，进一步形成了真实或仿真的职业环境，培养能够直接上岗的应用型技术人才。

4. 校外实训基地满足教学需求

学院依托行业和企业等社会资源，切实加强校外实习实训基地建设，经过多年校企合作、工学结合、产学研对接的教学实践活动，现已建立了中国环境科学研究院、中国环境监测总站、深圳市环境监测中心站、浙江省农业科学研究院、成都华西生态集团、长沙市污水处理厂、广州徐福记集团、华雅国际酒店等国内 109 个稳定的综合性校外实习实训基地，实现了每个专业都有与之相适应的相对稳定的校外实习实训基地。学院与校外实训基地在学生实习与就业、应用技术研究、教师进修、人员互聘、职业培训等方面全面合作。校外实训基地完全能满足毕业生顶岗实习、生产实习、技能实习等多方面的实训需求，培养了学生的职业能力和职业素质，实现了毕业生与社会、岗位的“零距离”，提高了学生的就业技能和上岗能力。

六、教师队伍建设

（一）管理机制先进

学院以打造一支人数多、结构合理、充满活力、学历达标、专兼结合、以“双师型”教师为主体的教师队伍为指导思想，建立了符合人力资源开发规律，有利于稳定教学科研骨干队伍并促进优秀拔尖人才脱颖而出的人事管理体制、分配制度和运行机制；形成了干部能上能下、人员能进能出，优胜劣汰，适应市场办学的教师管理机制，营造了“以事业吸引人才、以感情留住人才、以待遇稳定人才、以发展激励人才”的用人环境，做到了“想干事的人有舞台、能工事的人有机遇、干成事的人有激励”，吸引了大批热爱环保教育事业的硕士研究生、博士研究生、专家学者以及机关、企事业单位优秀专业技术人员及管理人员进入学院工作。

1. 全员聘任制度促进人员合理配置

学院自 2003 年实行全员聘任制，积极推行合同管理和岗位管理。实行全体教师竞聘上岗，签订聘用合同书；建立以教师的工作能力、业务水平为主要内容的《专任教师教学工作量化考核办法》和年度考核体系，并将考核结果作为教师奖励和续聘的主要依据。在聘任期内，对教学质量考核不合格者实施一票否决，对玩忽职守、学生不满意的教师，采取限期进修提高、转岗、解聘、待岗等处理办法；坚持以人为本，开展多种形式的培训，为转岗交流创造条件，保证了教师和管理、教辅等人员在校内的合理流动。近年来，先后有 3 位教师被辞聘，3 位教师转岗，离开了教师岗位，有 2 人待岗，限期进修提高。为引进优秀人才，学院于 2006 年制定了《引进人才暂行规定》。

2. 向教学一线岗位倾斜的收入分配制度激励效果明显

学院制定了《工作人员收入分配制度改革方案》，充分体现向教学一线岗位倾斜的分配理念，重点确保分配向一线教师明显倾斜：保证教学专业技术岗位起始档岗位津贴适当高于管理岗岗位津贴，教授、副教授、讲师的岗位津贴分别高于院长书记、处长、科长的岗位津贴；设立专项经费，优先保证教授、专业带头人、青年骨干教师等有较好的教学科研条件，使教学一线人员的报酬总体上高于行政管理人员。

在分配制度上向贡献倾斜。学院制定了《教学成果奖励办法》《关于获得院外优秀科研成果奖励规定》《计算机、英语应用能力考试奖励办法》《教材管理办法》等专项奖励制度，对专任教师在科研、专业建设、课程教学改革等方面的非教学工作量进行额外奖励，充分肯定教师的知识、能力、贡献价值，进一步体现了“效率优先、按劳分配、兼顾公平”的分配原则。

实施绩效考核与聘用、分配挂钩制度。学院通过制定《专任教师教学工作量化考核办法》和《教学与教学管理事故、差错认定及处理办法》等制度，建立了以定量考核为主、辅以定性评价的考核指标体系，为人事及分配制度的执行提供依据。考核的结果与教师的聘用、评优评先、职称晋升、工资晋级、津贴发放等直接挂钩，极大地促进和激励教师从教敬业，不断提高教师的教学质量、教学研究能力、科研水平和教书育人的积极性。

3. 标准化管理覆盖全体教师，严格兼职教师管理

《教师工作手册》《外聘教师管理规定》等一系列规范教师工作的文件，覆盖包括“双肩挑”教师和兼职教师在内的全体教师上岗准入、教学活动、评价考核等工作。

严格兼职教师管理考核办法。依据试讲效果、能力、业绩综合考察结果，决定兼职教师的上岗准入；而对其教学活动、评价考核采用与在编专任教师同样的标准，重点考核其教学内容是否与课程教学大纲相符，是否能发挥自身一线实践经验，帮助学生了解并解决实践中面临的问题；评价考核结果直接决定课时津贴和续聘与否，从而构建了兼职教师双向选择、竞争上岗的良性机制，形成了“兼职不降标，专兼齐争先”的良好局面。

兼职教师队伍建设成效明显。学院从湖南省环境监测中心站、湖南省环境保护研究院及行业企业聘请了 60 名职业经验丰富、职业能力强的能工巧匠、名师专家和中高级技术人员担任兼职教师，形成了稳定的兼职教师资源库。目前，兼职教师占专业课教师总数的21%，兼职教师全部具有中级以上专业技术职称，其中具有高级专业技术职称的有 20 人，占兼职教师的 33.3%。兼职教

师的教学效果好，学生满意度高。

学院还聘请了中国工程院院士魏复盛、中国环境科学研究院院长孟伟研究员、大气首席科学家柴发合博士等国内知名专家、学者为客座教授。

（二）师资结构合理

学院以提高教师的执教水平和实践能力为教师队伍建设目标，以改善教师队伍结构为教师队伍建设的重点，以内部培训提高为主、外部引进为辅、校企联合培养、教师参与一线科研和技术推广应用为主要途径，建立了一支结构合理、学历达标、专兼结合、以“双师型”教师为主体、能够满足教育教学需要的教师队伍。

1. 教师数量满足办学规模需要

根据办学特点和专业建设的需要，学院加强了人才引进工作，特别注重从生产一线引进或聘用学历职称层次高、实践经验丰富的专业技术人才，以适应高职教育教学的要求。

学院现有学生人数 7 284 人，教师总数 457 人，生师比为 15. 94：1。

2. 专任教师的数量结构、专基结构、“双师”结构合理

学院现有教职工 495 人，专任教师 345 人，占教职工总数的 69. 7%；

345 名专任教师中，专业课教师 225 人，占专任教师的 66%；

专业课教师中，“双师型”教师 160 人，占专业课教师的 71%。

3. 兼职教师比例合理，素质符合要求

学院重视兼职教师队伍建设。各系部建立了与专业设置相适应、数量充足、结构合理、业务能力强、具有团队协作精神的由行业企业专家、高级技术人员和能工巧匠组成的稳定的兼职教师库，各专业有计划、有目标地从库内挑选兼职教师承担专业课或实践课的教学。没有教学经历的兼职教师通过 200 学时以上的教学实践及考核后，可以获得教学资格。

学院现外聘 60 名专业教师（现场专家）负责专业课教学任务，外聘现场专家占全部专业课教师的 21%，且全部具有中级及以上专业技术职称。

4. 实习实训指导教师全部具有高级职业资格证或中级及以上专业技术职称

学院实习实训指导教师以“双师型”专任教师为主体，以外聘兼职教师（现场专家）为重要补充。学院重视对实习实训工作人员的职业技能培训和考核工作。目前，在教学中承担实习实训教学任务的教师均具有中级技术职称或高级职业资格证，实践经验丰富、动手能力强。

5. 师资队伍的职称、学历水平高

学院在引进专任教师和兼职教师时，注重职称、学历要求，对确能满足教学需要而引进时未达到相关要求的教师，积极为他们创造条件，促其晋升职称、提升学历。目前，专任教师中具有高级专业技术职称的有121人，占专任教师总数的35.1%；专任教师全部达到本科以上学历，45岁以下专任教师中具有研究生学历或硕士及以上学位的131人，占专任教师总数的38.0%，占45岁以下专任教师总数的66.3%，其中，博士3人。省级专业带头人5人，省级青年骨干教师2人，省级青年骨干教师培养对象6人，院级专业带头人41人，院级青年骨干教师68人。

（三）教师培训正常化

为了满足职业院校教育改革和教师自身发展的需要，学院以建设“双师型”教师队伍为目标，立足学院实际、立足教师本人、立足专业特色，注重从教育素养、教学素养、专业知识、科研能力等方面对教师进行多角度全方位培训，建立了一支具备良好的师德修养、教育教学能力、行业知识技能和实操能力的“双师型”教师队伍。

1. “1同1专3结合”模式全面提速“双师型”教师培养

学院制定了《“双师型”教师队伍建设办法》《“双师型”教师资格认定暂行规定》，实施了“双师型”教师培养、培训方案，建立了与行业企业联合培训专业课教师的机制，采用“1同1专3结合”的模式培养培训“双师型”教师。

“师生同训”：安排专业教师带领学生实习实训，有利于专业教师寻找理论教学与专业实践的结合点，达到提高教学水平的目的。

“专项培训”：所有专业老师必须掌握一门以上的相关仪器设备的操作技能和专业职业技能。学院利用授权职业技能鉴定考试单位的优势，加强对相关教师的职业资格培训工作。参加职业技能鉴定考试工作的教师，必须先期通过专项培训获得高级工资格，并逐步获得技能鉴定考评员资格。学院鼓励教师参加行业相关职业资格考试培训，获得行业企业的其他相关资格证书。

具体办法：①接受仪器厂商培训；②到企业进行相关培训、实践；③结合技术服务项目、科研项目提高操作技能。近三年，学院先后选派15名教师接受水质自动检测仪、气象色谱仪等仪器生产厂家培训；先后选派128名教师到力合等企业进行相关培训、实践；先后选派321名教师参加技术服务项目、科研项目。

“研教结合”：鼓励教师在岗开发科研课题，到科研院所参与科研、技改项目，积极聘请相关专业机构的专家来院讲学、合作科研和兼职工作，以促进专业教师科技创新能力的提高。三年来，全院300多名教师共完成和正在研科研项目143项。

“产学结合”：鼓励专业课教师到机关、企业、基层社区顶岗挂职，参加环境影响评价项目、污染源普查、分析测试、污水处理设备运营等技术服务。三年来，全院教师共完成和在进行各类技术服务项目323项。

“学研结合”：鼓励、引导专业教师常驻科研机构从事科研工作。三年来，学院共选派12名专业教师到中国环境科学研究院、中国环境监测总站、华南环境科学研究所等单位直接参与国家级、省部级科研项目。

三年来，通过上述5种途径，全院专业课教师至少到企事业单位轮训了一次。每年超过30%的教师参加了30天以上的上述现场专业实践，学院承担了“双师型”教师培训的全部经费。

2. 激励机制助推教师学历提升

学院制定《教职工继续教育暂行规定》和《教职工从事博士后研究、攻读博士、硕士暂行规定》，鼓励中青年教师攻读硕士、博士学位。明文规定：年龄在40周岁以下且职称在中级以下者进院工作5年内必须取得研究生学历或硕士学位，或在读研究生，否则自动辞职或予以辞退；在学习期间，教师可参加正常的职称申报和评审，完成学院一定工作量的，享受工资和学院福利；教师获得硕士学位的，报销学费1万元，获得博士学位的，报销全部学费。学院为所有参加学历提升教育的教师提供的资助金额均超过学费50%。

3. 稳步打造梯队结构合理的专业带头人和课程负责人队伍

学院制定并实施了《专业带头人和课程负责人培养方案》《专业带头人、骨干教师管理办法》《中青年骨干教师国外、国内、省内访问学者暂行规定》，在师德师风、学历职称、专业水准、教研教改水平、应用技术推广和市场把握能力、业务指导能力等方面，通过“理论学习+企业实践+科学研究”方式培养专业带头人和课程负责人。确保专业带头人和课程负责人培养有专项计划、有专项经费或政策性经费支持、有奖励措施。

全院现有30个专业中，有省级专业带头人5名，院级专业带头人41名。

全院授课教师中，有省级精品课程负责教师2名，院级精品课程负责教师16名，其他课程均遴选确定了相应的负责教师。

学院确定了院级青年骨干教师68人，并积极推荐教师参加国家级和省级的教师培养计划，其中，张滨、张朝阳老师被纳入湖南省青年骨干教师培养计划，张朝阳、彭凤仙老师被纳入青年教师国内访问学者培养计划。

专业带头人、课程负责人和青年骨干教师队伍形成了合理的梯队结构：在年龄结构方面，专业带头人平均年龄为40岁，课程负责人平均年龄为38岁，青年骨干教师平均年龄为30岁；在职称结构方面，专业带头人都具有高级职称，课程负责人中46人具有高级职称，20人具有中级职称，青年骨干教师都具有中级及以上职称，具有高级职称的有12人。

（四）师德师风良好

学院致力于培育具有“严谨治学、从严执教、教书育人”高尚风范的教师队伍。学院以“敬业修德，润物无声”的教风建设为切入点，通过持续不断的教育活动，使教师牢固树立正确的教育观、质量观和人才观，增强教书育人、以身立教的责任感和使命感，提高教师思想政治素质和职业道德水平；从学校内涵建设出发，打造一支爱岗敬业精神高尚、教书育人水平高超、为人师表品行高洁的教师队伍。

1. 注重政治理论和道德修养教育，引导教师树立良好师德师风

制度健全。学院成立了由党委书记亲自挂帅的师德建设工作领导小组，颁布了《师德建设工作暂行条例》和《“三育人”工作条例》等文件，由党委宣传统战部全面负责全院的师德师风建设工作，由各教学系部党总支书记具体落实师德师风建设工作。

形式创新。学院运用会议、演讲、事迹报告、现场观摩、经验交流等多种形式开展政治理论和道德修养教育，采用双周制政治理论学习模式，采取集中学习、自学、专题研讨等方式，组织学习《中华人民共和国职业教育法》《中华人民共和国教师法》《中共中央关于进一步加强和改进学校德育工作的若干意见》等文件；在教师岗前培训中，增加职业道德培训的比重，提高了新进教师师德师风培训效果；把师德师风培养作为一项基础性工作贯穿于“一帮一”制的整个培养过程，发挥老教师在师德师风建设方面的传帮带作用；开展了对辅导员、班主任等学生工作者的师德师风专题培训，形成了学校重视师德教育、教师注重师表形象、学生尊师重教的良好氛围。

典型引路。学院通过开展“十佳师德标兵”“十佳优秀青年教师”评选及教学比武、说课比赛、举办“三育人”先进事迹报告会等系列活动，借用校园网站、校园广播、宣传橱窗等平台大力宣传40名爱岗敬业、乐于奉献、默默耕耘的“十佳师德标兵”和“十佳优秀青年教师”的先进事迹，使教师进一步明确职业道德规范，学有榜样、赶有目标，培养了良好的职业道德风尚，增强了教师为人师表的自觉性和教书育人的使命感。

2. 建立了完善的师德师风考核机制

学院通过制定和实施《教师教学工作基本规范》《专任教师教学工作量化考核办法》《教学与教学管理事故、差错认定及处理办法》，把对教师职业道德的考核贯穿到对教师行为规范、业务水平、工作业绩等方面考核的全过程。采用教师师德师风三重评价机制：学生评价机制，每学期由党委学工部会同党委组织部和系、部组织学生对任课教师和专兼职学生工作者的师德师风状况进行评价；同行评价机制，每学年由各单位对所属教职员工的师德师风状况进行专项考核评定；督导考核机制，每学期由督导办对教师教学工作质量、师德师风情况进行考核。综合三项考评结果作为教师年度考核的重要依据，直接将其与评优评奖、晋职聘岗等紧密挂钩。师德师风考核结果在各种评优中具有"评优一票否决权"，使爱岗敬业、崇教厚德、为人师表成为每一位教师的自觉追求。三年来，学院教师师德的平均分均在 85 分以上，教师年度考核称职率达 99%，学生评教满意率达 93%。

3. 师德师风建设成效明显

扎实的师德师风建设促使学院涌现出一大批优秀共产党员和优秀教师。其中，周凤霞教授荣获 2005 年度"湖南省先进工作者"称号，唐小玲副教授被评为省直机关优秀共产党员，姚运先教授被省委教育工委评为优秀共产党员，王晖副教授荣获 2008 年度"湖南省巾帼英雄"称号，许桂芳副教授、方晖老师被授予"省直第五届优秀青年"光荣称号，郭正教授荣获 2007 年度湖南省优秀"双师型"教师称号，童志宏老师荣获"湖南省大学生社会实践优秀指导老师"和"湖南省大学生心理健康与咨询先进工作者"称号，唐海珍副教授和张桂群老师荣获 2008 年度"湖南省大学生思想政治教育先进个人"称号，商贸旅游系、环境科学系、环境监测系工业分析与检验教研室荣获"湖南省直芙蓉标兵岗"称号等。学院自成立以来，从未发生教师违法犯罪、体罚学生败坏教师队伍声誉等造成社会不良影响的现象。

七、德育工作

学院坚持育人为本、德育为先，将立德树人作为根本任务，在实践中探索和形成了独具特色的"一二三四五六"德育工作体系（见图 5-4）和"全员育人、全过程育人、全方位育人"的良好格局，促进了学生综合素质的全面提升。

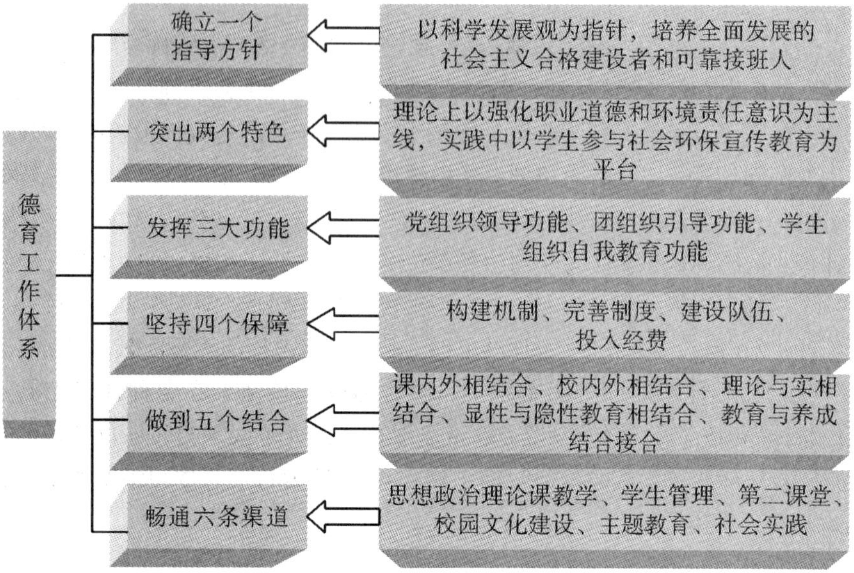

图 5-4　长沙环境保护职业技术学院德育工作体系

（一）机构和制度健全完善

1. 机构健全，制度完善，经费充足

学院成立了以党委书记为组长的思想政治工作领导小组，设立了党委组织部、宣传统战部、学生工作部、教务处、思想政治理论课教学部、团委等德育工作机构，在各系设立了学生工作办公室，建立了完整的德育工作机制，颁布了《关于加强大学生思想政治工作队伍建设的实施意见》。学院现有德育工作者 70 名，均具有本科及以上学历，其中，拥有研究生及以上学历者 18 名，副高及以上职称者 36 人。学院制定了《“三育人”工作条例》《辅导员工作条例》《学生管理规定》《学生思想品德评价办法》《学生奖励条例》《学生违法、违规、违纪处分条例》等大学生思想政治工作常规管理制度，建立了《系部学生思想政治教育与学生管理工作考核指标体系》评估标准，建设了学生德育工作软件平台。德育工作经费有保障，除德育经费达到 40 元/年/人之外，学院还专设思想政治理论课学生实践资金 3 万元/年。

2. 思想政治理论课教学开放，内容新颖，成效显著

按照中发〔2004〕16 号、湘发〔2005〕8 号和〔2008〕5 号等文件精神，学院制定了《关于加强和改进大学生思想政治工作的实施意见》《关于进一步加强思想政治理论课教师队伍建设的实施细则》，成立了由党委书记挂帅的思想政治理论课及心理健康教育教学领导小组，设置了独立的思想政治理论课教

学部，并下设“思想道德修养与法律基础”和“中国特色社会主义理论”两个教研室。

在人才培养方案中，学院严格按照“05方案”及其修订后的要求，开设《思想道德修养与法律基础》《毛泽东思想和中国特色社会主义理论体系概论》《形势与政策》等思想政治理论课程。思想政治理论课教学部以培养学生能力为目标、以活动开展为载体，加大教学改革力度，通过开展“加强高职学生德育针对性”大讨论，制定了《思想政治理论课教学部加强德育针对性工作方案》，不断增强思想政治理论课的针对性和实效性。一是通过开展学生问卷调查，结合教改分析，制定教改计划，集体探讨如何运用案例教学、专题讲授、实践教学等方法，提高学生对课堂教学的响应度和认同度；改革考核方式，将学生假期社会实践活动纳入实践教学考核体系；二是明确实践课占1学分，坚持贴近学生、贴近生活、贴近实际的“三贴近”原则，开展一系列丰富多彩的实践教学和第二课堂活动。2007年，学院通过开展“看《俺爹俺娘》、想俺爹俺娘、孝敬俺爹俺娘”“大学生消费观调查”等系列活动，对学生进行感恩教育，增强了学生对家庭、社会的责任感；2008年，通过开展“大学生活规划”和“模拟职场招聘”等活动，引导督促学生规划职业人生、提高社会实践能力。

3. 时事教育经常化，主题教育制度化，党校教育规范化

学院采用专题讲座、演讲讨论、知识竞赛等形式，开展经常化的学生形势与政策教育。院领导带头主讲《牢固树立社会主义荣辱观，立志做社会主义“四有”新人》《我国环境保护的形势与政策》等多场形势政策讲座，让学生及时了解国内国际形势和环保领域热点问题。2008年，在汶川地震抗灾救助、喜迎奥运理性爱国等活动中，院团委组织大学生义卖募捐、缴纳特殊团费、宣传绿色奥运等，充分展现了“90后”大学生关爱他人、奉献社会的良好精神风貌。学院坚持开展“国旗在我心中”主题教育活动，依法制定升旗制度，组建大学生国旗护卫队，开展以系团总支为单位的每周一集体升旗仪式。以班团支部为单位的每周一晚自习主题班会活动，针对大学生思想动态、日常行为，围绕时事政治、社会热点等设立班会主题，引导大学生知世情，明事理。学院党委自2002年成立党校以来，建立了科学的教育管理制度，设立了党校教育专项资金，举办入党积极分子培训班和毕业生党员学习班。目前，共举办入党积极分子培训班11期，培训学员5 000多人。近两年，有3 000多名学生递交了入党申请书，按照“坚持标准、保证质量、改善结构、慎重发展”的方针，发展了学生党员586名。目前学生党员人数已达到学生总数的8.05%。

（二）德育工作针对性强

学院将社会主义核心价值体系融入人才培养全过程，以培养学生良好的环保职业道德和环境责任意识为主线，以鼓励学生积极参与社会环保宣传教育活动为平台，开展了一系列针对性强、形式多样的德育工作，使毕业生在就业岗位上吃得苦、下得去、留得住、放得心。

1. 德育教育内容丰富，学生素养明显提高

学院开设了“思想道德修养与法律基础”课程，将环保职业素养和环保职业道德融入教学内容。学院通过参观爱国主义教育基地、观看革命题材影片和开展系列主题活动，进行经常性的爱国主义教育和理想信念教育；通过入学法制教育和普法讲座与竞赛等形式，开展法纪教育，增强学生法制观念；通过学习《公民道德建设实施纲要》，注重学生思想道德素质和公民素质的养成。

学院成立了大学生心理健康教育工作领导小组，设立了心理健康教育与咨询中心，配备3名专职心理辅导教师，开设“心理健康教育”课程，开展新生心理健康普查和心理咨询等方面工作，建立了包括四级工作网络和五级学生自我防护网络的学生危机干预体系。近年来，通过面谈、电话沟通、网络交流等形式共接受学生咨询670多人次，建立学生心理档案近万份，成立了“绿色海湾”心理健康协会，成功举办五届“心理健康周”活动。

学院在开展“爱自然、重事业、讲廉洁、严执法、勇创新、讲团结”的环保职业道德教育中，大力宣传环保精神。学院依托大学生暑期“三下乡”活动，以宣传“绿色环保”为主旨，开展了丰富多彩的社会实践活动，强化了学生的环境意识和社会责任感，综合素质提升了学生的综合素质。2006年暑假，为配合科技部“863”项目滇池面源污染社会调查组的工作，由13名学生组成的滇池面源污染调查小分队对滇池城郊面源进行了半个月的水污染调查。2007年3月以来，学院与长沙市环保局合作开展“新农村、新环保、新生活”环保义工下乡活动，有45名教师、369名学生作为志愿者多次深入浏阳、望城、宁乡等地农村，广泛宣传生态农业建设和农村环保知识，指导农民科学使用农药化肥。2008年暑假，“大学生问政长株潭——为两型社会建设献计献策实践调研活动”在社会上引起较大反响，多家电视台予以报道。近年来，学院组织了多支三下乡服务“系专业队”或“特色小分队”，分赴全国各地乡村，开展环境问题调查、环保理念宣传、贫困学生资助等活动，其中由10名西藏学生组成的小分队，运用所学专业知识，在家乡开展环保宣传和调查活动，为藏民送去了新信息、新知识、新观念。

2. 规范日常行为，倡导文明礼貌

学院制定了《学生日常行为规范》《学生思想品德评价办法》《学生违纪处分条例》，通过组织学习规章制度、举办大学生礼仪风采展等系列活动培养学生日常行为习惯，在学生德育工作实践中强化日常行为规范、引导文明礼貌风范。学院以创建“湖南省五四红旗团委”和争创“全国五四红旗团委”活动为抓手，发挥共青团的引领作用和学生会的“自我教育、自我管理、自我服务”功能。广大学生党员、共青团员和入党积极分子借助“青年文明督导岗”“雷锋岗”等体现大学生精神风貌的活动载体，学雷锋、树新风，弘正气、灭邪气，营造了文明、和谐的校园环境。

3. 坚定成才信念，培养职业素养

学院注重树立学生“夯实技能、敢于实践”的成才信念，经常开展创业教育。学院围绕职业设计指导、素质拓展训练、建立评价体系、强化社会认同四个环节，实施大学生素质拓展计划。开展“诚信教育周”活动，倡导树立诚实守信的美德。学院在湖南省环境监测中心站、省环境科学研究院、长沙市第二污水处理厂等单位建立了环保职业道德教育基地，使学生在参与环保课题和环评项目时，与一线环保工作者座谈交流，通过耳濡目染，潜移默化，提升其敬业爱岗、诚实严谨的职业精神。邀请优秀毕业生回母校座谈，以他们的亲身体验感染和鼓励学生。在全方位育人环境中，学生通过参与丰富多彩的活动，交往沟通能力和团队精神得到锻炼和提高。

（三）高举“绿色环保”大旗，校园文化建设独具特色

1. 高度重视校园文化建设，牢固树立“文化育人”观念

学院紧扣时代主旋律，着力打造校园文化精品，创设良好育人环境，形成了以“弘扬绿色环保文化、传承绿色环保精神、致力绿色环保教育、践行绿色环保使命”为特色的生动和谐的绿色校园文化。

学院根据办学传统、办学特色，确立了“团结、勤奋、严谨、求是”的校训，培育并初步形成了“物我同舟，天人共泰”的良好校风。学院选择中国环 境保护徽作为校徽，集体创作了校歌《绿色的摇篮》，制作学院文化手册、编辑学院宣传画册、创作形象宣传片等，将校训、校风、校歌等精神文化纳入新生入学教育内容，使校风、校训深入人心，校歌人人会唱。

2. 校风建设扎实有效，工作作风、教风、学风优良

学院领导班子求真务实，清正廉洁，具备领导学院科学发展的能力。班子一贯重视办学理念和办学思路的创新，在学院办学定位、发展规划、专业建设、人才培养模式等重大问题上，思路清晰、目标明确、决策科学，具有高

效、勤政、廉洁、民主和务实的工作作风，有很强的号召力、凝聚力、战斗力和开拓精神。2006 年 11 月，教育部高职高专人才培养工作水平评估专家组认定学院领导班子“团结务实，具有较强的改革意识和开拓精神”。2007 年 11 月，湖南省委教育工委专家组评价学院领导班子“思想作风建设效果好”“团结、开拓、务实、清廉，形成了强有力的领导核心。”

在教风建设方面，学院成立了师德建设领导小组，制定了《师德建设工作暂行条例》，通过开展“十佳师德标兵”和“十佳优秀青年教师”评选等师德师风建设系列活动，涌现出一大批师德师风高尚、教学技能精湛的先进典型，形成了“敬业修德，润物无声”的良好教风。

在学风建设方面，学院制定了《班级量化考核办法》《学生奖励条例》《学生违法、违规、违纪处分条例》等制度，严格学籍管理、考勤考核，严肃考风考纪，全院学生自觉奉行“勤学、笃行、求精、创新”的良好学风。2006 年以来，学院有 26 名同学获得国家级奖学金，340 名同学获得国家励志奖学金，10 名同学获得省级奖学金，英语、计算机等级考试过级率在高职院校中名列前茅，多名同学在全国大学生职业技能大赛中取得优异成绩。崇尚环保、乐学好思、注重技能蔚然成风。

3. 校园文化活动特色化、多样化、规模化

学院着力在学术、文化、科技、社会实践等校园文化活动中融入“绿色校园文化”理念。充分发挥院团委、学生会、各系部学生分会、团总支以及社团组织的主观能动性、积极性和创造性，每年举办以绿色课堂、绿色讲坛、绿色影院、环保作品展、环保漫画展、环保知识竞赛为主的特色活动；开展以环院英雄、“快乐周末”“十八岁成人教育”“五四”环保晚会、校园歌手大赛、“金话筒”主持人大赛、舞蹈大赛、“感动环院”十大学子评选活动为主的文化艺术活动；开展以篮球、足球、排球、羽毛球、乒乓球联赛，大学生运动会为主的体育活动；开展以“CAD 设计大赛”“化学检验工技能大赛”“污水处理技能大赛”“导游技能赛”为主的科技技能活动。学院逐渐形成了以“青年志愿者服务月”“主题团日活动月”“6.5 环保宣传月”和“女生节”“科技文化艺术节”“青年志愿者活动”“假期社会实践活动”为内容的“三月两节两活动”院级品牌校园文化活动和以“IT 文化艺术节”“食品文化艺术节”“礼仪周”“环境宣传活动月”“CAD 绘图技能大赛”等为内容的系品牌文化科技艺术活动相结合的格局。

近年来，全院获得国家级、省级等各类奖项的学生有 100 多人次，涌现出了一大批抵制污染和生态破坏、关注环保的志愿者。他们多次开展“人水和

谐，保护湘江”“保护母亲河”“为三湘补绿——公民义务植树活动”等志愿者行动；举办“爱我大自然，共护长江源”“送绿色进校园”“关爱地球，从现在做起”“提倡环保购物，拒绝白色污染”“绿色奥运，建设环境友好型和谐社会”等系列环保宣传教育活动；举办“关爱地球，保护环境”环保知识竞赛；参与了“国家WWF湿地使者行动”“湖南省第四届大学生绿色营活动”“大学生问政长株潭献计献策实践调研活动”。其中，兰文军同学发起的“救救胡杨林，关注西北生态环境”大型宣传活动，在社会上引起强烈反响，荣获了团中央“第六届中国百名优秀青年志愿者”称号。

学院先后荣获“2006年全国保护母亲河先进单位”“全国五四红旗团委”“湖南省五四红旗团委”“湖南省直五四红旗团委”“湖南省大中专学生暑期社会实践先进集体”“湖南省暑期三下乡社会实践活动先进单位”“湖南青年志愿者项目奖”等多项荣誉。

4、学生社团管理规范，活动丰富多彩

学院十分注重发挥学生社团的积极作用，促进学生思想道德修养的自我教育、自我养成。学院制定了《社团管理工作条例》，现有“环保新芽协会”“绿心文学社”“读者协会”“摄影协会”“青年志愿者服务站”等29个学生社团组织。社团围绕“绿色环保宣传”“生态文化宣讲”“人与自然和谐发展”“绿色奥运”“做健康文明大学生”等主题，开展各种寓教于乐、同学们喜闻乐见的学习、交流和社会公益活动。由学生组织发起的“全省高校绿色联盟活动周”“保护湘江绿色环保行”“电子废物污染情况汇报”“抵制一次性餐具”等活动，在全省范围内产生了广泛的影响，展示了环院学子关注环保、热爱环保、献身环保的良好形象，涌现了一批优秀社团。其中环保新芽协会被团省委授予“湖南省优秀大学生社团”荣誉称号；123大学生调查协会被团中央授予“2006年全国青少年环保创新意识传播大赛优秀社团”荣誉称号，荣获“2008年湘江调研活动湖南青年志愿者行动项目奖”。

5. 绿化美化环境，校园整洁优雅

学院充分利用校园自然条件，精心设计育人环境，经过近30年的培育养护，校园处处绿树成荫、生态多样、和谐幽雅。教学楼外墙筑有校训、校风标识，各实训楼、教学楼、办公楼、学生宿舍布置了具有绿色环保文化特色的宣传画框，实验实训室设置了实践教学作业流程体系图、职业规范标识。体现环保特色的雕塑、环境艺术壁画、励志警句石刻和宣传标牌点缀在各个角落，校园鸟语花香、景色宜人，处处洋溢着自然之美、和谐之趣。

第六章　专业群建设

《教育部　财政部关于实施国家示范性高等职业院校建设计划　加快高等职业教育改革与发展的意见》中指出："中央在100所示范院校中，选择500个左右办学理念先进、产学结合紧密、特色鲜明、就业率高的专业进行重点支持……形成500个以重点建设专业为龙头、相关专业为支撑的重点建设专业群，提高示范院校对经济社会发展的服务能力。"因此，专业群建设是示范性院校建设的重点，是学校整体水平和基本特色的集中体现，决定了一个学校的知名度、美誉度。专业群建设是学校人才培养长期积累和积淀的过程，通过不断强化专业群建设，学校的长期生存和发展就能够得到可靠的保证。所以高职院校的建设和发展必须高度重视专业群建设，围绕专业群建设，在人才培养、社会服务方面进行坚持不懈的积累，是学校发展的长期战略任务。

中国特色高水平高职学校和专业建设计划（"双高计划"）提出，"聚焦高端产业和产业高端，重点支持一批优质高职学校和专业群率先发展"。高水平专业群是高水平高职学校建设的关键所在，与学校改革发展定位密切相关，关系到人才培养与社会服务的方向性和有效性。如何立足学校实际，创新高水平专业群建设，是"双高计划"亟待解决的一个重大课题，也是高职院校实现跨越式发展的最有效途径。"十一五""十二五""十三五"期间，高职教育的工作重点除了示范院校和一流院校建设，都落在专业建设上，即便是一流院校建设，其核心也是专业建设，以专业和专业群建设为基础。

专业群是高职专业建设的"升级版"，外部对接产业链或岗位群需求，内部促进专业协作、资源共享。面向产业端构建高素质技术技能人才培养体系，打造技术技能创新服务平台，是高职院校形成办学特色、提高办学水平和办学效益的集中体现。

目前，对高职专业群的概念与内涵认识主要有以下两种：一种是"相近论"，即认为专业群是由若干个工程对象相同、技术领域相近或专业学科基础相近，充分融合相关专业而形成的专业集合，代表着院校的专业发展方向和重点的相关专业组成的一个集合。这种观点强调组群专业的相近性、共享性。在教育部颁布的普通高等学校高职高专的专业目录中，这类组群专业往往属于同一二级类。另一种观点为“合力论”，即认为专业群是由两个或两个以上的跨二级类专业，通过核心专业的带动和专业与专业之间的依赖、促进形成合力，以提高整个专业群的教学水平、学生的职业能力和服务经济社会的能力为目的而组成的专业集合。这种观点强调专业整体效应的发挥，而专业的学科相似性、资源的共享性等并不作为组建的主要目的。笔者对 18 所以“优秀”等级通过教育部、财政部验收的首批国家骨干高职院校的 60 个央财资助建设专业群的构建情况进行了统计对比，结果表明：按照“相近论”观点组建的专业群共 14 个，占 23.3%；按“合力论”观点组建的专业群共 46 个，占 76.7%。由此可见，高职专业群绝大多数是跨类组合的，在考虑专业相近的基础上，更注重集群效应的发挥和服务经济社会的需要。高职专业群主要是指高职院校根据自身独特办学优势与服务面向，围绕某一技术领域、工程领域或服务领域，以品牌或特色专业为核心，依照行业基础、技术基础、工程基础相同或相近原则，组合相关专业而形成的专业集群。专业群中的各专业可以是同一二级类中的相近专业，也可以是具有行业相关性的跨二级类专业。每个专业群原则上涵盖 3~5 个专业，并有 1~2 个核心专业。

第一节　专业群建设意义

专业群建设对于高职院校而言具有多重意义。

一、资源共享

由于专业群是按照行业基础、技术基础工程基础相同或相近原则构建的，在基础课程、实验实训设施、实验实训项目、教师队伍、社会关系等方面，专业群中的各专业许多教学资源可以共享。专业群建设在很大程度上就是共享教育资源，通过共享教育资源，可避免相近专业教育资源的重复投入，从而节约办学成本，提高办学效益。

二、有利于学校整体实力的提升

专业群建设可进一步理清学院重点服务领域，优化专业布局，深化专业改革，增强办学特色，实现错位发展。通过专业群中那些办学实力强的优势专业的带动，进一步凝练学院办学特色和品牌优势、提高学校的知名度，形成专业群体优势。

三、有利于增强学生就业的竞争力和对工作岗位的适应能力

学生通过专业群相关课程的学习不仅能从事本专业的基础岗位工作，还能适应专业相关的多个工作岗位群。

四、有利于灵活调整专业

高职院校通过开展专业群建设可以根据市场需求灵活调整专业，这无疑将增强其专业设置的灵活性与适应性，更好地适应行业发展和区域经济的需要。

五、有利于发挥专业集群优势

每个专业群都有1~2个核心专业，专业群建设可通过群内核心专业的示范、辐射和带动作用，提升相关专业的整体建设水平，促进相关专业共同发展，形成专业间合力，从而发挥专业集群优势，提升社会经济服务能力，促进校企合作的深入开展，解决高职院校专业服务能力不强、校企合作广度与深度不够等问题。

第二节　高职院校专业群构建逻辑

一、围绕产业链构建专业群

专业群的布局和调整应以服务产业为目标，通过对某个产业链应用型人才需求状况的结构分析，构建与该产业发展要求相一致的专业群体系，形成链条式专业群。要研究产业结构调整态势，搞清区域和行业内产业结构的调整方向，明确区域内行业发展的重点，预测其未来发展的走向。特别是针对那些具有发展潜力的朝阳产业，学院应根据办学实际，寻找、确定一些行业，作为专业群建设和发展的背景与依托。对其要重点加以分析，认真梳理产前产中产后、售前售中售后的产业链，寻获相应的专业链，以此作为规划专业布局的前提，使专业链与产业链对接，形成学院的办学优势和特色。

二、围绕职业岗位群构建专业群

职业教育的专业与职业有着紧密的联系，专业是以职业岗位（群）为依

据，与职业岗位（群）具有一致性。专业群的构建要考虑企业岗位的设置背景，针对某个行业一组相关的职业岗位来设置专业，满足企业岗位群的需要，尽可能多地覆盖行业岗位群。为企业提供全面的、“打包式”的立体化人才服务，减少企业人才招聘过程中的成本，畅通毕业生就业渠道，逐步形成相应的专业群。

三、围绕学科基础构建专业群

高职教育的专业具有一定的学科基础，可以将学科基础相同的若干专业构建成一个专业群。如在建筑领域中以数学、力学等学科为基础的建筑工程技术、道路与桥梁工程、水利水电工程等专业可以构建成建筑施工类专业群，以化学、水力学学科为基础的暖通空调、给排水工程、环境工程等专业可以构建成建筑设备类专业群，以经济、管理学科为基础的工程造价、工程监理、房地产经营与管理等专业可以构建成建筑经济类专业群。

第三节　专业群建设的核心要素

一所高职院校所面向的产业及结构、针对的技术或服务领域以及原有专业建设的基础，决定了其专业群的数量、专业的组合及其核心专业。学校在进行专业布局时，首先，必须要考虑学校重点服务于产业链的哪些技术（服务）领域、面向哪些职业岗位（群）。其次，要考虑学校现有基础及发展方向，进而明确需要设置哪些专业群。最后，要考虑各专业群之间有什么联系，专业群由哪些专业组成，核心专业如何确定，以保证预期目标的实现。服务产业链的专业集群是一个系统，对应产业链上某个技术（服务）领域的专业群则是子系统，而专业群内各专业则是更小的子系统。根据现代系统论的基本原理，系统的结构对系统功能的发挥具有决定性意义，系统能否发挥其整体功能，取决于该系统的结构是否合理。因此，“结构”是专业群建设的核心要素，是形成专业集群的基础。

第四节　专业群建设的支撑要素

集群式专业结构形成以后，一方面要优化现有资源的配置，围绕专业群建设目标调整现有的资源，包括教学组织、师资队伍、实验（训）基础设施、教学资源等。另一方面，要围绕专业群面向的技术（服务）领域，以核心专业为依托，完善专业群人才培养模式、课程体系，开发专业群课程平台。同时，要打破制度壁垒，形成校内外、群内外共建共享各类资源的体制机制。系统论的核心思想是系统的整体观念，强调整体与局部、局部与局部、整体与外部环境之间的有机联系。因此，发挥专业集群整体优势的关键在于“资源”和“机制”，这两者成为专业群建设的支撑要素。

第五节　专业群建设路径

一、构建专业群人才培养模式

专业群内的专业由于工程对象相同、技术领域相近或专业学科基础相近，在课程内容上有相当一部分共同的理论、技术、技能基础，因此，基于专业群建设的课程体系，适合采用“平台+模块”式的模式构建。“平台”是根据专业群对高等技术应用性人才所必备的共同基础知识和基本技能，以及各专业技术的共性发展和学科特征要求而设置的，由公共课和职业技术基础课组成。公共课针对所有专业，按照培养社会人的要求，突出培养现代社会对人所要求的最基本素质。职业技术基础课提供专业群内各专业共同必需的生产技术知识、产品技术知识、材料技术知识和职业基本技能培训，是按行业内职业人的可持续发展的要求开设课程，是毕业生可持续发展的基础保证。“模块”根据不同的专业（或专门化方向）设置，由体现专业（或专门化方向）特色的课程组成。每一个模块以工作任务或工作过程为依据，围绕某一工作过程必需的专业理论与专业技能，综合训练学生的专业能力、方法能力和社会能力。各模块的课程学时数大致相等，学生在修完“平台”课程后，获得专业群共同的职业基础理论和基本技能训练，具备在行业内从事专业群所包含岗位工作的基本职业能力和适应职业变化的能力。在此基础上，学生可根据自己的兴趣特长和就业需要自由选择其中一个模块进行学习，以实现按不同职业方向进行人才分流培养，较好地解决专业群内各专业的针对性问题的目的。

二、建设开放、共享的实训基地

实训基地是高等职业教育中对学生实施职业技能训练和职业素质培养的必备条件，是提高人才培养质量的关键。实训基地建设应以专业群内各专业的核心技能训练为基础，按专业群分类组建实训基地，实现资源共享。实训基地的功能定位应为：①专业群内各专业学生的实践教学基地；②校企合作企业的职工培训基地；③区域和行业职业技能训练考核鉴定基地；④技术开发应用与推广基地。实训基地由技术展示中心、操作技能训练中心、工程技术训练中心和技术研发服务中心组成。

学院应加强对实训基地的管理，特别是建立校内外共享机制。实训基地可实行企业化管理、市场化运作。企业化管理主要是营造企业化的职业氛围，实训方式、过程企业化；市场化运作是指按市场化要求进行实训成本核算，加强设备管理、工具管理、材料管理以及教学管理。通过科学的管理，逐步形成系列化的实训项目、配套的实训教材、一流的指导教师队伍、完善的管理规范。这样才能够建成教育改革力度大、装备水平高、优质资源共享的高水平高等职业教育校内实训基地。

三、课程体系建设

课程体系及其资源建设是专业群建设的核心环节，包括课程体系建设途径与课程资源组成结构。课程体系建设应对专业群面向的技术与服务领域进行分析，明确人才需求和培养目标，通过解析岗位群工作任务来确定专业群课程体系，其实施路径是分析专业群的“职业联系”以及所面向的“服务域”的核心岗位，以其工作领域构建专业核心课程、以工作内容构建课程内容、以工作过程为主线组织教学内容。在课程资源组成结构上，应坚持“基础共享、核心分立、拓展互选”的原则，按照：“平台+模块+方向”和“基础+平台+模块+拓展”等模式，构建“基本工作任务课程+专门化方向工作任务课程+技术性学科课程”三段式、“公共基础课+平台通识课+平台基础课+方向技能课”四段式等不同的课程结构。

在专业群的建设过程中，根据行业发展要求，解构和重组职业岗位群任职能力，将职业标准、行业从业资格和国际标准融入课程，并按照“专业基础相通、技术领域相近、职业岗位相关、教学资源共享”的原则，构建“基础共享、核心分立、拓展互选、能力递进”的专业群课程体系；将专业基本能力课程作为群内共享课程，岗位核心能力课程作为群内各专业的特色课程，课程跨专业设置，为学生提供更多选择；此外，校企协同，强化校内实训、顶岗实习和毕业设计，提高学生的岗位适应能力和综合实践能力。

四、创建优质共享型专业教学资源库

教学资源库是指按照一定的技术规范和专业课程的内在逻辑关系构建的，

由优秀的数字化媒体素材、知识点素材及示范性教学案例等教学基本素材构成的，可不断扩充的开放式教学支持系统。建设教学资源库，是为了整合优秀的教学资源，从而实现教育资源的广泛共享，凸显专业的示范与辐射效应。每个专业群都要围绕核心专业建立自己的教学资源库。教学资源库建设是一项长期的任务，必须充分调动广大教师的积极性，共同参与，可与相关院校按专业群分类，共同研制开发教学资源，形成共建共享的良性循环机制。教学资源库建设又是一个系统工程，需要领导有足够的重视，

五、师资队伍建设

专业群内部师资队伍组建应该打破传统教师分属不同教学单位的固化设置，通过组建集学习者实训、职业技能竞赛培育和企业项目开发功能“三合一”的教师工作室，建立高效团队合作机制，鼓励教师参与一线技术研发并去企业和相关专业管理一线挂职和顶岗工作，增强其社会服务能力。在专业群教师的培养机制上，建设专业群优质资源共享平台，规划专业教师的职业生涯方向，分层次制定教师培训制度，探索校企“互聘、互兼”双向交流机制，促进专业骨干教师积累企业工作经历、提升工程实践能力，构建教师发展性评价体系，完善绩效评价制度。

六、组织管理

专业群作为一种组织形态，其管理机制包括宏观、中观和微观三个层面。在宏观层面，构建“政校行企”多元参与机制，建立人才需求信息平台和人才培养数据平台，联合进行动态人才需求预测与专业布局调整，完善院校质量年报制度和人才培养质量评价机制。在中观层面，完善校企协同参与机制，建立多方组成的专业群建设委员会以及对话交流制度，构建以区域产业为纽带、多主体参与的职业教育集团（联盟），利用“产业学院”“校企融合发展共同体”等平台，以现代学徒制等形式开展人才培养模式改革，探索校企深度融合的人才培养机制。在微观层面，建立“系主任领导下的专业群经理负责制”，实施柔性化的课程组织、专业管理和师资调配制度。

七、人才分类培养与协同育人机制

人才培养模式改革是提高专业群人才培养质量的切入点，涉及人才分类培养与校企协同育人机制构建等问题。高职专业群可以充分发挥其专业结构与资源集成的优势，在考虑学习者个性特点的基础上，通过学分制改革来实现大众

化人才、技能特色人才、创新创业人才的分类培养：实施规范化教学实现大众化人才培养；制定满足个性化实践能力需求的人才培养方案实现技能特色人才培养；在核心专业中实施创新创业人才培养试验教育探索创新创业人才培养。高职专业群人才的分类培养需要校企协同育人机制作为制度保障，可以从“企业与学校的全向全程介入”、“前店后院”式、“教学工厂”项目制教学等模式，来探讨校企双方如何利用教育教学资源和生产经营资源参与教学过程与生产过程的各个环节，进而构建生产、教学、产品研发、技术创新、创业指导等整体互动的协同育人机制。

第六节　案例——环境监测与治理技术专业群建设

一、专业群构成

学院以环保产业链为基础，将处于产业链中心的监测、工程、咨询和管理等环境服务业岗位所对应的专业——环境监测与控制技术、环境工程技术、环境评价与咨询服务、环境规划与管理及清洁生产与减排技术整合为环境监测与治理专业群。本专业群拥有省级示范性特色专业1个，省级特色专业2个，省级精品专业2个，省级教改试点专业2个，省级教师实训培训基地1个，中央财政支持提升产业服务能力专业2个，现有在校学生2 814人，已为环境保护行业培养高素质高职毕业生8 000余人（见表6-1）。

表6-1　环境监测与治理技术专业群建设情况

类别	数量	专业名称
省级示范性特色专业	1	环境监测与控制技术
省级特色专业	2	环境评价与咨询服务、环境工程技术
省级精品专业	2	环境监测与控制技术、环境评价与咨询服务
省级教改试点专业	2	环境监测与控制技术、环境工程技术
省级教师实训培训基地	1	环境工程技术
中央财政支持提升产业服务能力专业	2	环境评价与咨询服务、环境工程技术

二、建设思路

学院根据“专业领域相同、职业岗位相近”原则，优化调整专业结构；根据“校企合作、工学结合”原则，深化人才培养模式改革；根据“底层共享、中层分立、高层互选”原则，推进课程体系建设；根据“资源集成、群内共享”原则，构建资源共享体系；根据“无界合作、协同发展”原则，创新专业群协同机制、构建专业群人才培养质量评价体系。

三、建设目标与措施

建立多元化的人才培养模式；完善多层次共享的专业群课程体系，形成以企业考评为主导的考核评价体系；从“教学、科研、服务”三方入手，打造复合型高水平教学团队；探索“教学工厂”式的实践教学模式，建成集培训、研发、服务于一体的国家级实训基地；通过3年的建设，将本专业群打造成为省内一流、国内有重大影响、特色鲜明的省级示范性特色专业群，辐射带动其他环保类专业群的发展。具体为：

1. 专业结构优化调整

目标：

完善专业调整预警机制和“项目化”产教融合机制，促进人才培养过程管理和专业内涵建设。促使专业链深度融入产业链，不断提升专业优势，将专业群内核心、重点专业建设成为省内一流、国内领先、具有示范、引领作用的专业。

内容：

设立“专业群一体化项目合作办公室”，根据“市场需求”动态、产业集群发展方向，适时调整专业群结构，稳定招生规模，通过广泛的资料收集、考察调研，每年编制1份行业发展动态调研报告，校企共同修订专业群人才培养方案。

措施：

（1）成立环境监测与治理特色专业群建设指导委员会；完善专业调整预警机制。修订《2020年专业及专业群人才培养方案》；成立“专业群一体化项目合作办公室”，根据调研情况编制《2021年行业发展动态调研报告》。

（2）建立“项目化”产教融合机制，校企深度合作，发展内涵建设；开展专业及专业群市场调研，根据调研结果制定《2021年专业及专业群人才培养方案》；编制《2021年行业发展动态调研报告》，并适时调整专业结构和招生规模。

（3）进一步完善专业调整预警机制和“项目化”产教融合机制，校企共同完成专业及专业群人才需求调研，深化工作过程导向和现代学徒制人才培养模式，及时调整专业群人才培养方案并编制行业发展动态调研报告。

2. 人才培养模式与课程体系改革

目标：

根据专业群各专业特点，建立多元化特班制人才培养模式，构建全方位、多层次人才培养机制。完善“五个对接”，构建“平台+模块”专业群课程体系，形成“核心实验—综合实训—顶岗实习”的能力递进实践教学体系。

内容：

（1）支援和加强对西部地区、民族地区、边疆地区、贫困地区的环境保护研究工作，设置定向培养班；与技术领先、资源丰富、规模较大的龙头企业签订长期或短期的联合培养协议，设置联合培养班和订单培养班；面向基层、行业机构设置“现代学徒制”试点班；与国外高校联合招生，联合制定教学标准，国内、国外分段实施教学，合作设置国际联合培养班；联合有关高校建立应用型本科班、研究生班。

（2）根据职业岗位（群），构建“底层共享、中层分立、高层互选”专业群课程体系（见图 6-1），优化岗位技术技能课程的设置，实践教学比例大于50%。实施“2+0. 5+0. 5”教学模式，学生在第一个 0. 5 学年中通过参与真实项目，明确自身专业兴趣特长和不足之处，并在后一个 0. 5 学年中选择拓展能力课程，满足学生个性发展。

（3）以实验、综合实训、实习循序渐进，企业全方位参与专业课程教学和人才培养质量评价。工学结合的专业群实践教学体系结构见图 6-2。

①专业群核心课程实践。以项目或任务为载体，采用“教学做合一”的教学方式，进行单项技能训练，培养专业群共性的专业单项能力。

②专业群综合实训。根据专业群面向的职业技术领域内通用基础技能和综合性工作任务，开发职业通用技能培训包 5 个，岗位单项技能培训包 15 个，将职业技能培训标准与职业技能鉴定标准相结合，开展“基于工作过程”的递进式实训教学，培养学生在环保工作中应具备的综合职业能力。

③专业群顶岗实习。根据专业群就业岗位的技术需求以及面向的环保产业四大“服务域”对学生培养的具体要求，校企合作共同开发 12 个岗位综合技能培训模块，包括专业方向项目实训模块和专业顶岗实习模块，制定顶岗实习任务及过程监控标准及第三方评价标准。

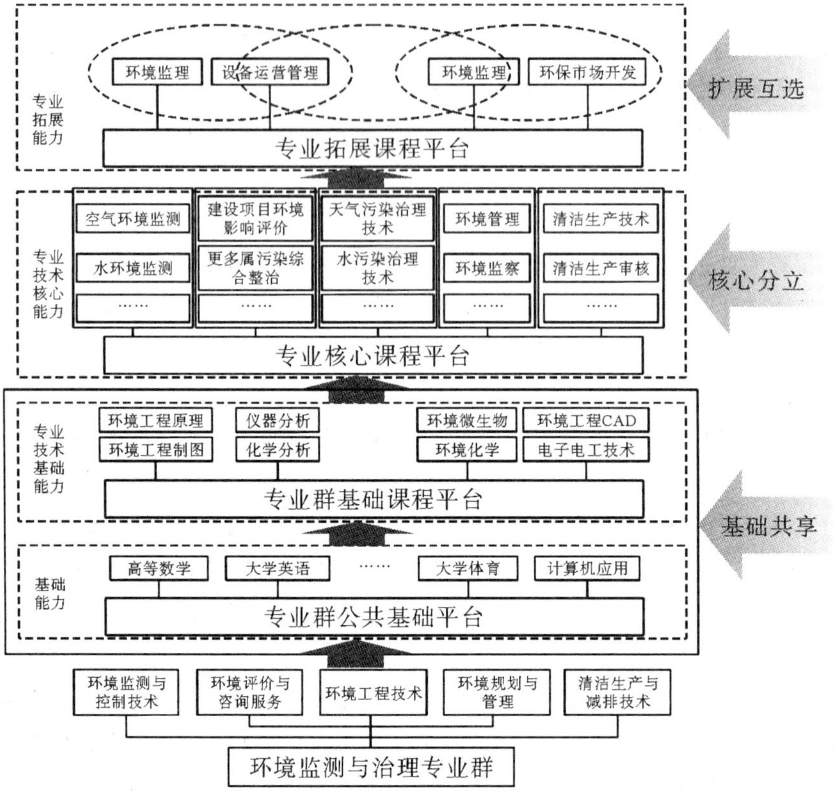

图 6-1　专业群“平台+模块”课程体系示意图

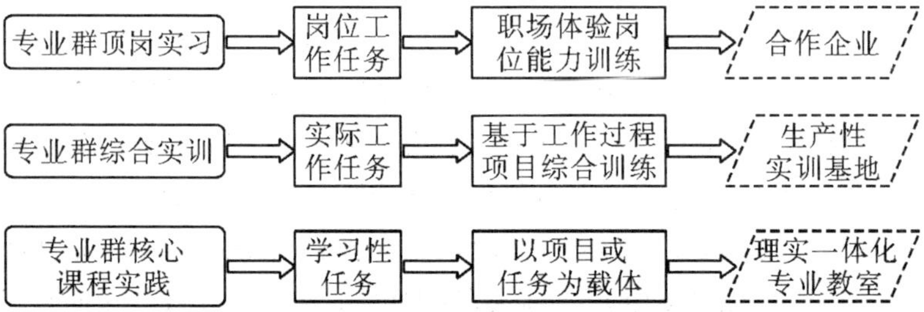

图 6-2　工学结合的专业群实践教学体系结构图

（4）校企联合开发资源，开放管理，以学校课程资源和企业的技能资源为基本单元，实现学校“岗位群、专业（方向）、课程体系”，企业“职能部门、岗位群、技能体系”逐层提升的金字塔组织结构；建成环境包括化学等 9 门专业共享型优质空间课程和水环境监测等 19 门专业核心课程的网络教学资源体系；开发环境监测、治理、管理和评价职业资格认证标准、试题库、卷库和评分标准；建设 1 500 分钟微课及 5 门 MOOC；校企合作开发教材 8 本。

措施：

（1）制定“现代学徒制”试点班人才培养方案，招生 20～30 人，推进“现代学徒制”试点班教学，开设定向培养班和联合培养班。

（2）制定《全面学分制实施办法》，探索实施全面学分制。

（3）制定《学生分级评价实施办法》，优化基础教学学生分级评价体系，建立企业鉴定学生分级评价体系，建立第三方综合学生分级评价体系。

（4）整合优化网络资源，改革教学管理。

（5）完善人才培养质量诊断与改进制度，落实人才培养质量诊断与改进工作。

（6）完善整合专业群现有公共课平台及专业基础课程平台中的课程结构，突出课程内容的共享性，调整实践教学在共享课程中的比例，实训课程比例达到 53%。

（7）探索学分制下教学组织形式及教学质量追踪办法。

（8）探索生产性实训环节多方评价制度。

（9）全面实施学分制，完善教学质量评价体系，企业全方位参与生产性实训和顶岗实习环节的评价考核。

（10）完成水环境监测省级名师空间课程的建设和空气环境监测、环境管理 2 门名师空间课程；优化现有环境影响评价、环境监测、环境工程技术、环境微生物及普通化学五门共享课程教学资源；优化现有水环境监测、空气环境监测、建设项目环境影响评价、水污染控制工程四门专业特色优质核心课程教学资源；开发专业通用技能培训包 5 个，单项技能培训包 5 个；建设 2 门 MOOC，500 分钟微课。

（11）校企合作开发环境规划、分析化学 2 门优质共享课程资源。

（12）校企深度开发环境认证与咨询、固废与土壤监测、环境管理、环境法与环境执法、大气污染控制工程、清洁生产与循环经济、清洁生产技术、清洁生产审核 8 门优质专业核心课程资源。

（13）开发单项技能培训包 10 个。

（14）校企深度开发环境服务市场营销、环保设备设计与应用、固体废物处理处置及资源化、环境监察、物理监测、生物监测、企业能源审计及节能规划 7 门专业优质专业核心课程资源，完善原有 10 门优秀课程资源。

（15）开发综合技能培训包 12 个。

3. 专业群共享实践教学条件建设

目标：

（1）加大投入、整合资源，优化校内实训基地功能。建成环保综合实训大楼，完全满足教学、培训、生产和科研需要，模块化专业技能训练项目均有对应的实训室，实训项目开出率达到100%。

（2）加大校内生产性实训基地建设力度，建成环境工程校内生产性实训基地及仿真实训平台，为社会提供环境工程技术信息化仿真教学资源，实现网络环境条件下环境工程技术资源社会共享。申报“专业群生产性实习实训基地建设研究与实践”和“环境工程技术校内仿真实训基地建设”并取得省级及以上教育教学成果。

（3）校企互通、深度融合、转变功能，创新校外实训基地建设。依照“校企合作、共建共享”的校外实训基地遴选原则，发展和建设与专业需求相适应的紧密型实训基地。

内容：

（1）新建10 000平方米环保综合实训大楼一栋。以校园水处理平台为基础，依据小型污水处理厂的基本配备，建设校园污水处理站，并将其打造成为集校园生活污水处理、岗位技能培训、社会科普宣传教育为一体的环境工程校内生产性实训基地，学生全真、实岗参与污水处理站的运营。以环境综合实训基地为依托，建成湖南省环境工程技术仿真实训中心，打造环境工程技术仿真实训平台。

（2）制定《专业群校外实习实训基地遴选、考核管理办法》，新建校外实训基地10个，发挥基地在教学、实习、教材、评价、教师培训、学生就业等多方面的作用。双方共同合作开展人才培养方案制定、课程开发、教师实践培训、技术项目攻关。

措施：

（1）设计并建设环保综合实训大楼，整合现有校内实训基地资源，合理分配利用教学资源。校内实训基地资源优化、结构合理，共性和特性界限清晰，课程实训项目开出率达100%。

（2）建设校园污水处理站并投入使用，全真实景开展生产性实训教学；充分发挥校内生产性实训基地在专业教学及教改中的作用，进一步完善校园污水处理站运营机制；开发环境工程技术信息化仿真教学资源，实现网络环境条件下环境工程技术资源社会共享。

（3）开发环境工程技术信息化仿真教学资源。

（4）进一步完善实习实训基地考核评价管理办法；新建校外实训基地2个，重点培养有长期合作关系的企业2个。

4. 教学团队建设

探索校企双专业带头人、课程校企双骨干教师、校企双向兼职双重身份、校企双方提供双向保障的“四双”专业群师资队伍建设模式。

打造一支由1名领军人物、1名名师、10名专业带头人、40名骨干教师和40名兼职教师组成的教学团队，双师型教师比例达到100%。

内容：

（1）通过国内外学术访问、先进教育教学理论研讨、科研教改、提升职称、行业实践等途径，提高院级专业带头人业务水平；选拔、引进或聘任（聘用）具有行业背景、专业实践能力强、掌握前沿技术和关键技术、具有行业影响力的现场专家5名作为专业带头人。

（2）设立5个“名师工作室（校内）”、5个“专业教师流动工作站（校企合作单位）”，充分发挥名师的示范、辐射和指导作用。

（3）按岗位核心课程确定相应的骨干教师，通过引进行业专家、在职培养、企业锻炼、国内外进修培训、学术交流等形式，培养40名骨干教师，其中省级青年骨干教师7名。

（4）专业教师3年内全部脱产到企业交流实践半年以上，每人每两年至少主持技术服务项目1项或每年承担200个样品的分析工作。

（5）坚持“德育为首、教育为主、育人为本”的原则，健全科学的师德师风评价机制，培养教师良好的师德师风。

（6）从校企合作单位中聘用40名有实践经验的工程技术人员、社会能工巧匠担任兼职教师，建立兼职教师库，实行动态更新。将专业生产性实践课程主要交由企业兼职教师承担，兼职教师承担专业课时比例达到50%。

措施：

（1）按照行业发展对领军人物的要求制定《专业群领军人物遴选考核办法》和《名师大师评定标准》，确定领军人物和名师培养对象；安排1名培养对象国外访学半年，掌握专业前沿技术。

（2）修订完善专业群的《专业带头人选拔标准》，确定专业群各专业校外带头人培养对象；设立环境规划与管理专业、环境咨询与服务技术专业名师工作室各1个并开展相关工作；安排2名专业带头人出国访学半年；主持省部级以上科研课题人均1项。

（3）设立清洁生产与减排技术专业名师工作室并开展相关工作；安排2

名专业带头人出国访学半年；主持省部级以上科研课题人均 1 项。

（4）选派 2 名培养对象国外访学半年，掌握专业前沿技术；主持 2 项省部级以上科研课题，参加国际学术交流、行业学术交流；主持行业标准、专业标准的编制，在行业中具有较高知名度和广泛影响力。

（5）培养省级青年骨干教师 2 人、院级青年骨干教师 5 人以上，对骨干教师进行专业培训，安排访学、顶岗实践，使其了解熟悉专业前沿技术。

5. 科研和社会服务能力建设

在现有基础上，进一步加强科研团队和社会服务能力建设。立足行业需求和地方经济社会发展需要，发挥专业优势，以专业建设水平的提高进一步带动社会服务能力的提升。

目标：

（1）以服务地方经济社会发展为宗旨，发挥专业优势，将专业建设与社会服务能力建设紧密结合，以专业建设水平的提高带动社会服务能力的提升。

（2）将“湖南省大气有机物 VOC 监测与控制技术中心”建成我省大气 VOCs 监测与控制技术开发与应用推广平台；立项省部级重点科研项目 5 项以上，市厅级课题 10 项以上。

（3）对外技术服务年到账金额不少于 1 000 万元；每年培训人员总人数在 5 000 人以上；每年完成 2 000 人次以上的环境保护类各工种职业技能培训和鉴定工作；建成环境保护部重金属在线监测与资源化国家工程技术研究中心。

内容：

（1）依托学院“湖南省大气有机物 VOC 污染监测与控制技术中心”，承担湖南省 VOC 污染监测与控制公关项目 1~2 项，每年为社会开展 VOCs 监测与控制技术相关培训 1~2 期。

（2）与行业、企业合作组织科研技术攻关和技术开发，每年申报科技厅、教育厅、环保厅等各级各类课题。

（3）提升技能鉴定层次，开发环境监测、环境工程技术等相关工种技师职业资格培训与鉴定。

（4）为企业提供技术咨询，解决技术难题，开展多种形式的对外技术服务。

（5）进一步开拓江西、重庆、广西等中西部服务领域，开展多形式、多层次的技术培训。

措施：承担湖南省大气有机物 VOC 污染监测与控制技术攻关项目 1 项，开展相关培训 1 期；建设重金属在线监测与资源化国家工程技术研究中心；立项省部级重点科研项目 3 项。

6. 专业发展机制建设

目标：

按照“人才共育、过程共管、成果共享、责任共担”的要求，完善校企一体化合作机制；完善职业教育质量评价机制；形成核心专业带动、共同发展的示范性特色专业群。具体为：

（1）充分发挥行业优势，推动并完善校企合作办学、合作育人、合作就业、合作发展，创新环境类专业校企全程合作、深度融合的校企共育、协同创新的一体化合作机制。

（2）通过建立多样化的校企合作信息沟通制度和平台，校企双方在各自内部建立校企合作育人的组织协调机构，以定期或不定期召开会议等方式，建立专业群与合作企业的信息沟通机制。

（3）完善教学质量评估体系，通过行业企业多方参与，实行以学生为主体、以教师为主导、校内与校外相结合的开放式综合性的三方质量评价体系，推动人才培养质量监控和内部管理。

（4）建立督导信息发布制度和整改信息反馈制度，建立班级学生信息员制度，切实加强对教学质量的整体监控。申报“校企联动的教学组织模式创新及质量监控研究”并取得省级及以上教育教学成果。

内容：

（1）加强与核心企业的深度合作，积极推动职业教育标准化和规范化建设，共同制定一批专业教学标准和技能标准，并实现所有核心课程的校企共建。

（2）通过项目化教学改革课程，进一步探索和完善学生自主评价的教学质量评价方式。

（3）通过企业参与教学活动、对教学全过程进行评价，完善“以行业为主体”的学校外部评价模式。

（4）建立课程的知识级、技能级、应用级等多级考核机制，建立学生综合素质评价制度，引入科学适用的第三方评价体系。

（5）建立专业（群）质量管理及评价体系，全面实施人才培养质量诊断与改进制度。

措施：

（1）在原有基础上新增 3 家校企深度合作企业，共同制定、修改校企合作的相关制度；校企合作制定人才培养方案、教学标准、技能标准，建设专业核心课程，共建技术中心、培训中心，开展社会培训。

（2）完善原有教学质量评价制度，建设“项目化”“一体化”课程的质量监督及评价体系，细化学生自评及互评标准，专业群核心专业课程50%采用学生自主评价方式。

（3）加大校企合作课程的建设力度，企业参与课程教学，完成全过程评价，外部评价方式占主体地位。

（4）根据专业人才培养方案和拔尖人才培养方案，建立分级分层的评价考核机制，建立综合素质评价制度。

（5）建立质量管理体系并通过外审；构建并逐步完善“学校、社会、企业”三方对专业（群）学生培养质量的监控和评价模式。

（6）根据用人单位、职业岗位对专业人才的要求，校企共同构建专业（群）质量管理及评价体系，制定人才培养质量诊断与改进制度。

（7）在专业核心课程、学生综合实训、顶岗实习等教学环节中运用多方评价模式开展跟踪评价，对过程中存在的问题进行修订、完善。

（8）引入第三方评价体系，多方评价模式运行正常，评价科学、合理、准确。

（9）全面实施专业（群）质量管理及评价制度、人才培养质量诊断与改进制度，发挥行业企业在评价诊断中的主体地位，创新校企协同发展机制。

第七章　课程开发

第一节　基于工作过程系统化设计的课程教学模式改革

一、工作过程导向的理论基础与背景分析

课程开发以学生就业岗位群为前提，以职业岗位分析所涉及的工作对象、工作内容、工作手段、工作组织、工作产品和工作环境6个要素为切入点，遵循“确定典型工作任务，归纳行动领域，转换学习领域，构建教学情境，设计教学策略，建立质评体系”课程开发6道程序，在实施项目导向、任务驱动课程教学过程中有机融入资讯、计划、决策、实施、检查、评价6个步骤。

基于工作过程的课程设计方法遵循设计导向的现代职业教育指导思想。设计导向对职业教育课程开发方法的研究发挥了积极作用，对当代西方职业教育理论发展和实践有着重大影响，目前成为欧洲和联合国教科文组织职业教育改革的主流指导思想。设计导向的核心理论是，在教育、工作和技术三者之间没有谁决定谁的关系，在技术可能性和社会需求之间存在着人为的和个性化的设计空间。现代社会，劳动者的专业能力、关键能力和个性特征等因素组成的综合素质至关重要。设计导向职业教育强调职业教育培养的人才不仅仅要有技术适应能力，更重要的是要有能力“本着对社会、经济和环境负责的态度，参与设计和创造未来的技术和劳动世界”。基于工作过程的课程设计方法打破了传统学科系统化的束缚，将学习过程、工作过程与学生的能力和个性发展联系起来，在培养目标中强调创造能力（设计能力）的培养，而不仅仅是被动地进行适应能力的训练。培养这种能力是基于工作过程的课程设计方法的本质与优势，因为它不仅强调如何培养职业适应能力，更着眼于培养职业竞争力（设计与建构能力），即要求每一个职业岗位的从业人员不仅能够适应职业工作，而且能够主动设计或建构自己的工作任务，在工作中成为具有竞争力的人。

从学生学习的角度来看，存在两类知识：一类是陈述性知识，即事实性、概念性等属于“是什么”的知识，以及理解性、论证性等属于“为什么”的知识；另一类是过程性知识，即操作性规程和经验性知识等属于“怎么做”的知识，以及作为优化手段之一的策略性经验知识等属于“怎么才能做得更好”的知识。高等职业教育教学中，这两类知识都要涉及，但重点应该放在“怎么做”和“怎么才能做得更好”上，即过程性知识。过程性知识是指包含在实际工作中的知识。随着现代社会与职业教育的发展，人类逐渐意识到现代职业教育课程的关键在于解读嵌合在实际工作中的知识。在基于工作过程的课程设计中，过程知识是理论与实践联系的纽带，是解决工作中书本知识与实际经验之间矛盾的关键。其核心是通过综合的、具体的职业实践活动，帮助学生掌握实际工作中的过程性知识，获得需要的综合职业能力。由此可见，基于工作过程的课程设计方法，特别有利于学生对过程性知识的学习。中国的高等职业教育是以高中毕业学生拥有的学科性知识为起点、以高素质技能型人才为培养目标的教育。高素质技能型人才在高中文化基础上，以过程知识为主体需求，并辅之以对其他知识的学习。因此，在高等职业教育过程中，特别需要强调学生对过程性知识的学习。

基于工作过程的课程设计方法本身是伴随大量的教育实验产生的，与 DACUM（developing a carriculum，教学计划开发）一样，基于工作过程的课程设计方法的基础也是工作分析和专家座谈会，但与 DACUM 不同的是，基于工作过程的课程设计方法将工作作为一个整体来看待，更加关注工作过程的整体性和完成工作任务所需的创造能力。

二、基于工作过程的课程设计方法实施步骤

所谓工作过程，是在企业里为完成一件工作任务并获得工作成果而进行的一个完整的工作程序。现代企业和社会已经进入以过程为导向的综合化运作时代，在工作中所需要的知识技能、要解决的实际问题，都是综合性的，必须与整体化的实际工作过程相联系。基于工作过程的课程设计方法以整体化的职业分析为基础，以具有职业特征的典型工作任务为基本素材，主观上将职业工作作为一个整体化的行为过程进行分析，而不是具体分析那些“点状”的、缺乏有机联系的知识点和技能点，构建“工作过程完整”而不是“学科完整”的职业教育课程。

1. 基本步骤

基于工作过程的课程设计方法主要包括三个基本步骤：第一步，典型工作任务分析。通过工人专家访谈会确定某个职业的典型工作任务，按照能力发展和职业成长规律确定典型工作任务的难度等级和顺序，并对其进行分析描述。第二步，学习领域设计。在对典型工作任务分析的基础上设计出学习领域，针对每一个典型工作任务，准确确定和描述所对应的学习领域，给出学习目标、内容和基准学时要求，并将学习领域按照学生的职业成长规律和教学规律进行时间上的排列，得到专业的学习领域课程计划，完成学习领域设计。第三步，开发编制学习领域课程教学大纲。对整个专业每个学习领域课程进行开发，将学习领域变成可以教学的课程，开发编制学习领域课程教学大纲。

2. 以遵循职业成长规律为基础设计学习领域

基于工作过程的课程设计方法按照新手到专家的职业成长规律进行学习领域课程顺序的设计（见图 7-1）。该方法认为，人的职业发展是按照从新手到专家的过程进行的。这个过程总共经历 5 个阶段，即新手、高级初学者、有能力者、熟练者和专家。

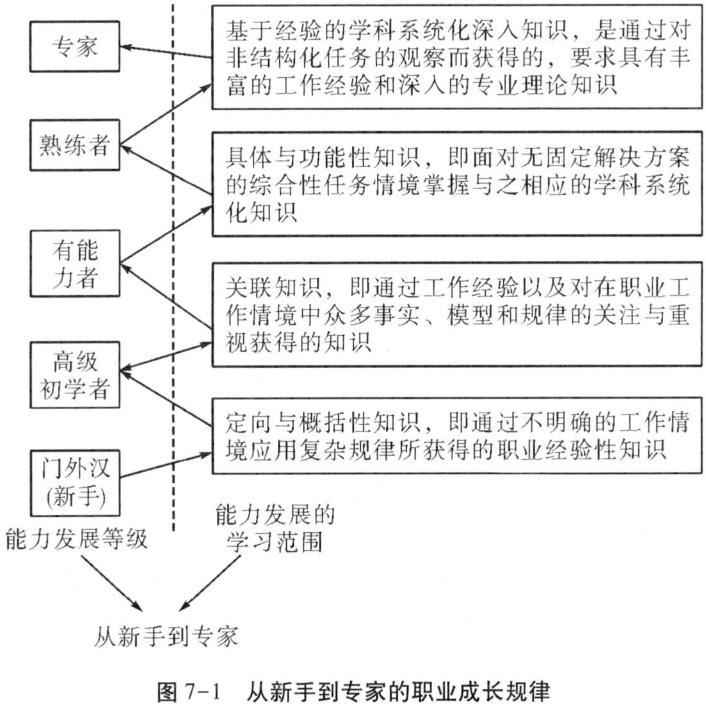

图 7-1　从新手到专家的职业成长规律

在职业教育中，首先需要给学生逐步灌输专门职业技能，然后逐步扩展知识的深度和广度。按照职业成长规律，基于工作过程的课程设计确定典型工作任务之间的逻辑顺序，从能力发展的角度对职业教育的内容进行系统化处理，其课程的学习难度也逐渐加深。

3. 理论与实践融合前提下确定学习领域课程

职业教育课程开发的核心问题是实现理论与实践教学的融合。但是在先前的职业教育课程设计中，理论与实践教学通常都是平行或者分离的，实践教学和理论学习在内容上协调不充分，很难实现两个学习场所一体化，学生也很难将理论和实践学习中学到的知识联系起来，形成整体化的职业行动能力。而基于工作过程的课程设计方法是设计“以职业任务和行动过程为导向”的学习领域课程，是一种理论与实践一体化的现代职业教育课程模式，可以使学生将“在工作过程中的学习”和“课堂上的学习”进行整合，最大限度地培养学生的职业能力。

基于工作过程的课程开发方法适用于创新型国家和市场经济对职业人才的要求。基于工作过程的学习领域课程是实现职业竞争力目标的基本保证，所以，以职业竞争力为导向，必须以基于工作过程的学习领域课程为核心和主线。学习领域课程的目的在于让学生在（尽量）真实的工作情境中学习如何“高效率地工作”和“富有创造性地工作”，以在这一过程中着重培养学生的综合职业能力，提升学生的职业竞争力。构建学习领域课程为主线的课程体系和“理论-实践”一体化的综合性课程，是体现“工作过程-支撑平台系统化课程”专业课程体系典型结构特征的关键和重点。

4. 职业与设计导向性

基于工作过程的课程设计方法在教学设计中给出的学习目标和内容要求必须体现该职业特有的知识和技能，给出每一个学习领域与职业活动的表述及其与职业成长规律中能力发展阶段的 4 个学习范围难度间的关系。而职业分析中每一项典型工作任务总能体现出一定的设计需求，使职业教育课程计划中的工作和学习内容不再仅仅是现有职业实践的忠实再现。通过有目的地设计工作内容，工作任务具有了一定的前瞻性和先进性。因此，设计的部分课程中，学习内容一般是职业实践中没有固定答案的学习任务，学生可以充分发挥自己的创造力与想象力。通过学习，学生不但可以独立设计解决问题的策略并尝试解决问题，而且能够确定评估标准并进行评估，从而促进学生职业竞争力（设计与建构能力）的发展。

5. 支持学习领域的课程平台

（1）专业基础课程平台。专业基础课程本身不是学习领域课程，其目的不在于培养学生完成工作任务的综合能力，而是学习领域课程的支持课程，目的是使学生掌握完成工作任务所依托的方法、工具、功能、技术（智力）、规范或掌握完成工作任务所需要的系统化知识。从典型工作任务中分解所需的支撑理论知识，并再分为仅与该典型工作任务相关且较少要求系统化的理论知识，和可能与多门学习领域课程有关且需要系统化的理论知识，将后者构建成独立开设的基础课程，其课程体系即构成专业基础课程平台。

（2）职业基本技术、技能训练课程平台。职业基本技术、技能训练课程是从完成典型工作任务中分解出所需的基本技术、技能构建成的指向职业基本技术、技能训练的实训课程，其课程体系构成职业基本技术、技能训练课程平台。职业基本技术、技能训练课程平台对学习领域课程的支撑作用，能有效提高能力培养的效率。

（3）职业领域公共课程平台

公共课程平台是考虑职业竞争力模型和典型工作任务中蕴含的职业能力和基本素质要求，以及对学习领域的专业基础平台课程的支持和国家对高等职业教育培养人才的基本要求，而设计的公共课程平台，其课程体系构成职业领域公共课程平台。

（4）职业资格证书课程组

学历证书和职业资格证书“1+X 证书”制度，是高职教育满足用人要求的制度性保障，专业课程的教学内容应覆盖相应职业资格要求，通过学中做、做中学，突出职业岗位能力培养和职业素养养成来实现。因此，职业资格证书课程应包括在课程体系结构中，分为获取相应职业资格证书性质的课程和单独开设的证书考试课程两部分。

（5）职业拓展课程组

职业拓展课程的目的在于实现知识和能力的拓展，使学生具有一定的职业迁移能力。它们可以是能力性的拓展，也可以是知识性的拓展；可以是学习领域性质的课程，也可以是平台性质的课程，可视专业的具体情况而定。

第二节　DACUM 课程开发

DACUM 是我国引进的一种先进的课程开发模式，是以开发职业能力为目标导向的一种较为快捷、准确的职业能力分析方法。DACUM 产生于二十世纪六十年代末，是由加拿大经济发展部试验项目分部和纽约学习通用公司发明的。他们在教学培训过程中发现培训目标和实际情况出入很大，以至于教学培训无法满足实际工作的需要。为了解决这一问题，寻找一条合适的道路，他们先后进行了大量的实践和理论研究，终于研制开发了DACUM，即教学计划开发。DACUM是Develop A Curriculum的缩写，本质是一种分析和确定某种职业所需能力的方法。这种方法现已成为一种科学、高效、经济的分析确定职业岗位所需能力的职业分析方法。DACUM的前提是教育服从于产业的发展，其理论基础是美国教育学家布鲁姆（Benjamin Bloom）提出的“有效的教学始于准确希望达到的目标”。DACUM所遵循的原则是必需的准则和够用的量度。

DACUM采取职业分析研讨会为主要形式，主要工作程序有：确定职业名称和内容、分析能力领域、确定单项能力、排序能力领域和单项能力、确定能力操作评定等级、完成能力图表制作等。在此后的几十年中，又出现了若干各具特色的职业分析方法，比较典型的有澳大利亚职业分析方法和德国职业分析方法（BAG）等。澳大利亚职业分析方法的主要工作程序有：职业技术领域界定、确定能力领域和能力单元、分析能力要素、确定行动标准等。德国职业分析方法（BAG）的核心内容是“典型工作任务分析”和“实践专家研讨会”，主要工作程序有：分析工作岗位、提取典型工作任务、确定典型工作任务难度范围、典型工作任务分析等。

职业分析涉及三方面内容：一是职业分析的主体；二是描述职业工作的方式；三是职业分析的具体形式和步骤。职业分析作为课程开发的基础工作，目的是找出工作、职业要求和学习内容之间的联系。职业分析方法的本质是用一种可以作为后续课程开发基础的适当方式描述职业工作，找到从事该职业工作所需要的基本要求或能力表现形式，目的是用更准确的表现方法和恰当的方式使描述的职业具有可靠性、有效性和代表性。职业分析的主体是行业企业专家，而非学校教师；采用专家集体头脑风暴法得出结论，而非仅用问卷调查或个别访谈法；充分重视职业分析研讨会主持人的主持与引领作用；对职业分析结果用科学、规范的文字形式表述。DACUM方法强调技能在职业岗位工作中的作用，详尽的技能点分析是职业分析的重要结果。澳大利亚职业分析方法建立在DACUM方法的基础上又有所发展，更注重能力的技术要素在工作中的作用。德国的职业教育有其独立性和特色，最新的基于工作过程的职业分析方法于近十年提出，该方法关注职业工作过程和人类劳动的整体特性，用与工作过程相关的典型工作任务对现代职业活动进行全面分析，强调完成工作任务的综合能力，而非单项的技能在职业工作中的重要性，用典型工作任务描述职业，首次在职业教育课程开发中提出“设计导向”的理念，代表了先进生产力对技能型人才的新需求，并通过 BAG 法“使设计导向”的理念在职业教育课程开发中得以贯彻。德国职业分析方法严谨且刻板，代表了德国人的文化传统和思维方式。可以说不同的职业分析方法反映了经济发展阶段以及经济发展方式对人力资源需求的差异，也反映了教育理念的进步和文化传统的特点。

第三节 职业竞争力导向“工作过程-支撑平台”系统化课程开发

高林、鲍洁在分析国外三种课程开发的基础上，结合我国高等职业教育国情，创建了符合中国国情的高等职业教育课程开发职业分析方法。

一、中国高职教育特点

在发展高职教育过程中，中国自身的国情特点及其对高等职业教育的影响，主要有以下方面：

1. 中国经济整体上还处于工业化阶段，以劳动密集型生产为主，刚刚开始经济发展方式转型的历程，且经济社会发展不平衡，这就造成各地人力资源类型需求随生产方式的不同而有所差异。

2. 产学合作是发展高等职业教育的根本途径，如何从国家层面以国家框架的形式给予保证，以及如何适应市场经济体制形成校企双赢互利的机制等都还有待研究。

3. 重视学历、重视知识是中国长期的文化传统，将大专层次的学历教育与高层次职业教育相结合的中国特色高等职业教育，符合中国的文化传统和基本国情。

4. 高等职业教育的教学改革发展不平衡，不同地区之间、示范校与非示范校之间、公办校与民办校之间、独立设置的高职学院与本科大学办的高职院校之间，无论在对高等职业教育性质、理念的理解，还是在改革的实践以及保障的条件和环境等方面都存在很大差距。

二、课程开发原则

创建中国特色的高等职业教育课程开发中，职业分析方法必须兼顾多方面因素，遵循以下原则：

1. 先进性

能力本位是高等职业教育的本质特征，而培养能力的内涵反映了人才培养目标的要求，体现着高职教育是否具有先进性。世界各国具有先进性的职业教育都把面向未来的综合职业能力培养作为职业教育的目标。为此，我们提出高职教育从培养职业适应能力向培养职业竞争能力转变的改革目标，在课程改革时进行课程开发的职业分析中必须从职业工作过程和人类劳动的整体性出发，主要依据工作过程完整的综合性典型工作任务进行职业描述。

2. 中国特色

高等职业教育是高等教育领域的职业教育，这本身就具有中国特色。它反映了培养的高素质技能型专门人才在技能上的复杂性、在团队项目工作中的领导和管理责任，以及必须具备的高等教育要求的人才素质。因此在课程开发的职业分析中必须体现出完成综合工作任务需要的基础性知识和基本技术技能，以及对高等教育培养专门人才的综合能力要求。

3. 可实施性

中国的经济社会发展不平衡，劳动密集型和知识密集型生产方式并存，行业企业对高职人才的基本要求不一样，尤其是对基本技术技能、综合应用能力需求的侧重不同，要求职业分析方法具有一定的灵活性和可调整性，以适应不同人才的工作要求和不同专业课程开发的需要。

三、课程开发步骤

在高等职业教育课程改革中，我们在创建的职业竞争力导向“工作过程-支撑平台”系统化课程模式和开发方法基础上提出了一个新的职业分析方法，也可称为职业竞争力导向的“工作过程-支撑平台”职业分析方法。这一职业分析方法的程序结构见图 7-2。高等职业教育课程开发中职业分析方法的步骤与内涵如下：

第一步：行业企业调研。

在专业设置合理的条件下进行专业课程开发时，第一步是进行行业企业调研，其主要目的和任务包括：

（1）确定专业可能面向的职业领域（职业领域数≤3）；

（2）确定每个职业领域高职教育适应的职业岗位；

（3）了解每个职业领域相关的职业资格或职业技术等级证书；

（4）选定参加行业企业专家职业分析研讨会各职业领域的专家；

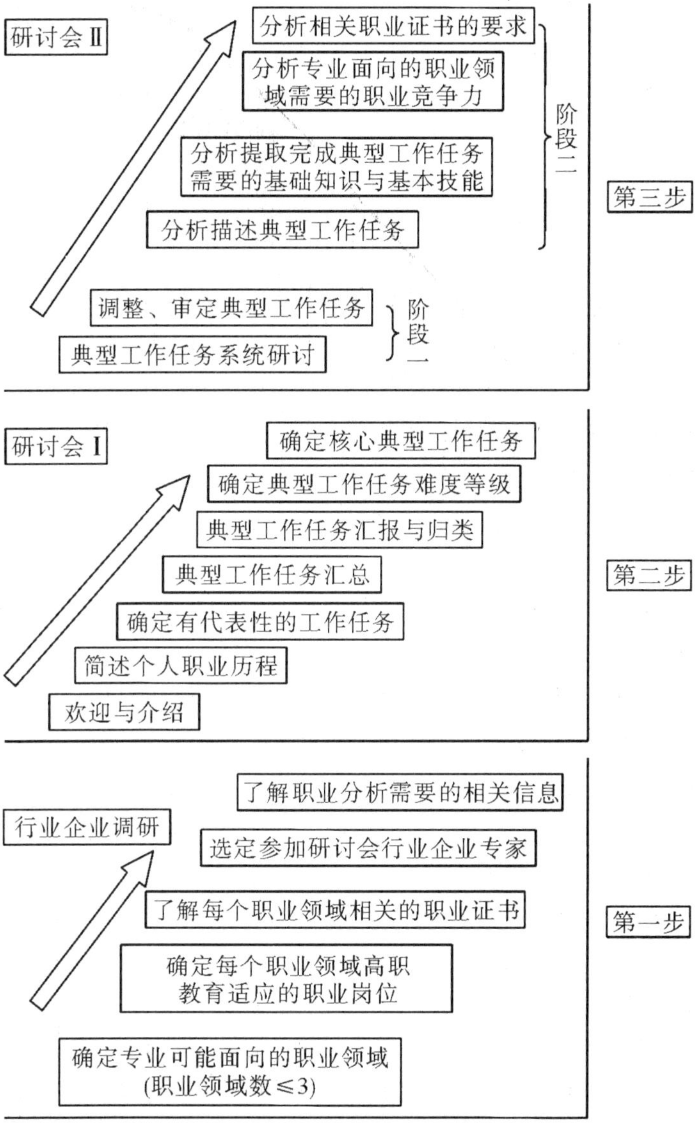

图 7-2　职业分析方法程序结构

(5) 了解相关职业标准、职业环境，了解教育行政部门相关专业设置的基本要求，以及进行职业分析的相关概念与方法（对参加职业分析研讨会全体人员的要求）。

第二步：召开第一次行业企业专家职业分析研讨会。

召开行业企业专家职业分析研讨会的目的是通过分析典型工作任务而进行

整体化职业分析，用典型工作任务的形式描述职业工作，并为教学过程设计确定这些任务的难度等级和教学顺序。要按照第一步确定的专业面向的职业领域召开职业分析研讨会。

第一次行业企业专家职业分析研讨会的主要任务是：

（1）确定典型工作任务 10~20 个；

（2）确定典型工作任务难度等级；

（3）确定每个等级中核心典型工作任务。

第一次行业企业专家职业分析研讨会对参会人员的要求包括：

（1）来自专业面向的职业领域行业企业专家 9~12 人，他们本身应为高职毕业生，正在相应岗位工作或已提升；也可以具有本科以上学历，但必须了解该专业面向的职业领域高职毕业生的岗位工作。他们是第一次行业企业专家职业分析研讨会的主角，研讨会根据每位专家的经历与经验，分组讨论，通过集体头脑风暴法，完成确定该职业领域典型工作任务等工作。

（2）来自高职教育领域的课程专家、专业的课程开发教师若干。他们是第一次行业企业专家职业分析研讨会的旁听者，不发言，为后续的职业分析和课程开发做好准备。

（3）职业分析研讨会的主持人应为高职教育课程开发专家，掌握职业分析方法，有丰富的职业分析实践经验，且有行业企业工作经历，但不要求有相关专业背景。研讨会主持人需要自始至终以饱满的热情和理智的中性立场引导和激励行业企业专家进行讨论，并在有限的时间内达成共识。所以主持人是研讨会的关键人物，人员的选择尤为重要。

第一次行业企业专家职业分析研讨会的程序是：主持人致辞欢迎，行业企业专家自我介绍；主持人介绍研讨会背景、目的、内容、指导思想与程序安排；专家个人简述职业历程；专家个人确定职业历程中有代表性的工作任务；小组进行典型工作任务汇总；对各组确定的典型工作任务进行汇报与归类；形成整体典型工作任务方案并对典型工作任务进行难度等级划分；在各难度等级的典型工作任务中确定核心典型工作任务。

第三步：召开第二次行业企业专家职业分析研讨会。

第二次行业企业专家职业分析研讨会分为两个阶段，参加人员与第一次研讨会相同，以行业企业专家为主，但来自高职教育领域的课程专家、专业的课程开发教师要参与研讨、发表意见，并与行业企业专家一起完成分析任务。

第一阶段：

从参加第一次行业企业专家研讨会人员中选出行业企业专家 3~4 人，课程专家、课程开发教师3~4人，参加第一阶段的研讨活动。

主要任务是：对第一次研讨会的结果——典型工作任务、典型工作任务难度等级、核心典型工作任务进行系统研讨和调整审定。

第二阶段：

参加第一次研讨会的行业企业专家、课程专家、课程开发教师全体人员参加第二阶段的研讨活动。

主要任务包括：

（1）完成每个典型工作任务分析表；

（2）分析提取支撑完成典型工作任务需要的基础性知识与基本技术技能；

（3）分析专业面向职业领域需要的职业竞争力；

（4）分析专业面向职业领域职业资格证书或职业技术等级证书的要求。

两次专家职业分析研讨会可连续召开，共需时间大约为一天半至两天。而上述步骤与任务的完成，将产生该次职业分析的结果：

（1）典型工作任务；

（2）支撑完成典型工作任务的基础性知识；

（3）支撑完成典型工作任务的基本技术技能；

（4）职业竞争力要求；

（5）职业资格或技术等级证书要求。

以上结果是后续该专业高职课程开发的主要依据。

以职业竞争力培养为导向反映了最先进的高等教育和职业教育理念。通过职业分析不仅提取、分析了培养职业竞争力需要的职业领域的典型工作任务，而且分解提出了支持典型工作任务完成所需的理论知识和专门技术技能，反映出高等职业教育培养的高素质技能型专门人才所承担工作任务的复杂性，为后继课程开发奠定了基础，体现了中国高等职业教育的特性。对典型工作任务的分类分级处理，增加了后续课程开发中课程设置的选择性，可依据专业人才培养的具体需求、学校资源、学生特点平衡处理专业知识、专门技能、综合能力三者之间的关系，灵活设计专业课程体系，具有较强的可实施性。

第四节 案例——工作过程导向的环境工程技术课程开发

一、问题的提出

（一）我国环境保护面临的形势

改革开放使中国国力得以明显提升，创造了不少奇迹。中国的经济增长速度全世界第一，中国的外汇储备全世界第一，中国引进外资全世界第一。与此同时，中国的煤炭、石油、钢等能源消耗全世界第一，建材消耗全世界第一，原材料进口全世界第一。中国是工业用木材纸浆纸产品全世界第二大市场，石油进口全世界第二，单位 GDP 能耗是发达国家的 8~10 倍，污染是发达国家的 30 倍，劳动生产率是发达国家的 1/30。我们的化学需氧量是全世界第一，二氧化硫排放量是全世界第一，碳排放是全世界第二。我们的江河水系 70%受到污染，40%受到严重污染，流经城市的河段普遍受到污染，城市垃圾无害化处理率不足 20%，工业危险废物化学物质处理率不足 30%。三亿多农民喝不到干净的水，四亿多城市人口呼吸不到干净的空气，1/3 的城市空气严重污染。世界空气污染最严重的 20 个城市，中国占了 16 个，一半以上的城市空气不达标，山西几乎全不达标。1/3 的国土被酸雨覆盖，一些地区已经出现了“有河皆干、有水皆污，土地退化、沙漠碰头”的现象。总体而言，我国的环境问题总体上呈现出以下五大鲜明特征和六个方面的突出问题。

五大鲜明特征表现为：一是环境问题不仅表现为人（社会）与自然的矛盾，而且越来越表现为人与人之间的矛盾；二是生活污染在环境问题中的分量加重；三是城市环境问题受到高度重视，并局部有所缓解，但农村环境问题尚无有效的应对措施，呈日益蔓延和加重的趋势；四是环境问题与贫困问题有形成恶性循环的趋势；五是环境问题与其他社会问题交叉、重叠，解决难度日益加大。

六个突出方面主要为：一是以 COD 为代表的水体有机污染尚未解决，部分水域氮、磷营养物污染及重金属、持久性有机污染物等有毒有害物质污染较为严重；二是城市大气煤烟型污染和酸雨污染依然严重，部分地区臭氧和细粒子污染问题突出，区域性大气复合污染呈加重趋势；三是土壤污染源多面广，严重威胁农产品质量安全和人体健康；四是电子垃圾等新型固体废物污染问题日益凸显；五是生态系统功能下降，生物多样性减少；六是农业面源和农村生活污染等环境问题复杂而艰巨。

（二）我国环境保护行业发展对高技能型人才的需求

按照国民经济主导产业划分方法计算，某一产业的发展潜力可用以下弹性系数公式进行预算：弹性系数=某产业产值增加率/国民生产总值增加值。弹性系数大于1，说明产业发展具有潜力，比值越大，该产业的发展空间越大。我国“九五”期间经济增长速度为7%~9%，而同期的环保产业年增长速度达13.7%，其弹性系数大于1；“十五”期间经济增长速度为9.5%，而同期的环保产业年增长速度达13.7%，其弹性系数大于1；“十一五”期间经济增长速度为11.4%，而同期的环保产业年增长速度为15%~17%，其弹性系数大于1；“十二五”期间经济增长速度近8%，环保产业投资年均增速约为18%；“十三五”期间经济增速预计6.5%，预计环保产业年均增速为15%。这说明我国环保产业极具发展潜力。环保产业的发展扩大了高等教育环境类专业办学空间。有关研究表明，国家对环境的投资与环境从业人员人数之间具有相关性。国家环保产业的发展潜力，预示着环保产业将成为高技能环保人才需求的增长点。

1. 我国环境类专业人才需求发展趋势

（1）我国对环境科学专业人才的需求比发达国家更为迫切

我国的环境保护事业因起步较晚，经费短缺，环保欠账较多，又正处于工业化、城市化的发展阶段，产业结构部分属能源资源高耗型，人口基数大，资源短缺，环境污染形势严峻。我国对环境科学专业人才存在四方面的需求增量：一是在很长一段时间内仍需实施末端治理为主的措施；二是对一些新建、待建项目，需要从规划、项目论证、可行性研究到项目实施与验收等全过程进行环境污染预防、治理和管理；三是中国加入WTO必将刺激ISO14000认证等环境服务业的快速发展；四是随着人们环境保护意识的提高，对环境质量的关注度加大，环境管理部门、相关企业必须加大对环境科学专业人才的吸纳力度，提高环境管理、污染控制与治理力度。因此，我国对环境科学专业人才的需求应比发达国家更为迫切。

（2）环境类专业人才数量需求、质量要求随经济和社会发展而提高

针对日益严峻的环境污染和资源短缺问题，可持续发展、环境保护已成为时代的主题。对环境保护的迫切要求产生了对环境科学人才的需求，这种需求无论从数量上还是从质量上都是不断发展的。社会需求直接表现在对某类专业人才的需求上，并影响高等教育环境类专业的培养规格与规模。近几年来，发达国家高等教育环境类专业在学科分布、专业设置、专业规模、专业多元化等方面发展很快，这与社会需求是一致的。以加拿大为例，对环境保护的迫切需求导致了社会对环境科学人才的需求量增加，尤以对具有较广知识面的综合环

境科学人才和掌握具体的污染控制技术人才的需求量较大，基于这种情况，综合环境科学人才和环境工程技术人才具有较广阔的就业前景。因此，这类专业在加拿大高校环境类专业中占据了重要地位。

（3）持续加大对环境保护的投入，必然拉动对环境科学专业人才的需求

我国环保投入占 GDP 的比例，从“七一”期间的 0.7%上升到“八五”期间的 0.8%，“九五”期间首次突破 1%，在 2005 年，这一比例上升到了 1.3%，“十一五”期间环保投资约占同期 GDP 的 1.35%。从投资总额来看，八五”期间我国环保投资约为 2 000 亿元，“九五”期间为 3 600 亿元，“十五”期间达到了 7 000 多亿元，“十一五”期间达到了 1.4 万亿元。在“十二五”期间我国环保投资达 3.1 万亿，较“十一五”期间的投资额增长了 121%，未来 5 年行业复合增长率为 15%~20%，2015 年达到 GDP 的 7%~8%，2020 年环保产业已成为国民经济的支柱产业。从这一数据可以看出，我国在环保产业上的投资力度逐渐增强，环境保护工程项目数增加、规模大，环境管理力度加强，防治领域扩大，从而大大增加市场对环保人才的需求量。

2. 我国环境保护人才需求调查

从对上海市环境类人才需求状况以及特点的调查来看，60.5%的受调查者认为，虽然单位对环境类专业人才的需求量较大，但由于人事体制、历史遗留等方面的原因，短期内难以引入相关人才；20.9%的受调查者认为，单位不缺乏环境类专业方面的人员；11.6%的受调查者认为，单位的环境类专业人才饱和；仅有 7%的受调查者认为，单位的环境类专业人才非常缺乏。

在实际工作中，由于人事体制、历史等方面的原因，环境保护类单位中有相当一部分人员毕业于非环境类专业。虽然人才需求有很大的缺口，但真正毕业于环境类专业，又从事环保工作的人员在整个环保专业人员队伍中的比例仍有待进一步提高，这是今后高校环境类人才培养适应社会以及市场需求所面对的现实课题。

据有关部门对天津市环境科学类专业本科人才需求状况的调查分析，70%的政府环保部门、省部属事业单位明确表示今后 3 年内不需要环境科学类专业的毕业生。出现这种现象的主要原因包括：政府压缩编制，精简机构，不少超编人员难以消化；有一些非专业技术人员占据着专业岗位，近期又难以调整；政府的有关部门更愿意接受硕士、博士，且懂环境管理的专业人员，尤其是那些在基层企事业单位经过 3~5 年锻炼的环境科学类专业的毕业生。一些省部属事业单位，如环境监测中心、环保研究院所、各类专业研究设计单位等大多处于编制饱和状态，且专业研究设计单位又正处在由事业单位向企业单位的转

型过程中。一些地市属事业单位对环境科学类专业应届毕业生尚有较多需求，60%以上的单位表示今后3年内有接收环境类专业毕业生的计划。

不同的企业对环境科学类专业毕业生的需求各不相同。国有大中型企业环保管理部门较健全，几乎不缺环保管理类人才，但他们大多有“三废”处理设施，因此希望接收一些环境科学专业本科生以充实装置运行管理的技术力量。污染较重的国有中小企业，如造纸、化工、制药等行业效益好的企业当前和今后均面临着较重的环保任务，既要健全机构，也要投入治理设施，因此大都有接收环境类专业毕业生的强烈愿望。民营企业发展迅速，尤其以环保设备生产、环保技术开发、环保治理工程设计等为主业的企业近年来大量涌现，为环境类专业毕业生开辟了一个重要的就业渠道。调查发现，这类民营企业均表示今后几年内亟须环境类专业毕业生充实技术队伍。另外，一些高利润行业——染料化工、医药化工、食品添加剂生产等行业的民营小型企业正处于高速发展阶段，也表示今后愿意接收少量环境类专科生。合资企业十分注意树立自身形象，大多面临着ISO9000、ISO14000的认证，希望本企业有懂环保的技术人员，对其各类管理人员有环保素质的要求，我们所调查的18家合资企业均表示今后3年内需要接收环境类专业毕业生。

西部等欠发达地区对环境保护专业毕业生需求较大。主要原因：一是西部大开发行动有可能带来很多令大众关注的环境问题，需要大批环境保护人才去解决，一系列重大项目的实施给环境保护人才创造了很多就业机会；二是多年来西部经济落后，生活及工作条件差，环境保护专业毕业生到西部工作，尤其是真正扎根西部的人数偏少；三是西部高校设置环境保护专业的不多，自身培养的环境保护专业毕业生数量有限。

随着社会经济可持续发展的思想不断深入人心，对环境保护人才需求将会逐年增加。我国环境保护专业人才主要包括环保局系统人才、在各企事业单位工作的行业人才、在环保产业部门的产业环保人才。

3. 环保从业人员拥有量预测

（1）环保局系统的拥有量预测

根据国家环境保护长远规划以及我国严重的环境污染状况，环保局系统（环保行政管理、环境监理、环保监测科研所）人员队伍建设必须得到加强。

从环境保护部环境统计公报的相关数据可以看出，环保机构正在逐步增加，特别是环境执法队伍的管理机构近年来有所增加。2007年，各级环保系统机构数为：国家级42个，省级345个，地市级1 818个，县级8 154个，乡镇级1 573个，总数为11 932个。2007年，各级环境监测站个数为：国家级1

个，省级39个，地市级347个，县级2 012个，总数2 399个。2007年，各级环境监察机构个数为：国家级1个，省级33个，地市级357个，县级2 563个，总数2 954个。2007年，各级环境科研所数：国家级3个，省级28个，地市级212个，总数243个。

由于环保机构的增加，在各级环保系统（包括国家级、省级、地市级、县级、乡镇）的工作人员增加较多。2003年为156 542人，2007年达到176 988人，年均增长3.3%。通过预测得到环保系统2014年环保系统人员的拥有量为221 627人。

（2）行业环保人员总量预测

根据对我国行业环保人员总量估计，1995年我国行业环保人员拥有量18.4万人，预测2005年为25.5万人，2010年为26万人。考虑到今后国家对企业环境保护更加严格，行业环境保护人才需求会进一步提高，因此在此预测的基础上，2005年增加0.5万人，2010年将会增加2万人。

（3）环保产业人员总量预测

环保产业人员除从事环保产品生产从业人员外，还有产品经营、技术开发，工程设计和施工、环保咨询服务、自然生态保护以及“三废”综合利用等其他从业人员。环境保护工业的总产值、国家对环保的投资、环保工业人员拥有量之间有一定关系。尽管统计途径不一致，但可以预测近年的环保产业从业人数。我国“九五”期间经济增长率为7%~9%，而同期环保产业的年经济增长速率达13.7%，且在今后15~20年仍将以14%~17%的速度增长。预计2010年环保产业总产值6 833亿元，从业人数为892.25万人。

4. 高等环保人才需求预测

（1）环保局系统专业人才

环保局系统专业人才占工作人员的比例为74%~80%，按80%计算。

（2）行业专业人才

行业环保人才大多具有中专以上学历，高等环保人才预计可达40%~50%，按50%计算。

（3）环保产业专业人才

环保产业职工中专业人才比例按10%计算。

（4）高等环保人才需求及需补充量

“十二五”期间，高等环保人才拥有量总计117.83万人，总共需要补充33.31万人。其中，环保局系统专业人才1.28万，行业专业人才1万，环保产业专业人才31.03万。平均每年增加6.66万人。

二、研究的内容与方法

（一）研究内容

本书首先对环境工程技术高技能型人才的职业特质进行研究，然后研究设计出适合于环境工程技术高技能型人才职业特质和职业能力形成的教学整体解决方案，并通过教学整体解决方案实施探索环境工程技术专业人才培养模式和专业教学教育理论。

（二）研究方法

1. 调查法、访谈法

本书运用现代职业分析方法对环境工程技术高技能型人才的职业活动进行调查，并通过深入访谈优秀企业员工，把握环境工程技术高技能型人才的职业活动特点，提出环境工程技术高技能型人才职业特质的基本内涵。

2. 文献研究法

本书运用文献研究法，对环境工程技术高技能人才专业教学进行研究，借鉴国内外经验，设计适合于环境工程技术高技能型人才职业特质形成的专业教学整体解决方案。

3. 实验法

通过高等职业教育环境工程技术专业教学整体解决方案的实施，对建立在环境工程技术高技能型人才特质基础之上的专业教学方案进行验证，探索环境工程技术专业教学理论方法。

三、环境工程技术高技能型人才职业特质研究

职业特质是指从事不同职业的人所特有的职业素质，是能将工作中成就卓越与成就一般的人区别开来的深层特征。对于职业特质的研究，本书提出工程技术可以从两个方向开展研究，一是在同一职业发现成就卓越者，通过调查分析方法，研究他们与一般成就者不同的深层特征；二是通过分析职业活动，研究取得职业活动卓越效果的人具备的职业素质。本书采用第二种方法。

（一）环境工程技术高技能型人才职业活动调查

1. 职业面向的调查

本书通过对长沙环境保护职业技术学院近 5 年 600 名毕业生就业岗位进行调查，发现环境工程技术专业毕业生就业岗位多达 150 多个，职业生涯发展有 3 大方向，涉及环境工程技术、环境监测、环境管理与监察。本书采用职业分析方法，对就业企业、就业岗位和职业能力要求及素质进行分析，见表 7-1、见表 7-2。

表 7-1　环境工程技术专业毕业生就业岗位

序号	就业岗位	岗位描述	职业能力要求及素质
1	环境工程设计员	从事水、大气、噪声、固体废物（危废）治理工程的设计	（1）熟悉环境工程设计相关规范； （2）会踏勘现场、搜集资料，并能根据环境功能、投资情况等，确定合理的初步设计方案； （3）能选择适当的治理工艺，并进行简单处理构筑物及环保设备的设计计算； （4）能熟练使用 AutoCAD 辅助设计软件进行工程图纸的总平面图、工艺流程图、高程图及单体构筑物的平、立、剖面的绘制，及相关环保设备的工艺图的绘制； （5）明确设计步骤、要求，能进行方案文本编制； （6）会撰写方案设计说明书，并会基本的排版和装订； （7）善于将自己的设计思想和表现图纸完整地讲解出来，并能吸收专家、领导和甲方单位的意见，进行完善和深化
2	环境工程绘图员	从事工程图纸的绘制工作	（1）具备计算机辅助设计的基本知识和基本操作技能； （2）熟悉工程图纸的绘制要求，掌握基本图形的绘制； （3）能利用 CAD 完成一定的工程设计
3	工程概预算	从事工程造价计算	（1）熟悉工程建设程序及工程造价的构成； （2）熟悉工程概预算的各项法规及与工程造价有关的定额； （3）能进行施工图识别和施工现场勘查，会消化设计图纸，明确工程范围、规模、项目内容、材料规格； （4）明确施工技术标准、质量标准、设计特色等； （5）熟悉工程构造与材料，了解工程施工工艺，能进行工程的概预算； （6）能进行工程造价和合同管理等工作； （7）熟悉招投标工作程序，能针对招标有关文件，做出相应的应对措施，参与投标报价； （8）能对所有资料进行整理，编制概预算文件

表7-1(续)

序号	就业岗位	岗位描述	职业能力要求及素质
4	施工 管理员	在环境工程施工现场履行专业施工指令，完成单项施工任务。负责组织对所承担的工程项目的检查，进行分项、分部工程检查和评定。及时处理施工中的质量问题和其他难题	(1) 会查找和运用环保工程施工的各项法规与规范； (2) 能进行施工图识别和施工现场勘查，并熟悉图纸会审程式与主要内容，会消化设计图纸，明确工程范围、规模、项目内容、材料规格； (3) 明确施工技术标准、质量标准、设计特色等； (4) 熟悉工程构造与材料，能看懂施工图，并会按图施工以及采取相应的安全和维护措施； (5) 了解工程施工工艺，会规范、安全地使用常见施工机具，能进行施工现场管理工作； (6) 能对所有原始资料进行定期整理，会对项目范围内的图纸、文件等各类资料进行整理，并装订成册，归档，保管
5	工程 监理员 助理	参加施工项目工程质量检查，参加工程质量事故的处理；负责做工程项目的质量总结和统计报表工作；检查工程材料质量，制止使用不合格材料	(1) 了解投标法、合同法等法律法规； (2) 具有工程施工组织管理能力，熟悉工程质量、进度、成本、安全、材料（工料、机具）等方面的管理工作，熟练掌握各项施工规范和技术措施； (3) 协助监理工程师合理安排施工工期进度、编制施工方案，能编制施工组织设计文件； (4) 熟悉工程概预算，能进行工程造价和合同管理等； (5) 能编写监理日志、收集整理监理资料
6	污染治理 设施调试、 操作与 管理人员	主要从事污染治理设施的调试、操作及常见故障的排除；从事企业环境管理工作	(1) 具备水、气、声、固体废物污染防治的基础理论知识和专业综合技能，能够操作和管理各类工程设施（设备）； (2) 熟悉各处理设备、设施的安装、调试、日常维护及运行管理的有关规定； (3) 掌握各处理设备、设施的运行参数，熟悉从班前准备、开机启动、巡检维护、故障排除、停机交班等一系列操作环节规定； (4) 高级工应对处理设施进行工艺设计、设备选型设计、控制系统设计，能够承担工程建设和工程改造的现场管理，能够指挥开车和运行调试

表7-1(续)

序号	就业岗位	岗位描述	职业能力要求及素质
7	水环境监测人员	操作水质采样器，采集水样并使用监测分析仪器进行样品分析和数据处理	(1) 熟悉水和废水监测技术规范，并根据技术规范熟练完成有关工作； (2) 确定水、废水和降水的采样点位与采样时间频率； (3) 正确选用采样器材，完成采样前的其他准备工作，正确采集水、废水和降水样品，对样品进行保存、运输和预处理； (4) 开展现场监测项目及样品分析； (5) 进行监测信息、数据统计处理与分析，编写水质监测报告
8	大气环境监测人员	操作气体采样装置、监测分析仪器和遥感测试仪器，采集气体样品、大气物理参数并进行样品分析和数据处理	(1) 熟悉气和废气监测技术规范，并根据技术规范熟练完成有关工作； (2) 确定环境空气和污染源的采样点位； (3) 正确选用采样设备，完成采样前的其他准备工作，正确采集气和废气样品，对样品进行处理、保存； (4) 开展现场监测项目及样品分析； (5) 进行监测信息、数据的统计处理与分析，编写大气监测报告
9	噪声与振动监测人员	操作噪声及振动测量仪器，采集噪声及振动监测数据并进行数据分析	(1) 依据技术规范确定采样点位； (2) 采集环境噪声及振动数据； (3) 对噪声、振动监测数据进行计算分析； (4) 编写噪声、振动监测报告
10	土壤环境监测人员	操作土壤采样仪器，采集土壤样品并使用监测分析仪器进行样品分析和数据处理	(1) 依据技术规范确定采样点位和断面，将土壤进行分筛； (2) 采集土壤样品，对样品进行保存、预处理； (3) 进行土壤样品分析； (4) 整理监测数据，完成土壤监测报告的编写
11	固体废物环境监测人员	操作固体废物采样工具，采集固体废物及相关污染物样品并使用监测仪器进行固体废物有害实验及分析的人员	(1) 采集固体废物样品并进行预处理、保存； (2) 进行固体废物样品分析； (3) 整理监测数据，完成固废监测报告的编写

表7-1(续)

序号	就业岗位	岗位描述	职业能力要求及素质
12	环境生物监测人员	操作生物采样器，采集生物样品并使用监测分析仪器进行样品分析和数据处理的人员	(1) 采集生物样品并进行处理和保存； (2) 进行生物样品分析； (3) 整理监测数据，完成生物监测报告的编写
13	环境辐射监测人员	操作放射性监测仪器，对环境样品进行辐射监测	(1) 对辐射源和放射性污染源及外围环境进行监测； (2) 采集放射性物质样品，并进行制备、保存及处理； (3) 进行放化分析； (4) 整理监测数据，完成辐射监测报告的编写
14	企业环境管理人员	根据国家相关标准及企业生产工艺对企业排放的废水、废气及废渣等的处理进行监督管理	(1) 熟悉国家相关废水、废气及废渣的排放规定； (2) 熟悉本企业生产工艺流程、主要废水（气、渣）种类及排污量； (3) 掌握企业基本的环境管理流程
15	其他行业分析测试人员	根据相关行业标准，对本企业生产过程中的原料、半成品、成品进行分析测试	(1) 熟悉行业相关分析测试及产品验收标准； (2) 掌握分析仪器的测定原理，并能熟练借助仪器说明书操作分析仪器，操作规范； (3) 熟悉实验室质量管理体系相关知识，能对分析工作进行全过程的质量保证/控制； (4) 能编写分析测试报告

表 7-2　600 名毕业生就业单位类型及人数比例

序号	企业类型	毕业生人数/人	所占比例/%
1	环保工程公司	148	24.67
2	工矿企业	92	15.34
3	生产企业	56	9.33
4	建筑公司	16	2.67
5	污废水处理厂及自来水厂	122	20.33
6	环境监测站	136	22.67
7	环境监测公司	6	1

表7-2(续)

序号	企业类型	毕业生人数/人	所占比例/%
8	危险废物处理中心	11	1.83
9	环境科学研究机构	5	0.83
10	环境评价与咨询机构	8	1.33

2. 职业活动的分析

为了把握高职环境工程技术专业毕业生工作中的职业活动，笔者邀请12位行业专家，应用现代职业分析方法，对环境工程技术高技能型人才职业活动进行分析，得出了环境工程技术高技能型人才职业活动表，见表7-3。

表7-3　环境工程技术高技能型人才职业活动表

职业活动领域	职业活动
职业共性活动领域（环境工程技术）	典型环境工程（土建、给排水、暖通、工艺）读图识图
	环境工程（土建、暖通、工艺）方案设计
	典型环境工程（土建、暖通、工艺）概预算
	工程材料统计、工程造价
	环境工程CAD绘图
	单体构筑物的施工图设计
	环保设备设计计算
	环保设备加工制作
	环保（土建、给排水、工艺）设备设施安装与工程施工管理
	环保设施操作与运行管理
	环境工程监理
	企业环境监测
	企业环境管理组织
	石化工业工程分析、清洁生产审核、污染控制技术
	造纸工业工程分析、清洁生产审核、污染控制技术
	钢铁工业工程分析、清洁生产审核、污染控制技术
	水泥工业工程分析、清洁生产审核、污染控制技术
	食品工业工程分析、清洁生产审核、污染控制技术
	纺织印染工业工程分析、清洁生产审核、污染控制技术
	制革工业工程分析、清洁生产审核、污染控制技术
	电力工业工程分析、清洁生产审核、污染控制技术
	有色冶金工业工程分析、清洁生产审核、污染控制技术

表 7-3（续）

职业活动领域	职业活动
污水处理工艺设计	造纸废水工艺流程设计
	印染废水工艺流程设计
	电镀废水工艺流程设计
	生活污水工艺流程设计
污水处理系统运营	格栅的安装、运行与维护
	曝气设备的安装、运行与维护
	吸刮泥设备的安装、运行与维护
	压滤机的安装、运行与维护
	污水处理系统全套设备的规范开启
	沉淀池的调试、运行与维护
	生化反应池的调试、运行与维护
	气浮系统的调试、运行与维护
	混凝系统的调试、运行与维护
	各类消毒设备的调试、运行与维护
废气处理工艺流程设计	水泥厂粉尘处理工艺流程设计
	火电厂脱硫除尘工艺流程设计
	陶瓷工艺烟气治理技术
	电解铝工艺烟气治理技术
	钢铁工业烟气治理技术
废气处理系统运营	废气处理系统电控设备的规范开启
	重力除尘设备的调试、运行与维护
	惯性除尘设备的调试、运行与维护
	电除尘设备的调试、运行与维护
	袋式除尘设备的调试、运行与维护
	吸收设备的调试、运行与维护
	吸附设备的调试、运行与维护
	冷凝设备的调试、运行与维护

表 7-3（续）

职业活动领域	职业活动
固体废物资源利用	钢铁工业固体废物资源化利用技术
	冶金工业固体废物资源化利用技术
	电子工业固体废物资源化利用技术
	电力工业固体废物资源化利用技术
	化工工业固体废物资源化利用技术
固体废物处理处置	固体废物填埋场工艺流程设计
	固体废物填埋场施工与环境监理技术
	固体废物填埋场运营管理
	固体废物焚烧厂工艺流程设计
	固体废物焚烧厂施工与环境监理技术
	固体废物焚烧厂运营管理
噪声控制工艺设计	娱乐场所噪声控制工艺设计
	建筑施工噪声控制工艺设计
	工业企业噪声控制工艺设计
噪声控制设备维护	隔声、吸声、消声设备的检修
	隔振设备的检修
污染物治理设施的建造与安装	地基与基础工程施工管理
	砌筑工程施工管理
	钢筋混凝土工程施工管理
	防水、防腐蚀工程施工管理
	管道、管件及阀门设备的安装、运行与维护
	水泵、风机的安装、运行与维护

（二）环境工程技术高技能型人才职业活动特点

分析环境工程技术高技能型人才职业活动发现，环境工程技术高技能型人才职业活动都是严格按照操作规程、顺序展开的。可以用图 7-3 描述。

	过程阶段 1	过程阶段 2	过程阶段 3	……
任务 A	活动 A1	活动 A2	活动 A3	……
任务 B	活动 B1	活动 B2	活动 B3	……
任务 C	活动 C1	活动 C2	活动 C3	……
……				

图 7-3　环境工程技术专业人才职业活动过程导向

从图 7-3 中可以看出，环境工程技术专业人才采取什么行动，取决于任务的不同和所处的过程阶段的变化。任务一旦确定，操作过程和规范标准就确定了。环境工程技术专业人才职业活动特点是由过程顺序所决定的，即环境工程技术高技能型人才职业活动具有典型的过程导向特点。

（三）环境工程技术高技能型人才职业特质内涵

国内设有有关环境工程技术高技能型人才特质的研究文献，但国家职业资格标准对于工程技术人才有相关的描述。诸如：严格执行工作程序、工作规范、工艺文件和安全操作规程；具有高度的责任心；团结协作；爱护设备及工具、夹具、刀具、量具。那么，具有什么职业特质的人才能在工作中表现出上述职业特征？本书依据环境工程技术专业高技能型人才职业活动具有典型的过程导向特点分析提出环境工程技术高技能型人才特质的内涵。

上述特征的核心是对环境保护法律法规的准确理解和运用，对工作程序、工艺文件、操作规程的把握。只有这样，员工工作时才能表现出高度的责任心，严格执行工作程序、遵守安全操作规程，保证工作结果达到要求的标准和精度。因此，本书将环境工程技术高技能型人才特质定义为，充分体现环境保护理念，准确把握环境保护法律法规，依据工作过程，做到严格执行工作程序、遵守安全操作规程，使工作结果达到要求的标准和精度的责任意识与素质。

四、环境工程技术专业教学整体解决方案设计

职业特质的形成取决环境工程技术专业教学整体解决方案设计。目前，我国办学模式有行业办学、企业办学、学校办企业、学校和企业合作办学四种形式。由于作为本书研究对象的学校基本为第四种办学形式，本书的环境工程技术专业教学整体解决方案设计基于第四种形式。

（一）专业的职业面向分析

依据对毕业生就业情况和企业需求的调查，本专业分为环境工程技术（水、气、声污染控制技术）和固体废物资源化与处理处置两个方向，详见表 7-4。

表 7-4 环境工程技术专业的职业面向分析

<table>
<tr><th>职业岗位</th><th>专业（方向）</th><th>专业群名称</th><th>对应岗位的职业资格证书</th></tr>
<tr><td>（1）环境工程设计部</td><td rowspan="4">方向一：
环境工程技术（水、气、声污染控制技术）</td><td rowspan="7">环境工程技术</td><td rowspan="4">废水处理中高级工
环境监测工
ISO14000 内审员
清洁生产审核员
电工
预算员
绘图员</td></tr>
<tr><td>（2）企业安环部</td></tr>
<tr><td>（3）环境工程监理</td></tr>
<tr><td>（4）环保产品销售服务</td></tr>
<tr><td>（1）水质检验
（2）工艺控制操作
（3）设备运行维护</td><td>专业：
污水处理运营与管理</td><td>废水处理中高级工
环境监测工
ISO14000 内审员
清洁生产审核员
电工
绘图员</td></tr>
<tr><td>（1）工程施工管理
（2）企业设计部
（3）企业生产部
（4）企业销售部</td><td>专业：
环保设备设计、制造、销售</td><td>废水处理中高级工
预算员
环境监测工
ISO14000 内审员
清洁生产审核员
电工
绘图员</td></tr>
<tr><td>（1）企业安环部环境管理员
（2）城建局所属垃圾填埋场
（3）焚烧场技术员、管理人员
（4）环境工程监理</td><td>方向二：
固体废物资源化与处理处置</td><td>废水处理中高级工
环境监测工
ISO14000 内审员
清洁生产审核员
电工
绘图员</td></tr>
</table>

（二）就业需要的证书分析

依据国家持证上岗的相关政策，并调查相关企业发现，高等职业技术学院环境工程技术专业学生就业一般要求：具备以下技能：（1）基础技能，英语应用能力证书、计算机等级证书、实用语文单项技能证书；（2）核心技能，废水处理工职业资格证书（中高级）、维修电工职业资格证书（高级）；（3）岗位（群）技能，废水处理工技能等级证书、CAD 绘图员、环境监测工资格证书、工程预算员、ISO14000 内审员、电工、清洁生产审核员。

（三）专业培养目标的确定

1. 环境工程技术方向

在具备环境工程基本知识和技术方法、专业思维、职业素养的基础上，重点培养具有环境工程设计基本知识，掌握环境工程方案设计、环境工程施工图设计技术，具备计算机辅助及手工绘制各类环境工程图样等专业技能的人才。可进一步细分为水、气、噪声、固体废物及危险废物污染治理工程设计方向。

2. 固体废物资源利用与处理方向

在具备环境工程基本知识和技术方法、专业思维、职业素养的基础上，重点掌握重点行业废物资源化利用的知识、技术方法，以及资源化利用的工程方案设计及施工技术。

3. 环保设备专业分方向

在具备环境工程基本知识和技术方法、专业思维、职业素养的基础上，掌握环保设备制造与应用方面必备的基础理论和专门知识，具有从事本专业实际工作的综合职业能力和全面素质，重点掌握主要环保设备的设计与制造的基本原理，具备环保设备运行与管理的专业技能，适应环保设备生产、售后服务、运行管理第一线需要。专业核心能力为掌握环境污染治理工程的基本技术，掌握各类环境污染治理设备的工作原理与结构、施工操作、运行管理及维护服务等基本技能。

4. 污水处理运营与管理方向

在具备环境工程基本知识和技术方法、专业思维、职业素养的基础上，培养满足从事城市水净化技术工作、环保工程建设与施工、环境保护设施运营与管理维护、城建与环保管理服务的一线岗位需要的德智体美等方面全面发展的高等技术应用型专门人才。专业核心能力为环境工程工艺局部设计能力和环境保护设备设施的操作、运行管理、维修维护能力。

（四）专业课程体系的构建

公共基础课程按照国家统一要求安排，专业课程按照环境工程技术专业毕业生就业岗位和职业生涯发展方向分为技术平台课程和专业方向课程，形成涵盖基础平台和职业生涯发展方向的课程体系结构。运用职业教育课程体系构建基本模式构建环境工程技术专业课程体系（见图 7-4）。为了促进环境工程技术专业技能型人才职业特质和职业能力的形成，专业必修课程和专业选修课程类型以职业活动课程为主，辅以知识课程和技术课程。

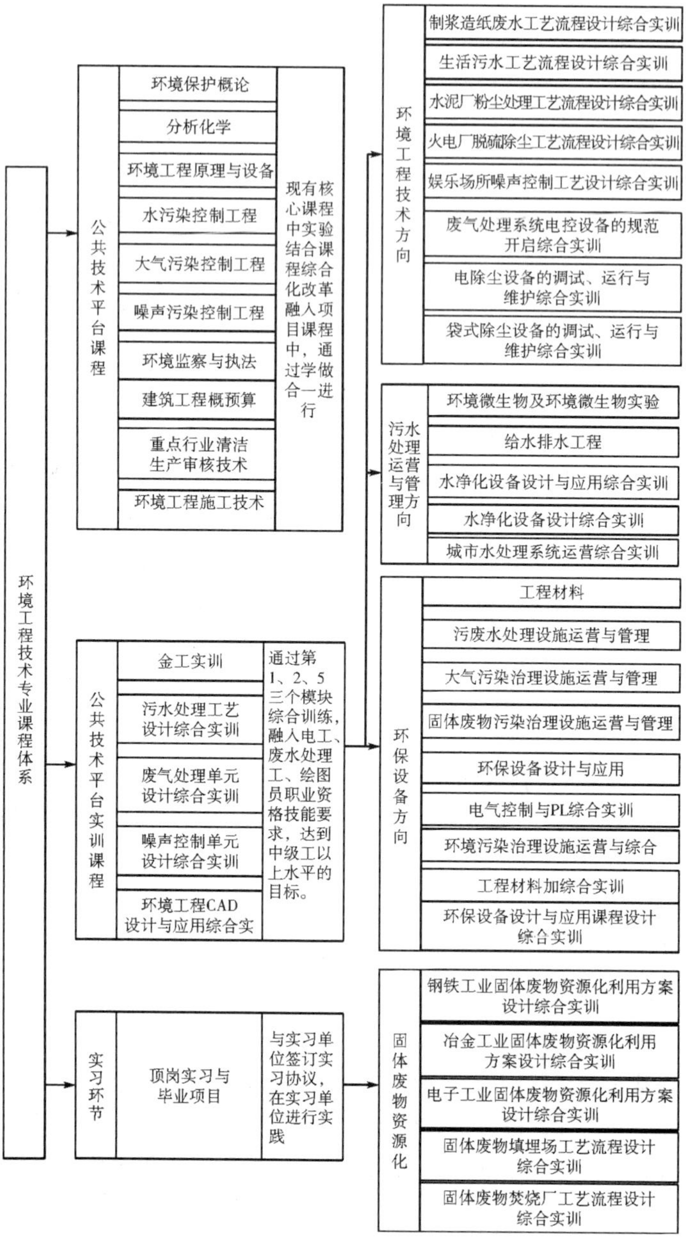

图 7-4　环境工程技术专业课程体系

1. 技术平台课程

（1）“分析化学”课程能力培养和教学内容（见表 7-5）

表 7-5 “分析化学”课程能力培养和教学内容

教学单元	能力目标	驱动任务	教学内容描述 实训	参考学时	单元能力培养目标	考核要求
一	玻璃器皿的选择； 化学试剂的特点与应用； 指示剂的变色原理； 酸碱滴定分析法及其应用	水中氨氮的测定（酸碱滴定法）	常用玻璃量器的名称、规格、用途和洗涤常识； 玻璃量器气密性的检查方法； 各类化学试剂的特点及用途； 不同水的采样及保存方法； 酸碱滴定分析的操作规程； 指示剂的变色原理； 酸碱滴定分析方法； 原始数据的记录及处理； 分析检测报告的书写规程； 分析数据的评价，提出解决问题的方案	26	玻璃器皿的选择； 化学试剂的特点与应用； 指示剂的变色原理； 酸碱滴定法原理、适用范围、相关标准、原始数据处理、分析检测报告编写	酸碱滴定分析
二	天平的使用及其维护； 标准溶液的配制与标定； 分步滴定分析方法及其应用	工业烧碱的分析（酸碱滴定法）	天平和其他辅助设备的结构、性能、操作方法及注意事项； 标准溶液的配制与标定； 工业烧碱的样品预处理方法； 分步滴定分析方法； 原始数据处理方法； 分析数据的评价，提出解决问题的方案	22	天平的使用及其维护； 标准溶液的配制与标定； 分步滴定分析方法、适用范围、相关标准、原始数据处理、分析检测报告编写	天平称量； 分步滴定分析方法分析工业烧碱
三	缓冲溶液的配制方法； EDTA 标准溶液的配制与标定	水硬度的测定（配位滴定法）	工业用水总硬度的测定原理（配位滴定法）； 水的硬度的表示方法； 缓冲溶液的配制方法； EDTA 标准溶液的配制与标定； 干扰及其消除方法； 配位滴定法测定水总硬度； 原始数据的处理方法； 分析数据的评价，提出解决问题的方案	8	工业用水总硬度的测定（配位滴定法）	水总硬度的测定

表7-5(续)

教学单元	能力目标	驱动任务	教学内容描述	参考学时	单元能力培养目标	考核要求
			实训			
四	配位滴定法基本原理及其应用	过氧化氢含量的分析(配位滴定法)	高锰酸钾法的基本原理; 高锰酸钾法标准溶液的配制和标定; 能斯特公式 氧化还原指示剂的变色原理; 过氧化氢样品的测定; 原始数据的记录及处理; 分析检测报告的书写规程; 分析数据的评价,提出解决问题的方案	8	配位滴定法基本原理、适用范围、相关标准、原始数据处理、分析检测报告编写	双氧水含量的分析
五	沉淀滴定法基本原理及其应用	自来水氯离子含量的测定(沉淀滴定法)	沉淀滴定法的原理; 银量法滴定终点的确定及滴定条件; 自来水中氯离子含量的测定; 原始数据的处理方法; 分析数据的评价,提出解决问题的方案	8	沉淀滴定法基本原理、适用范围、相关标准、原始数据处理、分析检测报告编写	自来水中氯离子含量的测定
六	氧化还原法基本原理及其应用	铁矿石的分析(氧化还原法)	铁矿石样品预处理方法; 重铬酸钾法测定铁矿石的基本原理; 铁矿石样品的测定; 原始数据的处理方法; 分析数据的评价,提出解决问题的方案	8	氧化还原法基本原理、适用范围、相关标准、原始数据处理、分析检测报告编写	重铬酸钾法测定铁矿石
七	重量法基本原理及其应用	水中矿化度分析(重量分析)	重量分析法的特点及分类; 重量分析法的原理及常见问题; 矿化度分析; 原始数据的处理方法; 分析数据的评价,提出解决问题的方案	4	重量法基本原理、适用范围、相关标准、原始数据处理、分析检测报告编写	矿化度分析

表7-5(续)

教学单元	能力目标	驱动任务	教学内容描述 实训	参考学时	单元能力培养目标	考核要求
八	紫外分光光度法基本原理及其应用	水中矿物油的测定（紫外分光光度计）	朗伯-比尔定律物理意义； 紫外可见分光光度法的基本原理； 分光光度计的结构； 显色剂选择的原则、影响显色反应的因素； 测量条件选择的原则及方法； 消除干扰的方法； 定量分析方法； 原始数据的处理方法； 分析数据的评价，提出解决问题的方案	6	紫外分光光度法基本原理、适用范围、相关标准、原始数据处理、分析检测报告编写	水中矿物油的测定
九	原子吸收法基本原理及其应用	食盐中铁、锌、铜含量的测定（原子吸收仪）	食盐样品的预处理方法； 原子吸收分光光度法的原理； 原子吸收仪的结构； 铁、锌、铜含量测定条件选择的原则及方法； 干扰的消除方法； 定量分析方法； 铁、锌、铜含量测定； 原始数据的处理方法； 分析数据的评价，提出解决问题的方案	6	原子吸收法基本原理、适用范围、相关标准、原始数据处理、分析检测报告编写	原子吸收法测定食盐中铁、锌、铜含量
十	课程理论考试			2		
十一	中级化学检验工（备选）			6		

（2）“环境工程原理与设备”课程能力培养和教学内容（见表7-6）

表7-6 “环境工程原理与设备”课程能力培养和教学内容

学时	单元教学内容		单元能力培养目标	考核要求
	模块名称	教学内容描述		
14	模块一 管路基础	（1）流体的基本物理量 （2）静力学方程及应用（压力测量压差计液面测定及液封高度的确定） （3）管路基础 管材的选择、管件与阀件、管子选择与连接、管路布置 （4）流动系统动力性方程及其应用 输送设备的有效功率确定、确定设备间的相对位置、确定管道中流体流量、确定管路中流体压力	（1）判断流体流动类型 （2）能应用各种压差计流量计 （3）熟悉管路计算、管路布置 （4）输送设备的有效功率确定 （5）确定设备间的相对位置 （6）确定管道中流体流量、确定管路中流体压力	理论与技能考核相结合
18	模块二 流体机械输送	（1）流体机械输送的相关知识 （2）液体输送机械 ①离心泵工作压力与构造、性能、类型、选用、安装与操作、实验 ②其他类型泵。往复式泵（往复泵、计量泵、隔膜泵），旋转泵（齿轮泵、螺杆泵），旋涡泵，流体作用泵（酸蛋泵、真空输送泵、喷射泵） （3）气体输送机械 ①离心式通风机结构、工作原理、性能及选用 ②往复式压缩机结构、工作原理、性能及选用 ③罗茨鼓风机、液环压缩机结构、工作原理 ④往复式真空泵、旋转式真空泵结构、工作原理	（1）拆装各种类型的泵，掌握其内部结构 （2）测定离心泵的特性曲线，掌握离心泵的开停车操作技术、流量调节技术及常见故障排除技术	

表7-6(续)

学时	单元教学内容		单元能力培养目标	考核要求
	模块名称	教学内容描述		
6	模块三 分均相物系分离	(1) 非均相物系的性质、分离方法 (2) 沉降设备在环境中的应用 (3) 过滤设备在环境中的应用 (4) 气体净化的其他方法 (5) 沉降室、沉降槽结构及性能 (6) 旋风分离器的结构及主要性能 (7) 过滤操作所用设备结构 (8) 沉降与过滤设备的应用及其相关知识	掌握各种沉降和过滤设备的基本结构、操作要点及常见故障排除	理论与技能考核相结合
10	模块四 吸收应用及其相关知识	(1) 工业吸收过程，不同类型吸收设备特点 (2) 掌握吸收在环境工程治理中的应用 (3) 吸收速率及方程的计算，吸收剂用量的确定 (4) 吸收原理及吸收剂选择原则和常见的吸收剂	(1) 掌握吸收双膜理论 (2) 掌握气体溶解度的影响因素 (3) 吸收操作中的问题排除 (4) 计算吸收设备的尺寸	
6	模块五 吸附操作	(1) 吸附原理：物理吸附、化学吸附 (2) 基本理论：表面张力、润湿角、吸附平衡、吸附速率控制 (3) 吸附方式：接触吸附、固定床吸附、流化床吸附、模拟移动床吸附、变压吸附 (4) 吸附剂的选择与再生	(1) 物理吸附与化学吸附的异同 (2) 吸附剂的再生方法 (3) 影响吸附与解吸的因素	
6	模块六 萃取及其他分离技术	(1) 萃取：原理、萃取剂选择、萃取应用、萃取计算 (2) 气浮：原理、工艺、应用 (3) 离子交换：离子交换树脂的选择、交换能力的影响因素、交换设备、离子交换应用	(1) 能利用三角形相图进行萃取计算 (2) 熟练选择萃取剂 (3) 能分析气浮和离子交换的工作原理	

（3）“水污染控制工程”课程能力培养和教学内容（见表 7-7）

表 7-7　“水污染控制工程”课程能力培养和教学内容

整体预设能力目标	参考学时	单元教学内容		单元能力培养目标	考核要求
		模块名称	教学内容描述		
掌握大气污染防治的基本概念、基本原理、主要设备和典型工艺； 掌握水污染治理的基本知识及设备的作用； 掌握水污染治理系统的设计思路，开发过程，具备水污染技术管理能力； 培养学生独立工作能力与团队合作意识； 拓展学生专业视野，培养学生创新思维与自学能力	6	废水的物理处理	格栅和网筛种类及其选用； 均衡调节原理及其调节容积计算； 沉砂池选用； 气浮原理及其系统组成； 废水预处理工艺设计	掌握自由沉淀实验操作； 掌握气浮系统操作； 废水预处理工艺设计	废水预处理工艺设计
	10	废水的生物处理	活性污泥法基本原理； 活性污泥法设计参数计算及运行方式； 活性污泥处理系统设计； 生物膜法原理； 厌氧处理系统设计	掌握生物处理方法设计思路； 掌握活性污泥处理系统设计； 掌握厌氧处理基本方法	厌氧处理系统设计
	12	废水的化学处理及深度处理	化学处理基本原理； 中和剂性能及选用； 混凝剂性能及选用； 中和设备基本结构； 混凝设备基本结构； 膜分离技术基本方法	掌握工业废水中和处理方案设计； 掌握工业废水混凝处理方案设计	工业废水混凝处理方案设计
	6	污泥处理与处置	污泥的性质； 污泥处理与处置方法； 污泥处理的基本指标	掌握污泥浓缩方法； 掌握污泥机械脱水主要方法	污泥处理方法选择分组讨论 5 人一组
	10	典型污水处理设备设计与运行	废水处理设备； 水处理设备应用； 水处理设备设计原理、参数选择、设计过程、运行调试	水处理设备相关设计参数及其选择应用； 水处理设备调试与运行管理	水处理设备设计
	8	典型污水生物处理设备设计与运行	生物处理常见构筑物、设备设计及其应用； 曝气设备选择； 污泥回流处理设计、参数选择、运行调试； 活性污泥法处理系统运行管理； 生物膜法处理系统运行管理	生物曝气池结构设计； 生物滤池结构设计； 废水生物处理设备调试、运行管理	生物曝气池结构设计
	6	水处理通用机械设备	废水处理通用机械设备类型、性能； 废水处理通用机械设备参数选择、运行调试	具有废水处理通用机械设备参数选择、运行调试能力	提出某县城生活污水处理厂通用设备的选取方案

表7-7（续）

整体预设能力目标	参考学时	单元教学内容		单元能力培养目标	考核要求
		模块名称	教学内容描述		
掌握大气污染防治的基本概念、基本原理、主要设备和典型工艺； 掌握水污染治理的基本知识及设备的作用； 掌握水污染治理系统的设计思路，开发过程，具备水污染技术管理能力； 培养学生独立工作能力与团队合作意识； 拓展学生专业视野，培养学生创新思维与自学能力	6	水处理厂常用电气与仪表	污水处理厂电力系统的基本构成； 电气设备的基本知识； 污水处理厂自动控制系统的基本原理； 污水处理厂常用水质控制、水质检测仪表原理、结构、使用方法	能够掌握污水处理厂电力系统操作运行及其常见故障处理； 熟悉污水处理厂电力自动控制系统并能操作运行及其常见故障处理	了解上述污水处理厂电气设备的作用、选型、安装、调试及其常见故障的处理
	6	污水处理厂（站）调试与运行管理	污水处理厂调试程序； 污水处理厂运行管理； 污水处理厂水质控制指标； 污水处理厂安全运行管理要求	具备污水处理厂调试运行及其管理能力	设计上述污水处理厂调试运行管理方案
课程理论考试	2				
中级废水处理工（必选）	2				
高级废水处理工（备选）	2+2				
污水运营工（备选）	2+2				
CAD（国家三级高级绘图员）（备选）	2				
CAD（国家四级中级绘图员）（备选）	2				

（4）“大气污染控制工程”课程能力培养和教学内容（见表7-8）

表7-8　“大气污染控制工程”课程能力培养和教学内容

整体预设能力目标	课程教学内容	参考学时	单元教学内容		单元能力培养目标	考核要求
			模块（任务）名称	教学内容描述		
掌握大气污染防治的基本概念、基本原理、主要设备和典型工艺； 掌握大气污染治理及净化的基本知识及除尘和净化设备的作用； 掌握烟囱高度的设计计算以及常用的除尘和净化设备的设计计算方法； 掌握选择大气污染治理和净化的流程，会自己设计除尘和净化流程，并会对一些除尘和净化设备进行简单的维护管理； 掌握大气污染治理系统的设计思路、开发过程，具备大气污染技术管理能力； 培养学生独立工作能力与团队合作意识； 拓展学生专业视野，培养学生创新思维与自学能力	探索项目引导、任务驱动式课程模式，将该课程分成五个基础项目模块、多个单片机应用任务，通过在计算机上进行硬、软件的设计、仿真调试，提高学生学习兴趣，挖掘自学潜力，掌握单片机产品开发过程	12	燃烧与大气污染	燃烧技术； 影响大气污染扩散的因素； 烟气扩散计算； 烟囱设计	燃烧中污染物排放量计算； 利用高斯扩散模式计算大气中污染物浓度； 掌握烟囱设计方法	烟囱设计方案
		12	颗粒污染物控制技术	粉尘性质； 粉尘粒径分布； 除尘器性能； 除尘器分类； 除尘机理	掌握除尘器除尘机理及其性能；掌握粉尘性质、粒度的测定方法；掌握含尘浓度测定方法	除尘器设计
		18	颗粒污染物控制设备	机械除尘器设计及相关知识； 湿式除尘器设计及相关知识； 过滤除尘器设计及相关知识； 电除尘器设计及相关知识； 除尘器选择； 除尘器安装、运行、维护管理	能提出粉尘污染控制方案； 净化方法选择； 除尘设备设计计算； 处理除尘设备运行操作中常见问题	
		2	气态污染物净化	吸收法； 吸附法； 催化法； 燃烧法	能正确选择净化方法	设计气态污染物净化方案
		12	气态污染物控制设备	吸收设备选择、设计计算、运行管理； 吸附设备选择、设计计算、运行管理； 气固催化反应器分类、设计计算、运行管理； 燃烧设备种类及其特点	正确选择净化设备并进行设计计算； 能进行气态污染物净化方案设计	
		14	大气污染控制典型工艺	锅炉除尘工艺流程、设备结构、技术性能、设计尺寸、运行维护； 烟气脱硫工艺选择、典型系统构成、工艺控制参数、工艺布置方式、工艺特点、运行维护管理； 烟气脱硝原理、工艺流程选择； 汽车排气净化技术	掌握典型净化工艺流程； 对典型控制设备进行工艺设计计算、选型、评价； 对典型污染物提出净化方案	设计锅炉烟气处理方案
课程理论考试		2				

2. 专业方向课程

（1）污水处理系统的运营方向（见表 7-9）

表 7-9　污水处理系统的运营

<table>
<tr><td rowspan="2">学习领域</td><td rowspan="2">污水处理系统的运营</td><td>第四学期</td></tr>
<tr><td>建议课时：96 课时</td></tr>
<tr><td colspan="3">学习目标：</td></tr>
<tr><td colspan="3">（1）能够对污水的各项指标（BOD、COD、SS、TN、TP）进行检测；
（2）操作格栅、刮油板、沉降池、气池及生化水处理设备，活性炭吸附、消毒等设备对城市污水、工业废水进行分级处理；
（3）对沉降污泥、活性污泥进行脱水等处理；
（4）配制水处理药剂，完成相关的絮凝、沉淀、消毒等单元水处理操作；
（5）对医院废水及特殊工业废水，按特殊处理工艺进行无害化处理；
（6）维护保养设备（风机、管件、阀门、泵组等）；
（7）培养学生的团队合作与沟通能力</td></tr>
<tr><td colspan="3">学习内容：</td></tr>
<tr><td colspan="3">（1）城市污水处理的一般方法；
（2）城市污水处理工艺流程和技术经济指标；
（3）污水厂、污水量的测量方法及仪器的使用；
（4）格栅的安装、运行与维护；
（5）曝气设备的安装、运行与维护；
（6）吸刮泥设备的安装、运行与维护；
（7）压滤机的安装、运行与维护；
（8）污水处理系统全套设备的规范开启；
（9）沉淀池的调试、运行与维护；
（10）生化反应池的调试、运行与维护；
（11）气浮系统的调试、运行与维护；
（12）混凝系统的调试、运行与维护；
（13）各类消毒设备的调试、运行与维护；
（14）各类风机、管件、阀门、泵组的构造与维修</td></tr>
</table>

（2）生化反应池的调试、运行与维护（见表 7-10）

表 7-10　生化反应池的调试、运行与维护

<table>
<tr><td>学习领域</td><td colspan="3">污水处理系统的运营</td></tr>
<tr><td>学习情境</td><td>生化反应池的调试、运行与维护</td><td>课时</td><td>32</td></tr>
<tr><td colspan="4">学习目标：</td></tr>
<tr><td colspan="4">（1）理解污水的生物化学处理法的目的及方法；
（2）会选择活性污泥法工艺流程的控制参数；
（3）能对生化反应池进行规范操作；
（4）能够进行活性污泥的培养；
（5）能识别和排除生化反应池常见问题及故障；
（6）能利用各种手段搜集信息，用专业术语阐述生化反应池的调试、运行与维护方法，制定相关计划；
（7）在充分考虑卫生环境条件下，自觉地承担生化反应池的调试、运行与维护工作任务</td></tr>
<tr><td colspan="3">主要内容</td><td>教学方法建议</td></tr>
<tr><td colspan="3" rowspan="3">（1）生物化学处理法；
（2）活性污泥法工艺流程的控制参数；
（3）活性污泥的运行鉴定标准；
（4）活性污泥培养
（5）生化反应池实际操作；
（6）生化反应池常见问题、故障及解决方法（结合实际操作）；
（7）信息搜集和整理</td><td>讲授法
实操法
案例法</td></tr>
<tr><td>考核与评价</td></tr>
<tr><td>过程考核
运行结果考核</td></tr>
<tr><td>教学材料</td><td>学生知识与能力准备</td><td>教师知识与能力要求</td><td>备注</td></tr>
<tr><td>多媒体课件；
电脑；
学院水处理平台；
城市污水处理厂；
生化反应池调试、运行与维护案例</td><td>（1）能利用各种手段获取生化法相关资讯；
（2）了解废水的生化处理的各种工艺及设备
（3）具备良好的心态、较强的团队合作意识、与人沟通相处的能力</td><td>（1）熟悉生物化学法的新工艺、新技术、新要求；
（2）能熟练操作生化反应设备；
（3）能全面、正确识别及处理生化反应池的常见故障</td><td>课后教学效果反馈</td></tr>
</table>

（五）专业教学策略的研究

职业教育教学的目的是培养学生的职业特质和职业能力，而职业特质与职业能力的形成除了受教学内容影响之外，主要取决于教学的策略。

依据教学任务，严格把握并执行工作程序、工作规范、工艺文件和安全操作规程，培养学生用严格的工作程序、工作规范和操作标准保证操作结果质量要求的意识与素质，培养环境工程技术高技能型人才的职业特质。在过程导向、情景导向和效果导向三种教学策略中，环境工程技术专业教学策略的设计，应根据环境工程技术高技能型人才职业活动主要由过程顺序和规范支配、追求标准和质量的特点，主要采用过程导向的教学策略，即在把握过程的情况下，为了达到任务所期望的效果，选择工作程序、工作规范、工艺文件和安全操作规程的方式和过程。

过程导向教学策略的教学过程可以设计为任务描述、任务分析、相关知识、技能训练、态度养成、完成任务、学习评价七个环节。在这里，任务是环境工程技术高技能型人才职业活动中的典型任务或者项目，任务描述是对典型任务的描述，目的是让学生进入工作角色，为实现以学生为中心的教学提供前提。任务分析是在专业教师的主导下，以学生为主体，应用相关知识对完成任务的工作程序、工作规范、工艺文件和安全操作规程进行分析，提出工作方案。相关知识、技能训练、态度养成是对任务进行分析并完成任务所需的相关知识的学习、技能的训练和态度的养成过程。完成任务是学生独立或者分组完成任务，并通过完成任务环节，形成严格遵守工作程序、工作规范和操作标准，保证操作结果质量要求的意识与素质的整合环节。

在环境工程技术专业过程导向教学策略设计时，专业各课程教学团队要根据职业能力和职业特质培养的要求，采用过程导向的行动教学方法教学，营造学习情境，让学生积极思考，主动参与，动手动脑。可选用的教学方法很多，比较典型的有项目教学法、任务驱动教学法、思维导图法、头脑风暴法、卡片展示法、演示教学法，可以灵活使用。比如，在任务分析时，可以选用头脑风暴法、思维导图法、卡片展示法等；在技能训练时，可选用演示教学法；完成任务时，可选用项目教学法、任务驱动教学法等。

（六）专业教师团队的配备

应配备专业带头人和专业各核心课程负责人，“双师型”教师占比60%以上，聘请的行业企业技术骨干担任兼职教师达50%的比例。采用外引内培，与企业合作开展科研项目、技术服务，互派访问学者等方式进行专业建设和教学改革，培养专业带头人；通过多种形式鼓励教师深入企业，参与技术服务和技术改造，积累工程方面的实际经验；加大培训考核力度，提升教师水平和能力；建成一支既有高技能水平又在环境工程技术领域有较高技术造诣的专兼结合的师资队伍。

1. 专业带头人的基本要求

专业带头人要具有较高的高职教育认识能力、专业发展方向把握能力、课程开发能力、教研教改能力、学术研究尤其是应用技术开发能力、组织协调能力，能带领专业建设团队构建基于工作过程的“层次化、模块化”课程体系。

2. 专任教师、兼职教师的要求

表 7-11 显示了按每年招收 200 名学生的规模对专任教师和兼职教师进行配置的数量和素质要求。

表 7-11 专任教师、兼职教师的配置与要求

序号	课程名称	专任教师		兼职教师	
		数量	要求	数量	要求
1	分析化学	4	双师型、理论实践一体化教学	2	理论实践一体化教学、化学化工类高级工程师或工程师并在一线分析岗位工作 5 年以上
2	环境工程原理与设备	2	双师型、理论实践一体化教学	2	理论实践一体化教学、注册环保工程师或主持过 3 项以上环境工程设计
3	水污染控制工程	2	双师型、理论实践一体化教学	1	理论实践一体化教学、注册环保工程师或主持过 3 项以上污水处理工程设计
4	大气污染控制工程	2	双师型、理论实践一体化教学	2	理论实践一体化教学、注册环保工程师或主持过 3 项以上废气处理工程设计
5	噪声污染控制工程	1	双师型、理论实践一体化教学	2	具备噪声控制工程实践经验，主持过 2 项以上废气处理工程设计
6	环境监察与执法	1	双师型、理论实践一体化教学	2	环保部门环境监察 3 年以上工作经历
7	建筑工程概预算	1	双师型、理论实践一体化教学	2	具备现场总线工程项目经验或注册造价师、注册建筑工程师

表7-11(续)

序号	课程名称	专任教师		兼职教师	
		数量	要求	数量	要求
8	重点行业清洁生产审核技术	2	双师型、理论实践一体化教学	2	有清洁生产外审员证或注册环保工程师
9	环境保护概论	2	双师型、理论实践一体化教学	2	理论教学环保专家

（六）专业实训条件的配备

仿真的职场环境为学生的项目训练与综合职业能力培养营造实际职场的工作氛围；以选择的真实典型工业项目或产品进行设计开发，形成具有典型工作任务完整工作过程的综合实训项目；与企业共建形成具有良性运行机制的学习型生产性实训基地。能承担环境工程技术专业类实验实训任务和职业技能培训鉴定，提供大学生开展课外科技和工程实践活动的配套设施，拥有基本技能训练、职业技能训练、真实工程背景实习、创新和创业训练的渐进式实践教学必备的设备和场所，建立健全实验实训教学文件、各项规章制度和运行保障机制。环境工程技术专业实验实训条件基本配置如表7-12、表7-13所示。学院建立了具备与综合实训项目完整工作过程相配套的实训软硬件条件。

表7-12 实验实训室一览表（分析实验室，学校公用）

实验实训基地名称	数量/间	实训项目	可同时容纳学生数/人
无机化学实验室	1	无机化学基础实验项目	40
有机化学实验室	1	有机化学基础实验项目	40
化学分析实训室（-1）	4	化学分析基本操作	160
化学分析实训室（-2）	1	水体监测-化学分析项目	40
电化学分析实训室	1	电化学分析项目	20
分光光度计分析实训室	3	分光光度法分析项目	60
原子吸收分析实训室	1	原子吸收仪分析项目	20
气相色谱分析实训室	1	气相色谱仪分析项目	20

表7-12(续)

实验实训基地名称	数量/间	实训项目	可同时容纳学生数/人
离子色谱分析实训室	1	离子色谱仪分析项目	20
紫外分光分析实训室	1	紫外分光仪分析项目	20
大气监测实训室	1	采样准备、样品处理	40
生物监测实训室	1	BOD、细菌等监测项目	40
物理监测实训室	1	噪声、放射性等监测项目	40
大气自动在线监测实训室	1	大气自动在线监测项目	40
水质自动在线监测实训室	1	水质自动在线监测项目	40

表 7-13 专业实验实训室一览表

实验实训基地名称	数量/间	实训项目	可同时容纳学生数/人
污、废水处理与运营综合实训中心(1)	1	废水处理基础实验	40
污、废水处理与运营综合实训中心(2)	1	废水处理综合实训(常规二级处理)	40
污、废水处理与运营综合实训中心(3)	1	废水处理综合实训(深度处理)	40
污、废水处理与运营综合实训中心(4)	1	管道、阀门、设备维护实训	40
大气污染控制综合实训中心(1)	1	烟气除尘实训	40
大气污染控制综合实训中心(2)	1	烟气脱硫实训	40
大气污染控制综合实训中心(3)	1	废气吸收、吸附等实训	40
固体废物处理与处置实训中心(1)	1	危险废物浸出、固体废物破碎压缩实训	40
固体废物处理与处置实训中心(3)	1	固体废物处理与土壤监测实验实训	40

表7-13(续)

实验实训基地名称	数量/间	实训项目	可同时容纳学生数/人
固体废物处理与处置实训中心（4）	1	危险废弃物焚烧处理实验实训	40
噪声污染控制综合实训中心	1	噪声检测实验实训、噪声治理实验实训	40
环保设备加工与制作综合实训中心（1）	1	焊接技能实训	40
环保设备加工与制作综合实训中心（2）	1	钳工、管工技能实训	40
工程制图及课程设计实训室(1)	1	手工制图实训	40
工程制图及课程设计实训室(2)	1	课程设计实训	40
环境工程 CAD 设计实训中心(1)	1	环境工程 CAD 设计课程实训	80
环境工程 CAD 设计实训中心(2)	1	中高级绘图员培训	80

五、环境工程技术专业教学整体解决方案实施

从各学校环境工程技术专业教学整体解决方案实施来看，由于有了配套教材和课件等教学资源的支撑，实施新方案的阻力并没有预想的大。教师需要具备现代教学的理念和提高教学开发和组织实施的能力，为了消除教师对新方案的抵制，各学校都采用了引导消除抵制模式（LOC 模式），分为五个阶段实施。

（一）教师把握整体解决方案

环境工程技术专业教学团队向实施方案的教师讲解专业教学整体解决方案，使所有成员都清楚了解专业教学整体解决方案，了解课程的地位和作用，并能与企业技术人员共同开发教学内容，明确自己的角色，把握自己的任务。

（二）教师必备教学能力培训

专业教师的环境工程技术专业教育观念转变和过程导向教学策略的学习运用是人员准备的主要内容。

环境工程技术专业教育观念转变主要通过专家讲座、观摩过程导向教学等

形式完成；过程导向教学策略的学习运用通过专家过程导向教学展示、课件设计和过程导向教学比赛取得了很好的效果。职业教育课件设计对于教师综合运用职业教育教学理论、教育技术，同时训练教师的专业实践能力是一种一举多得的手段。

通过教师必备能力培训，所有成员都具备了专业教学整体解决方案实施的专业教学能力，主要是专业实践教学能力。

（三）设施、材料与教材准备

对原有教室和实训室按照情导向教学的要求进行改造，形成了职业情境和教学情境一体化教室。与合作企业一起，研究确定学生实习的职业岗位，形成校内外教学、实训、实习密切衔接的校企合作教学、实训、实习组合新模式。

过程导向行动教学的专业教材多方案的实施十分必要。专业教材设计需要遵循职业活动逻辑、学习动机发展逻辑和职业能力形成逻辑相统一的原则，构建理实一体的专业教材结构。

（四）方案实施的评价与激励

一年级新生全部用新方案进行教学。二年级按原教学计划继续开展教学，但教学策略普遍采用过程导向教学策略。为了保证方案实施，加强阶段性教学效果评价；为激发教师积极性，参加专业教学整体解决方案实施的教师，若教学符合专业教学整体解决方案的要求，课时费在原来基础上乘以 1.5 的系数。

（五）方案实施效果调查分析

全国 12 所高职院校环境工程技术专业 3 年的教学实践后，为对环境工程技术专业教学整体解决方案进行较为客观的评价，笔者分别对参与的学生、企业、教师进行了调查。

1. 学生的评价

学校实验实训设备完备，每学期都安排 1~2 个月在实训基地进行综合实训，专业课程都在实验示范中心上课，经过在学校 3 年的学习，学生动手实践能力明显加强。学校专业教师教学水平高、操作能力强，经常外聘企业工程技术人员担任上课任务，保证了教学质量。环境工程技术专业所有课程有数字化教学资源系统和综合实训网站，为学生自主学习提供了方便。学生毕业后在工作岗位上适应很快，这和在学校期间的学习是分不开的。

2. 企业的评价

环境工程技术专业教学整体解决方案能培养出适应企业需求的高职人才，学校教学时注意贴近企业真实环境、培养学生综合职业能力，使学生能够完成企业的项目和任务；关注行业发展环保产业和企业的具体要求，培养学生协作能力。从目前在企业工作的学生来看，学生能够严格执行工作程序、工作规范、工艺文件和安全操作规程；具有高度的责任心，创新精神明显增强；职业生涯发展方向感明显增强，从事高技能工作成就事业的信心明显增强。学生工作上手快，具备独立完成工作任务的能力，受到行业、企业和社会的欢迎。

3. 教师的评价

环境工程技术技能型人才特质内涵的提出十分关键，使教师对职业教育教学有了全新的认识；一体化技能教室的职业情境和工作过程导向的教学结构设计，完成了以教师为中心教学到以学生为中心教学的转变；学生学习的精神状态变了，学习有了方向和目标，教师教学时的心情也变了，教学效果明显改善，教师更积极主动参加教学改革的实践活动。

六、实践结论

环境工程技术专业人才的职业特质是我国环境工程技术发展对人才提出的必然要求。

工程技术高等职业教育专业教学要把人才职业特质和职业能力形成作为教学的主线。教学内容项目化、教学方式工作化、教学成果产品化、教学环境职场化、组织管理企业化、过程管理流程化、组织学习规范化、团队工作无界化，为人才职业特质和职业能力形成提供了良好的环境。

环境工程技术高技能型人才的职业特质和职业能力形成需要过程导向的行动教学策略。实施过程导向的行动教学策略对师资队伍提出了较高的要求。教师带着项目下企业，参加技术改造和技术服务，是培养教师形成行动导向教学能力的有效手段。

过程导向的行动教学策略实施，需要过程导向的一体化技能教室和过程导向结构设计的教材的配合。

第八章　新型工业化背景下环境保护产业人才需求结构与培养模式案例研究

第一节　调研基本情况

2016年9月—10月，“新型工业化背景下环境保护产业人才需求结构与培养模式案例研究”课题组相关成员分别对北京、湖南、湖北、甘肃、山东、山西、云南、浙江、江苏、广东、河北、陕西、上海、海南14个省（市）的2级行业行政部门、2个行业机构、1个教育行政部门、6所本科及以上高校、7所高职高专院校、2所中职院校、7家大型企业、6家中型企业以及5家小型企业进行了调研。

（一）调研目的

研究新型工业化背景下环保产业发展的新趋势、新特点，分析行业生产组织和技术变化对人才需求结构和培养模式的影响，探讨现有环保产业人才结构和质量的适应性、存在的问题及其成因，提出具有可操作性的建议。

（二）调研内容

（1）环境保护产业生产组织与技术变化特征；

（2）环境保护产业生产组织和技术变化对人才需求结构、质量的影响；

（3）现有人才结构和质量的适应性、存在问题及其原因；

（4）对完善我国环境保护产业人才培养模式的建议。

（三）调研对象

此次调研主要采用访谈形式，调研了部、省两级行业行政部门对环境保护人才需求的总体趋势，调研了行业机构、环保企业对环境保护技术领域生产组织与技术变化特征及其对人才需求结构、质量的影响，调研了具有代表性的本科、高职高专、中职院校的人才培养现状及需求。

本次调研选取了6所本科及以上高校、7所高职高专院校、2所中职院校（全国仅有2所环境类中职院校）。“管中窥豹，可见一斑。”对这些学校的调研，基本能反映不同类型学校的环保人才培养现状、问题及发展趋势。

此次调研的环保企业类型大致可分为环保检验检测型、环保设备生产型、环保咨询服务型、环保工程安装型、环保运营管理型五大类。大型企业业务集中在环保设备生产、环保工程安装、环保运营管理这三大领域，贯穿整个环保产业链。如中联重科股份有限公司利用自身机械制造的企业背景，引入高新环保设备制造技术，积极拓展环保市场，在环保产业链上游的环保设备生产市场处于龙头地位；湖南湘牛环保实业有限公司、长沙华时捷环保科技发展股份有限公司、湖南万容科技股份有限公司作为中部地区的环保企业，着眼行业高新技术研发，分别从污水治理、废气治理、固体废弃物处理等社会聚焦的领域开展环保工程研发、设计、制造、运营一体化服务；中建水务环保有限公司作为中国建筑工程总公司的全资子公司，充分利用中国建筑在全国乃至世界建筑地产行业的领先地位以及人力资源优势，在全国范围内广泛开展水运营业务，具有地方民营环保企业无法比肩的巨大优势。而中小企业则把目光聚焦环保检验检测、环保咨询服务等产业链中上游业务，此类业务具有投资少、轻资产、地域性强等特点，更加有利于中小企业业务拓展。如广东华菱检测技术有限公司、潍坊华盛工程咨询有限公司、海南富绿源环保科技发展有限公司等作为本地的中小环保企业，为当地环保工程建设提供检测、环评、监理等第三方服务，企业自身技术研发能力较为薄弱，但较为熟悉当地环境状况，有利于开展第三方服务业务，详见表8-1。

表8-1　环境保护产业调研对象一览表

类型	单位名称	地区	调研人员
行业行政部门	环境保护部政策法规司	北京	刘佳娉
行业行政部门	湖南省环境保护厅	湖南	孙蕾
行业机构	湖南省环境科学研究院	湖南	孙蕾
行业机构	湖南省环境监测中心站	湖南	孙蕾
教育行政部门	湖南省教育科学研究院	湖南	唐小艳
本科及以上高校	华中科技大学	湖北	李欢

表8-1(续)

类型	单位名称	地区	调研人员
本科及以上高校	中南大学	湖南	李欢
本科及以上高校	兰州大学	甘肃	孟子博
本科及以上高校	湘潭大学	湖南	张之浩
本科及以上高校	中南林业科技大学	湖南	张之浩
本科及以上高校	烟台大学	山东	李威
高专院校	昆明冶金高等专科学校	云南	郭正、唐小艳
高职院校	杭州职业技术学院	浙江	郭正、唐小艳
高职院校	南通科技职业学院	江苏	郭正、唐小艳
高职院校	广东环境保护工程职业学院	广东	郭正、唐小艳、李威
高职院校	邢台职业技术学院	河北	郭正、唐小艳
高职院校	杨凌职业技术学院	陕西	郭正、唐小艳
高职院校	长沙环境保护职业技术学院	湖南	孙蕾、郭正
中职院校	上海市环境学校	上海	童志宏
中职院校	广东省环境保护职业技术学校	广东	童志宏
大型企业	中建水务环保有限公司	北京	童志宏
大型企业	中联重科股份有限公司	湖南	童志宏
大型企业	湖南万容科技股份有限公司	湖南	孙蕾、童志宏、唐小艳、李威
大型企业	湖南湘牛环保实业有限公司	湖南	孙蕾、童志宏、张之浩、唐小艳
大型企业	长沙华时捷环保科技发展股份有限公司	湖南	童志宏、张之浩、唐小艳、孟子博
大型企业	航天凯天环保科技股份有限公司	湖南	童志宏、张之浩、唐小艳、孟子博

表8-1(续)

类型	单位名称	地区	调研人员
大型企业	湖南永清环保股份有限公司	湖南	童志宏
中型企业	山西绿洁环保有限公司	山西	童志宏
中型企业	广东沃特环保科技有限公司	广东	童志宏
中型企业	湖南中洁新源环境科技有限公司	湖南	童志宏、唐小艳、孟子博、李威
中型企业	广东华菱检测技术有限公司	广东	童志宏
中型企业	广电计量检测（湖南）有限公司	湖南	童志宏
中型企业	长沙宏福环保技术有限公司	湖南	童志宏、唐小艳、李威
小型企业	湖南精科检测有限公司	湖南	童志宏
小型企业	山东沾化龙润环保科技有限公司	山东	李威
小型企业	湖南永蓝检测技术股份有限公司	湖南	童志宏
小型企业	潍坊华盛工程咨询有限公司	山东	李威
小型企业	海南富绿源环保科技发展有限公司	海南	童志宏

（四）调研方法

1. 文献研究法

查阅和梳理相关资料文献以及政府的政策文本，了解和掌握新型工业化、人才需求结构、人才培养模式等相关概念的内涵，为调研工作奠定坚实的理论基础。

2. 调查研究法

采用问卷调查、现场访谈及电话访谈等多种形式，对环境保护行业行政部门、企业以及各类学校进行调查。向行业行政部门、企业、学校等单位发放问卷调查表共计 50 多份，回收有效问卷 38 份。对湖南万容科技股份有限公司、广东沃特环保科技有限公司、航天凯天环保科技股份有限公司、长沙华时捷环保科技发展股份有限公司、湖南湘牛环保实业有限公司、湖南中洁新源环境科技有限公司、长沙宏福环保技术有限公司等进行详细的现场调研，了解企业目前的组织架构、典型岗位、岗位核心技能、职业素养要求、技术基础、学历要求、目前用工情况、上岗证书要求等情况，并全方位地了解企业人才需求以及从企业角度了解对人才培养的建议。

3. 比较研究法

对环保大型企业、中型企业、小型企业进行比较分析，对本科及以上高校、高职高专院校、中职院校进行比较分析。

第二节　环保产业生产组织与技术变化特征

一、环保产业的界定

我国经济社会发展滞后于西方发达国家，环境保护和环保产业起源于20世纪70年代，环保产业也从初期的以“三废治理”为主发展为体现新时期生态文明建设新格局下环境保护新要求的技术与工程支持的新内涵。当前对环保产业主流的观点呈泛化性，认为环保产业的范围包括了以保护环境为目的的所有活动，如清洁生产、节能降耗产品的生产、废物的再生利用、环境污染的消除、生态破坏的治理恢复、园林绿化、城市生活污水和垃圾处理、生态建设、环境友好型产品（绿色标志产品）的生产等活动，以及环境影响评价、环境监测、环境中介服务、环境投资与风险评估、环境保险、环境咨询等环保服务业。本书界定的环保产业是指在经济和社会发展中以环境保护为目的，以技术、产品和服务为手段，以开展污染防治和生态修复等科研生产经营活动为主要内容的跨领域跨行业的综合产业，主要包括环保仪器设备制造、环境工程建设、资源综合利用、环境服务、环保产品生产等相关产业。

环保产业看似是应环境保护而生的单一产业，但在经济社会发展和环境保护中，它有很强的系统性、普遍性、综合性，是一个跨地区、跨领域、跨行业的综合产业。从横向上看，它跨越第二、第三产业；从纵向上看，它贯穿科研、设计、实验、制造、安装、建设、生产、管理全过程，具有软、硬兼备的特点。经济社会发展越快，先进技术运用越多，社会化程度越高，带来的污染问题越大，治理难度越高，这就需要技术不断更新、提档升级。同时，环境保护是人类社会发展的永恒课题，这决定了环保产业也具有长期性、永久性的特点。因此，环保产业是技术含量高的高技术产业、朝阳产业、新兴产业。

环保产业在我国现行的《中国统计年鉴》中尚未有统计口径，从其五大类（环保仪器设备制造、环保工程建筑、资源综合利用、环境服务、环保产品生产）组成看可细分到第二、三产业中：环保仪器设备制造、资源综合利用、环保产品生产和环保工程建筑属于第二产业；环境服务（科研、咨询、运营管理、网络信息）是科技含量较高的一个领域，属于第三产业。

二、环保产业生产组织变化特征

1. 从产业规模看，环保产业发展迅速，产业渗透特点突出

我国环保产业是典型的政策驱动型产业，其发展受政策影响显著。作为国民经济新的支柱产业，国家对环保产业发展重视程度不断提升，近两年政策出台速度加快，集中在环境污染防治、环境监测体系构建、环保基础设施建设及环保产业化等方面。进入“十三五”后，政策支撑力度持续增强，譬如：预计出台的土壤污染防治行动计划，将显著推动土壤修复产业快速发展。

环保产业投资剧增，产业持续高速增长。“十一五”期间，我国环保产业投资为2.16万亿；“十二五”时期，投资额预计超过5万亿，相对“十一五”时期增长超过130%。到2015年年底，环保产业投资额在GDP中的比重将超过2%，投资力度不断增强。

“十三五”时期，我国环保产业投资额将实现突破，预计超过15万亿。到“十三五”中期，环保产业投资在GDP中的比重预计接近3%；到“十三五”后期，环保产业投资将突破3%，产业发展重点由环境污染控制转向环境质量改善。此外，多个环保热点如PPP模式、土壤修复、黑臭河整治、海绵城市建设等将带动数万亿投资，引爆环保产业爆发式增长。

根据赛迪顾问股份有限公司统计的数据，在政策支撑持续增强、投资力度不断加大的背景下，我国环保产业产值规模将继续高速增长，2014年环保产业产值规模超过9 000亿。“十三五”时期，环保产业将保持近20%的高速增长。详见图8-1、图8-2。

环保产业规模不断扩大，产业类型则从单一的环保工程建设运营向决策、管理、金融“多位一体”的综合性服务转变，结构性调整明显加快。与此同时，建筑、制造、能源等行业领军企业纷纷成立环境事业部，在壮大环保产业规模的同时带入更加先进的生产组织方式。在此环境下，企业间的并购事件也不断增加，仅环保并购案例在2015年就高达上百起，涉及金额近600亿元。当前，产业重构是趋势，推手是资本。全国的环保企业近4万家，大部分企业生存困难，在资本助推之下，重构加快，内生式增长被冲击。在未来的并购

中，中小型企业并购将占多数，技术含量不高及价值不强的企业很难生存。

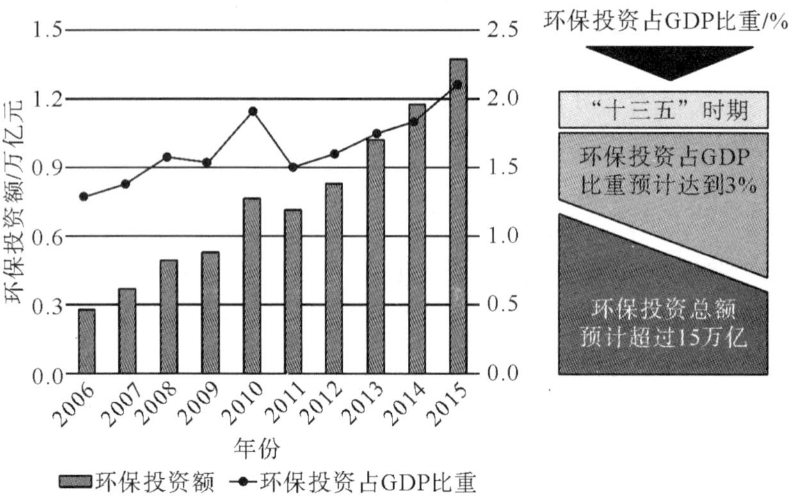

图 8-1 环保产业投资情况

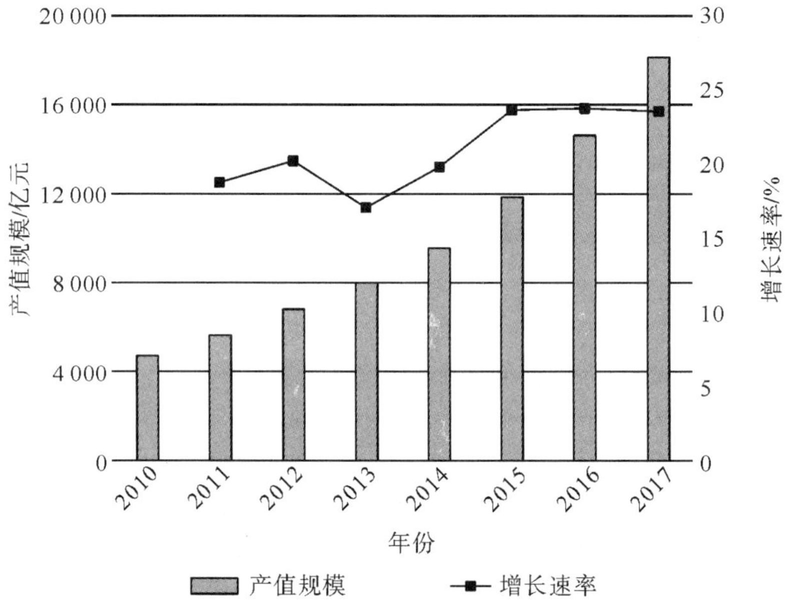

图 8-2 环保产业产值

2. 从生产组织方式看，全产业链组织形式成为主流

在环保产业中，污水处理、大气污染处理与固体废弃物处理三大领域占到

总体产值的98%，产业发展相对成熟，企业数量众多，但集中度低。在“十三五”期间，各领域龙头企业不断延伸产业链和拓展业务领域，成长为环境综合服务商，形成从设计开发、融资、原材料和零部件采购、生产和组装、营销和售后服务的生产链，掌握这一产业链的核心能力和话语权，其他中小企业必须在这一产业链上具备特殊能力，才能成为生产价值链的一小部分。企业间通过多环节的集合，将不同的单元服务进行整合，构建具备循环能力的产业生态链。在循环的过程中，单一企业受到专业度的限制，难以完成产业链上的全部环节的服务，这就需要处于同一产业链上的不同企业之间基于互相尊重核心利益和增量分享原则的生态协作，大企业用资本和战略，连接更多可以与之互补的小型企业，建立以自己为核心的战斗族群，形成“小而美”公司与“雄企共舞”的航母族群。

E20研究院研究表明，“十三五”期间，环境产业的交易侧将进入基于价值交换的商业模式时代，并将以大企业为中心，形成10~20个产业航母战斗集群。

3. 从产业发展看，向三次产业高度关联渗透成为方向

环保产业与三次产业关联度逐渐升高，产业发展过程表现为不断向农业、工业、服务业等相关产业渗透和融合。第一，目前农村土壤修复、分散式污水处理、农村垃圾等农业污染问题是我国农村面临的重要问题，越来越多的新技术、新工艺随着政策的倾斜引入农村，以变革传统农业生产方式为推手，实现农村污染治理及生态修复。第二，无论是水泥、印染、化肥等传统生产企业，还是精密电子仪器等高新技术制造业，“绿色机器”的出现及清洁生产的推行都助力绿色产业的发展，越来越多的工业企业加大对安环部门建设的投入，这也体现了人们环保意识的提高。第三，近年来，环保服务业作为新兴服务行业被广泛看好，环境咨询、环境监理、环境监测等第三方服务的崛起使得环保产业前景更加明朗。

4. 从组织结构看，传统金字塔式结构日益扁平化

环保企业运用现代信息通信技术，发挥互联网开放、协作与共享优势，大幅减少中间管理层次，打破原有固化的部门界限和职能分工，依靠灵活组合的业务小组，直接面对顾客，组织结构更富有柔性和创造性，更利于以群体协作的优势赢得市场主导地位。扁平化组织结构本身的特征以及嬗变过程，本质上要求其必须对传统工业企业的组织模式进行变革。在扁平化组织中，知识团队构成了扁平化组织内部组织的基础，人力资源成为组织的第一资源，而人力资源的本质就是凝聚在人身上的知识、信息、技能等。扁平化组织对人力资源的

高要求，使得知识员工成为企业知识（特别是市场知识和用户知识）的主要载体，决策中心下移导致的组织分权化和扁平化，共同促进了团队结构代替科层结构。

三、环保产业技术变化特征

1. 产业的技术性含量越来越高

随着环境污染问题不断增多，治理难度不断加大，高新技术迭代加速，环保产业高技术企业逐步增加，由表 8-2 可知，2007—2013 年我国环保高技术企业发展较快，产品总数、工业总产值、销售及出口收入均快速增长。其中，2013 年我国环保高技术企业工业总产值为 15 052. 6 亿元，较 2007 年的 1 691. 9 亿元增长了 7. 9 倍，年均增长率为 36. 5%，远高于高技术企业整体的 10. 5%的增长率。

表 8-2　我国环保高技术企业情况（2007—2013 年）

年份	产品总数 /种	工业总产值 /亿元	销售收入 /亿元	出口收入 /亿美元
2007	2 765	1 691. 9	1 719. 9	55. 4
2008	7 814	6 836. 25	6 613	199. 5
2009	6 471	7 432. 8	6 938. 7	226. 3
2010	8 720	10 609. 7	10 146. 6	279. 8
2011	11 372	13 726. 8	13 248. 5	366. 6
2012	13 669	14 173. 7	13 787. 2	347. 2
2013	15 351	15 052. 6	15 101. 8	348. 6

数据来源：《中国火炬统计年鉴》。

在新型工业化背景下，环保产业与智能信息产业加速融合，智能制造、在线管理、物联网等信息化、自动化手段的综合运用，Fenton 法、短程硝化细菌、光触媒等新材料、新工艺的研发推广必将带来新一轮的产业革新。

环保仪器设备制造发展的重点是智能化、精细化、精确化、一体化，装备成套和智能控制以及自动连续性是发展方向。在环境监测领域，手工监测将逐渐弱化，自动在线监测及智能监测将是环境监测的发展方向，实验室分析将由机器人取代。

环保产业是技术性很强的产业，在新型工业化背景下，科技创新更是推动环保产业发展的关键因素。传统环保企业转型及其他企业进入环保领域也将带来生产组织和技术的重大变化。主要体现在：一是污染治理的工艺技术复杂，对新工艺、新技术、新材料的需求迫切，对技术技能型人才综合素质要求提高，污染问题需要多方人才共同参与研究治理；二是信息化、自动化手段的引入使得环保技术技能人才向多元化、复合型人才方向发展，单一的技能人员将会被计算机及机器人取代。

2. 产业规模迅速扩张，渗透性越来越强

博思数据报告显示，从广义环保产业（包括低碳产业和可再生能源产业）规模排名前十位的国家来看，美国是当今环保产业市场规模最大的国家，占全球环保产业总值的19.5%，中国市场规模在全球排名第二，仅次于美国，市场占比为13.1%。美国的环保产业已处于稳定、成熟发展的阶段，而中国的环保产业处于快速发展的阶段。2013年，全球环保产业的市场规模为7 518.79亿英镑，年均增长率8%。E20研究院的数据显示，中国的环保产业年均增长速度接近18%，环境服务业的增长速度更是高达30%。并且，目前60%的环境治理需求还没有被市场挖掘，在被识别的市场中，20%的需求处于供大于求的状态，20%的需求是被政府错误的配置扭曲的。可以肯定，中国的环保产业在“十三五”期间还有很大的市场空间。E20研究院在面向产业发布的《认知中国环境服务业（2015）》中预测：到2020年，环保产业（不含环境友好产品）产值将达到3.7万亿元，环境服务业的营业收入将达到1.3万亿元。因此，从市场空间而言，随着治理需求的不断释放，中国的环保产业市场规模很快会赶超美国，成为全球最大的产业市场。

从表8-3中可以看出，2014年，全国环保产业从业单位约25 710家，比2004年增加121%；从业人员328万人，比2004年增加106%；产业收入总额39 810亿元，比2004年增加771%。考虑到今后国家对企业环境保护的要求更加严格，预计2016年从业人员将会增加到500万人。

表8-3　我国环保产业发展概况（2004—2014年）

年份	从业单位数/个	从业人员数/万人	营业收入/亿元
2014	25 710	328	39 810
2013	25 000	325	35 000
2011	23 820	319.5	30 752.5
2004	11 623	159.5	4 572.1

数据来源：根据国家统计局、中国产业信息网数据整理。

第三节　生产组织和技术变化对人才需求结构的影响

一、环保人才的界定

环保人才可理解为，具有环保专业知识或专业技能，在环境保护领域进行创造性劳动并对社会做出贡献的人，是环保从业者中能力和素质较高的人。按所从事的专业领域分，环保人才主要有四类：一是环境污染防治人员，包括水污染防治、大气污染防治、固体废弃物污染防治、土壤污染防治、噪声与振动污染防治、其他污染防治（重金属、新化学物质、挥发性有机污染物等）等专业人员；二是生态建设与保护人员，包括保护区管理、水资源保护、水土保持、矿山环境保护、地质环境保护和地质灾害防治、城市园林绿化、野生动植物保护、湿地保护、荒漠化防治、森林生态系统保护、草原生态建设与保护、生物技术安全管理等专业人员；三是核与辐射安全监管人员；四是其他生态环保，包括应对气候变化、农村环境保护（村镇人居生态环境保护）等专业人员。

环保行业人才需求的领域包括：①工业企业单位，主要从事企业环境保护等；②环保产业单位，主要从事环保设备制造、销售等；③环境服务及技术咨询机构，主要从事环境咨询、环境设计、环保设备运营服务等；④各级政府相关的环境技术部门和环境管理部门，主要从事环境监测、环境质量评价、环境管理与规划等。

二、人才需求规模分析

根据近年来环保产业人均产值增加量，预计未来几年，我国环保产业人均产值将以平均每年23%的速度增加。2015年，我国生态环保人才资源总量为1 025万人，预计到2020年，环保人才总量达1 463万人。“十三五”期间，环保产业吸纳的新增就业人数预计为438万。由此看出，环保产业未来的人才需求缺口巨大。

三、人才需求结构分析

1. 工程技术人员结构

环保产业具有高新技术属性，需要高学历创新性人才。但从表8-4显示的人才学历结构看，博士学历员工在大型企业只占2%，在中小型企业中均为零。

硕士学历员工在大中型企业中也不足17%，本科学历员工占比为45%~55%，专科学历员工占比为22%~26%，中职学历员工占比很少。

表8-4　调研企业2015年工程技术人员（含研发、工艺）学历情况

单位:%

企业类型	博士比例	硕士比例	本科生比例	专科生比例	中职生比例
大型企业	2.02	16.64	46.05	26.72	8.57
中型企业	0.00	15.97	55.22	25.82	2.99
小型企业	0.00	32.15	45.33	22.52	0.00

从表8-5的职称结构看，高级职称人员在大中小三类企业中占比均值为9.26%，中级职称人员占比均值为38.94%，初级职称占比均值为51.8%，说明环保企业的职称结构远远满足不了环保行业属性与发展的需求。

表8-5　调研企业2015年工程技术人员（含研发、工艺）职称情况

企业类型	高级职称		中级职称		初级职称		人数合计/人
	人数/人	比例/%	人数/人	比例/%	人数/人	比例/%	
大型企业	71	9.54	306	41.13	367	49.33	744
中型企业	6	5.71	29	27.62	70	66.67	105
小型企业	10	10.99	31	34.07	50	54.95	91
合计	87	9.26	366	38.94	487	51.80	940

2. 经营管理人员结构

调研企业经营管理人员（含营销、财务）中，主要有企业负责人、部门经理、运行总监、营销总监、研发部长、生产部长、人力资源、财务会计、业务助理等典型工作岗位。人员层次呈水滴型结构，高级管理人员占比为8.89%，中级管理人员占比为40.31%，初级管理人员占50.8%。但随着现代信息化通信技术被大量引入企业管理，更加高效的沟通协作方式通过互联网有效运行，传统的金字塔式层级结构被打破，企业赋予项目运营人员更大的权限，形成多个平行的项目团队进行工作，管理更加高效。

表 8-6 调研企业 2015 年经营管理人员（含营销、财务）情况

企业类型	高级管理人员		中级管理人员		初级管理人员		人数合计/人
	人数/人	比例/%	人数/人	比例/%	人数/人	比例/%	
大型企业	77	8.16	389	41.21	478	50.64	944
中型企业	2	8.70	6	26.09	15	65.22	23
小型企业	10	28.57	9	25.71	16	45.71	35
总计	89	8.89	404	40.31	509	50.80	1 002

3. 技能人员结构

从表 8-7 可以看出，环保企业技能人员中本科及以上学历占 22%~26%，且多为操作管理人员，专科学历占 21%~41%，中职学历占 35%~45%。

表 8-7 调研企业 2015 年技能人员学历情况 单位:%

企业类型	本科及以上比例	专科比例	中职比例
大型企业	22.22	33.08	44.70
中型企业	26.02	21.95	52.03
小型企业	23.11	41.22	35.67

从表 8-8 技能人员职称结构看，高级技师严重缺乏，在三类企业的占比均值为 4.65%，其中大型企业高级技师占比仅为 6.54%；技师在三类企业的占比均值为 8.14%，其中大型企业技师占比仅为 11.45%；高级技师和技师在中小企业人数和占比均为零。高级工在三类企业的占比均值为 15.84%，中级工占比均值为 25.73%，初级工占比均值为 45.64%。小型企业最多的是初级工，占到了企业总人数的 72.88%，高级工仅占 3.39%。可见，职称结构明显不合理，高端技能人才极为短缺，制约高端研发技术的发展率。

表 8-8 调研企业 2015 年技能人员职称情况

企业类型	高级技师		技师		高级工		中级工		初级工		人数合计/人
	人数/人	比例/%	人数/人	比例/%	人数/人	比例/%	人数/人	比例/%	人数/人	比例/%	
大型企业	32	6.54	56	11.45	76	15.54	130	26.58	195	39.88	489
中型企业	0	0.00	0	0.00	31	22.14	33	23.57	76	54.29	140
小型企业	0	0.00	0	0.00	2	3.39	14	23.73	43	72.88	59
合计	32	4.65	56	8.14	109	15.84	177	25.73	314	45.64	688

四、专业需求分析

环保产业对环保类专业人才的需求相对较大，对环保类相关专业人才的需求远高于其他专业，这也是由环保产业的特殊性所决定的，除了环保类专业人才，环保产业对会计、经管、人力资源、营销、热能、机械、电气、土建、化工等专业人才也有一定需求。

环保产业每年提供的就业岗位呈稳定且快速增长的趋势。名校的毕业生基本都是企业首选。环境工程类专业女生不易就业，男生就业情况相对较好。环保类企业更倾向于招收本科及以上学历的应届生，而且面临既招不到重点学校学生、又对非重点学校接受意愿不强烈的局面。环保类企业在招聘高职类应届生时，倾向于招收土建、施工类专业学生。

第四节　现有人才结构和质量的适应性、存在问题及其原因

一、现有人才结构和质量适应性分析

1. 本科院校环保专业开设及人才供给情况

目前，全国开设环境工程专业的普通高等院校（含普通本科院校、独立院校）总数达到 330 所，其中包含 288 所普通本科院校、42 所独立院校，占比分别为 87%、13%。教育部直属院校、985 院校、211 院校中开设环境工程专业的高校比例分别为 63%、71%、65%。开设环境工程专业的高校数量最多的城市为武汉，其次为北京、西安等城市。

开设给排水工程专业的普通高等院校（含普通本科院校、独立院校）总数达到 152 所，其中包含 123 所普通本科院校、29 所独立院校，占比分别为 81%、19%。教育部直属院校、985 院校、211 院校中开设给排水工程专业的高校数量分别为 15 所、11 所、29 所，占比分别为 19%、24%、24%。武汉开设给水排水工程专业的高校最多。

全国开设环境科学专业的普通高等院校（含普通本科院校、独立院校）总数达到 245 所，其中包含 224 所普通本科院校、21 所独立院校，占比分别为 91%、9%。教育部直属院校、985 院校、211 院校中开设环境科学专业的高校数量分别为 45 所、31 所、69 所，比例分别为 56%、69%、57%。北京开设环境科学专业的高校数量最多，达到 11 所。

北京开设包括环境工程、环境科学、给排水工程专业在内的高校有 22 所，

其中绝大多数为教育部直属高校、985 高校、211 高校。

上海开设包括环境工程、环境科学、给排水工程在内的高校有 15 所，其中教育部直属高校、985 高校、211 高校占比不到一半。

2. 高职院校环保专业开设及人才供给情况

我国高职环保专业设置起步较晚，据调研统计，设置环保专业的高职院校已超过 132 所，环境监测与治理技术专业是在我国高职高专院校中开设最为普遍的一个专业，132 所学院中有 103 所开设了此专业，占比 78%。

高职院校环境类专业包括环境工程、环境监测与治理技术、环境监测与评价、农业环境保护技术、资源环境与城市管理、水环境监测与保护、城市水净化技术、室内检测与控制技术等专业。高等职业院校环境类毕业生定位于环境保护中生产、建设、管理、服务一线需要的“高素质”“高技能”“应用型”专业技术人才和管理人才。学生毕业后就业面向主要是环保产业公司或环保咨询公司、有环保需求的工矿企业等单位。

3. 环保专业各类毕业生总的就业情况分析

目前用人单位对环保类专业人才需求主要分为两类：一类为具有专业技能和操作技能的工程技术人员；另一类为具有创新能力的技术研发人才。随着我国经济社会的发展和环境问题的复杂性、综合性日益凸显，社会对环境类专业人才的需求呈现出多样化趋势。社会既需要研究创新型人才，又需要工程应用型人才。因此，培养具有科学创新能力的科研人才和解决实际问题的工程应用型人才，既符合环境专业创新人才培养的主要发展方向，也符合教学研究型大学和技术应用型大学的人才培养目标。

然而，尽管环境专业门类齐全，但是环保产业人才总体供应不足的问题仍然存在。供应不足尤其体现在，人才结构性短缺问题比较突出。环境工程专业毕业生的对口去向无外乎有三种：吃“财政饭”的国家各级环保部门和科研单位，“吃效益饭”的、需要解决污染问题的工矿企业，以及真正吃“环保饭”的环保公司。从当前对环境工程专业学生的市场需求情况来看，真正能进入政府环保部门、规划部门、建设管理部门的学生毕竟是少数。受长期计划经济体制下人事制度的影响，这些单位在人事编制和指标控制等方面存在着重重障碍。所以，除了本科生和研究生，高职环境工程专业的毕业生主要面向环境工程公司、环境监测部门、工矿企业、设计单位或部门，从事环境工程设计、施工管理、环保项目运行管理、环境监测等基础性、技术性工作。

从形势上看，高职环境工程专业的学生到环保公司具有一定的优势。第一，这些单位普遍都需要在环保工程的设计、施工及运行调试等方面能迅速派上用场的实用型专业技术人才；第二，环境工程专业的本科生和研究生往往都不愿意到环保公司，尤其不愿意到小型的、私营的环境工程公司，他们对自己的定位太高，想去的是大型企业、外资企业、科研单位、政府环保部门等（这种就业观是导致他们就业难的重要原因）；第三，当前环保公司众多，而且从当前环保产业发展趋势来看，环保产业是一个世纪性的“朝阳产业”，今后对环保人才的需求量会越来越大，特别是对第一线的环保技术人才。

根据不完全统计，好的环境类院校的环境专业应届毕业生选择就业的主要是硕士、博士研究生；环境专业本科生基本都会选择继续深造，可能会出现一半出国、一半读研的情况。另外，这类院校硕士研究生的就业相对比较灵活，如中央、地方公务员，对口环境企业，以及其他行业的央企不分上下；而博士研究生主要选择科研院所和高校。

另外，单独统计各个专业就业率的高校并不多，因此调研环保类应届生就业率以及就业去向的调研效果并不理想。比如，鉴于环保企业实际的招聘需求，生源地应届生是否能在生源地找到一份理想工作，高校均没有具体进行系统统计，即使部分高校有这方面信息，基本也不会对外公布。

二、存在的问题分析

1. 技术型营销人才匮乏

多家企业表示，当前环保企业急需的技术型营销人才严重匮乏，技术型营销人才是指在环保企业中，有相应的环保专业知识积累的同时也懂营销技巧的人才。现有环保企业主要采用综合服务商运营模式，急需大量既懂技术又懂营销或管理的复合型人才。

2. 研发领军人物缺乏

环境工程治理技术、环保工艺设计等方面的研发创新严重不足。大量高水平研究型大学培养的硕士研究生、博士研究生就业首选高校和政府部门，少部分选择大型国有企业，且很多都很快转到管理岗位，而到民办企业的很少，这就导致我国环境基础研究不够，一线研发人员学历层次偏低，难以取得创新性、突破性研究成果。同时高校的研究成果与企业的产品转化之间有差距，而专业性和实操性并存的高水平研发人员出现了断层。

3. 人文素质能力较差

主要体现在撰写文案和技术方案、报告的能力和总结能力欠缺，总结、归类和表达能力差，缺乏逻辑和总结归纳能力。这在高职和部分本科毕业的员工身上表现尤为突出。这些员工多在环保行业文秘、监测、设计等基层岗位工作，汇报与总结的能力尤为重要，这方面的能力不足会导致沟通不畅，工作效率不高。

三、存在问题的原因分析

1. 教学内容方面

当前环境工程专业的教材和教学内容都大同小异。为了保证专业的全面性和系统性，同时也为了扩大毕业生的就业面，开设的专业课程普遍都涵盖了本专业所涉及的领域。而环境工程专业所涉及的面是非常广的，包括环境监测、环境质量评价，以及水污染控制、大气污染控制、固体废物处理与处置、振动与噪声控制等工程的设计、施工和运行管理等诸多方面。要在有限的教学时间里完成这众多的专业课程，自然是任务繁重、学时紧张，难免是“学习面宽、深度一般”，进而无暇顾及学生实践能力的培养和训练，最终造成毕业生的实践技能满足不了企业的用人要求。这成了环境工程专业教学的一大困境。高校对学生培养过程的理论化也是一个严重的问题。

2. 实践能力方面

除了学生培养过程中理论化问题比较严重外，即使有部分学校留给学生实践的机会，在实践中，高校的教师评价体系对现有的环境专业人才培养也具有重要影响。因为学生除了学习基本课程知识以外，还会参与学校教师的课题研究，参与导师课题是学生实践活动的重要组成部分。而高校教师评价以教师在国内外知名期刊发表论文数量和承担课题为标准。导师拿到的课题类型直接影响学生的培养方向。而国家定好的课题往往具有前瞻性，学生在参与课题研究的过程中，实际接触的技术工艺基本是前瞻性的。而企业实际很少应用这类前瞻性的高端技术工艺，企业引进这些技术工艺的成本也较高，其应用并不广泛。

环保类企业真正需要的是实际应用中已经定型的技术工艺，而教师又不屑于研究这类技术工艺，因为无法发表文章、无法评估定级。对于这些被广泛应用的技术工艺，高校并不会投入很大精力去研究，而是主要研究那类不可能被实际应用的高端技术工艺，同时高校也不会将精力投入现在的环境设备使用中的升级改造研究。按照这种模式培养人才，产、学、研其实处于一种脱节状态。

由于环保类企业提供的岗位主要为技术类岗位，对学生的实践能力要求较高，而且要求生必须具备关于这些在实际环境产业中被广泛应用的技术工艺的理论知识和实践应用能力。教师研究方向直接影响研究生培养方向，高校对教师的评价机制有问题导致对学生的培养方向有问题。高校的教师评价体系偏差是高校培养的人才与企业实际的人才需求脱节的重要原因。

第五节　对完善我国环境保护产业人才培养模式的建议

一、扩大人才培养总量，优化人才培养结构

当前，我国正处于工业化和城市化的快速发展阶段，发达国家近百年出现的生态环境问题，在我国短时期内集中爆发，呈现压缩型、结构型和复合型的特点，对经济社会的可持续发展造成严重影响。“十三五”期间，环境保护产业迅速发展和壮大，需要一大批环境保护产业从业人员。

各级学校要扩大环保人才培养规模，集中资源，整合力量，稳步增加环保专业招生规模。

在人才培养重点方面：①加强培养高层次创新型人才，充分认识环境规划、法规、政策、标准、环评等宏观决策咨询科研人才对生态环保工作发展全局的引领作用，整合力量、集中资源，培养既熟悉生态环境科学和工程技术知识，又熟悉宏观经济运行的复合型人才。

②加强培养紧缺专业人才，如核与辐射安全监管、新型污染物防治、饮用水源地环境保护、地下水污染防治、矿山地质环境恢复整治、水土保持、水资源保护、土壤污染防治、农业资源环境保护、渔业生态环境保护、草原生态建设与保护、垃圾处理与资源化、污水处理与再生利用、村镇人居生态环境保护、森林生态系统建设与保护、荒漠化防治、湿地保护、生物多样性保护、环境与健康（损害评估）、应对气候变化、生态环境监测预警、环境经济综合分析等；③加强培养环保基层人才。随着环保产业下移以及环保服务业的繁荣，“十三五”期间，县、市、区等环保基层机构越来越多，生产企业对清洁生产的内生化需求不断增强，需要培养更多的能解决基层环保问题的技术技能人才。

在人才培养类型方面：①本科及以上层次高校应培养拥有扎实的自然科学基础、环境保护专业技术基础和较好的人文社会科学基础，了解本学科前沿发展动态和方向，具有良好的思想品质与职业道德，具备较强的工程实践能力、自我获取知识能力、创新创业能力、组织管理能力、团队协作能力和国际视野的复合型高素质环境保护人才。②高职层次院校应培养具有环境保护专业知识，对环保技术、工艺、流程有一定创意创新创业能力，具备团队协作能力，

能从事环保专业领域生产、技术和管理工作的业务型、高素质技术技能人才。③中职层次院校应培养具有独立操作能力、团队协作能力，胜任生产、服务和运营一线岗位的技能人才。同时，各类人才的边界不能太清晰，搭建人才培养“立交桥”，鼓励中职、高职、本科及以上学历人才融会贯通，加强各类学校教学资源的共建共享，提高环保人才培养质量。

二、对接环保产业集群，打造聚集互通的专业群体系

针对环保产业从单一的环保工程建设运营向决策、管理、金融多位一体的综合性服务转变的现实，对接环保产业集群，打造跨学科领域聚集互通的专业群体系。

在院校层面构建包括特色专业群、辅助专业群在内的包含多个专业群并体现专业群之间关系的动态体系。

特色专业群对接环保产业链的核心及重要拓展领域，辅助专业群对应环保产业链的基础服务领域，两者相辅相成、共同发展。专业群内各专业形成“核心专业带动、支撑专业辅助、拓展专业促进”的专业体系。

专业群内的专业不能一成不变，应建立专业调整预警机制，不断跟进市场需求，了解产业集群发展方向，预测专业人才需求的结构、规模，并结合现有专业的招生就业情况，判断“绿灯”“红灯”“黄灯”专业：“绿灯”专业是指专业发展前景光明、现有招生和就业情况良好的专业；“红灯”专业是指行业需求量少、招生与就业两难的专业；“黄灯”专业是介于“绿灯”与“红灯”之间、招生与就业情况不稳定、或行业需求优势不明显的专业。根据预警结果，学院将做出相应的专业调整措施：对“绿灯”专业进行重点扶持，建成核心专业或长线专业；对“黄灯”专业进行警示，限期进行整改，或兼并、或转型、或暂时关闭（办成两年或三年招生的短线专业）；对“红灯”专业进行停招处理。不断跟进行业发展需求，预测行业发展前景，关注环保产业链的发展趋势，对接产业而增设新兴专业。

建议教育部应授权各行业教学指导委员会尽快立项研究环保专业大类目录并制定环保类专业标准、课程标准中，组织编写课程包，建立环保类专业教学资源库，组织编写高质量的各类教材。

三、融入创客理念，推进多轮并进的课程改革

“创客”一词由英文 maker 翻译而来，是指那些有强烈的兴趣与爱好，通过开放创新、共同创造活动，把自己的各种创意转变为现实产品的人。

2015 年 6 月，《国务院关于大力推进大众创业万众创新若干政策措施的意见》（国发〔2015〕32 号）指出，推进大众创业、万众创新，是发展的动力之源。

在“大众创业、万众创新”新时期，结合现状，培养具有创意创新创业精神和能力的环保人才是应对环境保护产业结构升级的重要举措，能在供给侧实现环保产业的决策、技术、工艺、流程的与时俱进，融入创客理念应成为环境保护专业各类学校课程改革的方向。

应用创客理念，构建“技术创新、技术培训、技术服务、技术推广”融入“课程目标、课程内容、课程实施、课程评价”“学、想、问、研、创、孵”相结合的多轮并进的创客课程。

结合各学科专业特点，将新技术创新、培训、服务与推广融入课程目标中。

注重课程内容的创新性和时代性，课程内容融入新的信息技术，融入教师的最新技术研究成果，通过活动课程对学生进行指导培训，并将师生进行社会技术服务和推广的知识经验引入课程内容，以社会化的技术服务与推广来决定课程改革的方向与内容。

注重课程实施的活动性，以项目设计为单位重构课程体系，强调教学活动的实践性，让学生能够动手操作，教材内容、教辅材料、课后练习的组织应尽可能以活动为导向，而非说教式或操练型组织模式。

采取动态评价指标体系，观测课程改革过程与改革前后课程改革与技术研究、推广、服务以及培训的互动效果。并为下一轮的课程改革提供相关经验。

变革课程教学方式，“学、想、问、研、创、孵”相结合，让学生在做中学、多想、多问、研究新项目、在学习和研究中创造，并及时发现创意创新闪光点，及时孵化为成熟的创新创业项目，倡导项目学习和体验参与的学习方法，突出学生应用技术工具“动手操作、实践体验”的“创客学习方式”。

四、打造开放性人才培养平台，构建人才培养质量的第三方评价体系

“十二五”期间，我国环保教育处于外延式发展阶段，多以专业建设、师资队伍建设、教育教学改革等主体性改革为重点，对以体制机制创新为切入点的制度性改革涉及不多。为满足环保产业转型升级的多样化需求，不仅要求环保人才总量的扩大，也要求环保人才质量的提升。只有加强内部治理结构改革，才能以制度性改革保障主体性改革的顺利推进，进而提升环保人才培养的整体质量。为了确保人才培养的质量和特色，特别需要在机制上进一步探索行

业、企业参与职业技术教育的政策制度环境，构建“政府主导、行业指导、学校和企业双主体”多方联动的开放性人才培养平台。

人才培养质量的评价除了第一方评价（学校自评）和第二方评价（政府评价）之外，应以第三方评价为主。从我国国情和环保产业发展趋势出发，在我国现行教育体制下，政府可实行委托管理、购买服务的形式，对第三方评价机构进行经费资助、资质认证和其他支持，政府委托第三方评价机构对各类学校的教育教学全过程进行动态监控，对学校的资源禀赋、办学模式、人才培养模式、专业建设、课程建设、院校治理、人才培养质量及就业质量跟踪等方面提供诊断服务。

这种“全过程动态监控”包括“事前预警”“事中诊断”“事后反馈”。进行“事前预警”，以使学校量力而行、在自身资源的有限范围内进行建设；进行“事中诊断”，以使学校及时发现问题、诊断问题、纠正错误，使“当局者迷”的问题及时得到解决，以免做一些重复建设、或偏离轨道的建设；进行“事后反馈”，第三方评价机构可将学校出现的共性问题反馈给政府，为政府决策提供参考，并将个性问题反馈给各学校，以帮助学校持续改进，规划更好的发展前景。

参考文献

贝朗塔菲，1987. 一般系统论基础、发展和应用［M］. 林康义，魏宏森，译. 北京：清华大学出版社.

迈克尔·波兰尼，2000. 个人知识：迈向后批判哲学［M］. 许泽民，译. 贵阳：贵州人民出版社.

别敦荣，易梦春，2018. 普及化趋势与世界高等教育发展格局：基于联合国教科文组织统计研究所相关数据的分析［J］. 教育研究（4）：135-143.

曹翔，2017. 地方高校品牌专业建设：重要性、内涵与路径［J］. 教育探索（1）：33-36.

陈静媛，陈婧，王伟，2014. 本科专业内涵建设的探索与实践［J］. 中国电力教育（8）：60-61.

陈英杰，2007. 中国高等职业教育发展史研究［M］. 郑州：郑州中州古籍出版社.

辞海编辑委员会，1999. 辞海：第 1 卷［M］. 上海：上海辞书出版社.

潘懋元，王伟廉，1995. 高等教育学［M］. 福州：福建教育出版社.

崔国富，2003. 从社会视角看专业知识的构成及其教育意蕴［J］. 现代教育科学（5）：17-19.

邓泽民，陈庆合，2008. 职业教育课程设计［M］. 北京：中国铁道出版社.

邓泽民，侯金柱，2006. 职业教育教材设计［M］. 北京：中国铁道出版社.

邓泽民，张斌，2010. 职业教育课件设计［M］. 北京：中国铁道出版社.

邓泽民，赵沛，2009. 职业教育教学设计［M］. 北京：中国铁道出版社.

邓泽民，郑予婕，2009. 现代职业分析手册［M］. 北京：中国铁道出版社.

邓泽民，2011. 职业教育教学论［M］. 北京：中国铁道出版社.

丁小浩，2000. 中国高等院校规模效益的实证研究［M］. 北京：教育科学出版社.

杜启平，2017. 特色专业群构建机制与实现路径探析［J］. 湖南教育（8）：51-52.

冯向东，2002. 学科、专业建设与人才培养［J］. 高等教育研究（3）：67-71.

高林，鲍洁，王莉方，2008. 基于工作过程的课程设计方法及实施条件分析［J］. 职业技术教育（13）：50-53.

高林，鲍洁，2009. 职业竞争力导向的“工作过程-支撑平台系统化课程”模式探索［J］. 职教论坛（10下）：4-8.

顾明远，1991. 教育大辞典：第3卷［M］. 上海：上海教育出版社.

黄影秋，2017. 专业群与产业群协同创新模式研究［J］. 职业教育研究（6）：35-38.

姜大源，2002. 职业学校专业设置的理论、策略与方法［M］. 北京：高等教育出版社.

姜大源，2007. 职业教育研究新论［M］. 北京：教育科学出版社.

教育部. 高等教育毛入学率达到48.1%即将进入普及化阶段［EB/OL］.（2019-02-26）［2019-05-10］. http：//edu. china. com. cn/2019-02/26/content_ 74505022. htm.

赖晓琴，2012. 基于《国际教育标准分类法（2011年）》的现代职业教育体系构建［J］. 职业技术教育（28）：19-22.

李冀，1989. 教育管理辞典［Z］. 海口：海南人民出版社.

李彬，2005. 论产业结构的调整与人才培养的战略［J］. 中国科技论坛（6）：116-119.

李国栋，2001. 高等职业教育培养目标定位研究［J］. 江苏理工大学学报（社会科学版）（3）：89-92.

李建华，2017. 高职院校专业内涵建设探索［J］. 重庆工贸职业技术学院学报，13（4）：38-40.

李建求，2003. 论高职院校的专业建设［J］. 高等教育研究（4）：75-79.

李林，2017. 高职专业群建设评价体系构建研究［J］. 教育评论（8）：76-79.

李书光，2018. 高职院校特色专业群建设的研究综述［J］. 职教通讯（14）：18-21.

李瑛，2018. 基于作业成本法的HG职业学院教育成本核算研究［D］. 郑州：河南工业大学.

李照清，吴越，2012. 影响高职院校专业群建设的要素分析及思考［J］. 辽宁高职学报（1）：27-29.

联合国教科文组织教育统计局，1988. 国际教育标准分类［M］. 国家教育委员会教育发展与政策研究中心，译. 北京：人民教育出版社.

林蕙青，2006. 高等学校学科专业结构调整研究［D］. 厦门：厦门大学.

林蕙青，2000. 适应新形势，加速调整高校学科专业结构［J］. 中国高等教育（23）：3-5.

林宇，2015. 高等职业院校师资队伍建设的现状、问题及对策［J］. 中国高等教育（1）：79-82.

刘小平，2015. 中等职业学校专业建设问题及对策研究：以成都某职业学校为例［D］. 成都：四川师范大学.

卢香利，2016. 高职院校专业群建设研究［J］. 机械职业教育（7）：22-23，31.

罗三桂，2018. 高职院校特色专业群建设路径选择［J］. 中国职业技术教育（28）：71-75.

马岩岩，刘影，2017. 高职院校特色专业建设内涵与建设路径研究［J］. 教育现代化，4（40）：124-126.

马子辉，孙燕，2005. 现代企业制度对现代大学制度的启示［J］. 西安欧亚学院学报（3）：5-6.

闵建杰，2006. 关于高等职业教育专业群建设的思考［J］. 湖北职业技术学院学报（3）：3-6.

欧阳河，2002. 论高等职业教育技术型教学体系［J］. 职教论坛（24）：5.

潘懋元，王伟廉，1995. 高等教育学［M］. 福州：福建教育出版社.

彭琪波，2016. 高职特色专业内涵建设实践与研究［J］. 太原城市职业技术学院学报（8）：9-11.

彭世华，2002. 职业教育发展学［M］. 长沙：湖南人民出版社.

彭爽，2006. 美国、德国、日本高职师资队伍建设的特色与启示［J］. 职业教育研究（12）：177-178.

钱红，张庆堂，2015. 高职院校专业群建设的实践与思考［J］. 江苏高教（1）：139-141.

秦殿军，郭晓晶，2007. 国际商务特色专业群建设的研究与实践［J］. 南京工业职业技术学院学报（9）：65-67.

秦英，2005. 我国高职院校核心竞争力问题研究［D］. 天津：天津大学硕士学位论文.

沈海东，2012. 宁波市高职院校专业设置与建设调查分析［J］. 职教通讯（16）：22-26.

沈军，2016. 职业院校专业建设 CIPP 评价模式实践研究［D］. 重庆：西南大学.

宋英邦，刘雪晖，王东梅，2011. 构建高职服务类特色专业群探究［J］. 辽宁高职学报（2）：11-12.

王建初，刘铭东，2005. 德国高等职业技术教育的师资队伍建设［J］. 比较教育研究（9）：59-63.

王军胜，2013. 创业型大学视角下民办本科高校转型路径研究［D］. 天津：天津大学.

王鲁克，2010. 学科与专业建设若干问题的思考：以济宁学院学科与专业建设为例［J］. 济宁学院学报（4）：99-103.

王生洪，1992. 高等教育为地方经济服务［M］. 上海：同济大学出版社.

吴金明，2005. 产业链、产业配套半径与企业自生能力［J］. 中国工业经济（2）：44-50.

吴升刚，郭庆志，2019. 高职专业群建设的基本内涵与重点任务［J］. 现代教育管理（6）：101-105.

阳荣威，2006. 高等学校专业设置与调控研究［D］. 上海：华东师范大学.

阳益君，2016. 提高湖南省高职专业结构与产业结构吻合度的路径探析［J］. 职业教育研究（12）：21-25

杨泽宇，2015. "后示范"时期高职专业群建设研究与实践［J］. 职教论坛（26）：83-87.

叶仙虹，2010. 高职院校校园文化建设研究：校园文化中的职教元素分析［D］. 广州：广东技术师范学院.

余娟，2010. 高等职业院校专业设置与建设研究［D］. 秦皇岛：河北科技师范学院.

袁洪志，2007. 高职院校专业群建设探析［J］. 中国高等教育（4）：52-54.

詹先明，2010. 高职院校专业建设内涵及其策略［J］. 职业技术教育（4）：37-41.

张栋科，闫广芬，2017. 高职专业群建设：政策、框架与展望［J］. 职业技术教育（28）：38-43.

张红，2019. 高职院校高水平专业群建设路径选择［J］. 中国高教研究（6）：105-108.

张慧青，2017. 基于产业结构演进的高职专业结构调整研究：以山东省为例［D］. 上海：华东师范大学.

张淑艳，2010. 高职高专院校专业群集聚状态研究［J］. 山东电力高等专科学校学报（13）：36-38.

张岩，2019. 协同理念下高职院校专业群内涵建设研究［J］. 船舶职业教育，7（1）：76-77，80.

张正国，2002. 本科专业建设的比较、思考与实践［J］. 中国高等教育，（C1）：34-36.

赵为粮，谭绍华，2009. 中国—澳大利亚职业教育合作的启示与实践［J］. 中国职业技术教育，（21）：5-8.

钟冲，2013. 高校生均成本地区差异性及其对产出效益影响的研究［D］. 成都：西南交通大学.

周桂瑾，2017. 高职院校专业群建设模式的研究与实践［J］. 职业技术教育（29）：24-27.

周卫民，2010. 高职院校核心竞争力建设研究［D］. 长沙：湖南大学.

朱德全，2016. 职业教育统筹发展论［M］. 北京：科学出版社.

朱有明，张薛梅，2016. 高职院校专业内涵建设指标体系构建研究［J］. 中国职业技术教育（9）：68-73.

邹晓宏，刘楚佳，黄晓媚，2010. 高等职业教育专业设置：国际经验及启示［J］. 北京农业职业学院学报（2）：67-70.